财政部规划教材

全国中等职业学校财经类教材

服务营销技能实训

肖剑锋 主编

中国财政经济出版社

图书在版编目（CIP）数据

服务营销技能实训/肖剑锋主编．—北京：中国财政经济出版社，2010.2

财政部规划教材．全国中等职业学校财经类教材

ISBN 978－7－5095－1979－0

Ⅰ．服…　Ⅱ．肖…　Ⅲ．服务业－市场营销学－专业学校－教材　Ⅳ．F719

中国版本图书馆 CIP 数据核字(2010)第 012700 号

责任编辑：张　军　　　　责任校对：徐艳丽

封面设计：陈　瑶　　　　版式设计：董生萍

中国财政经济出版社出版

URL：http：//www.cfeph.cn

E－mail：cfeph@cfeph.cn

社址：北京市海淀区阜成路甲 28 号　邮政编码：100142

发行处电话：88190406　北京财经书店电话：64033436

北京富生印刷厂印刷　　各地新华书店经销

787×1092 毫米　16 开　12.75 印张　306 000 字

2010 年 2 月第 1 版　2018 年 1 月北京第 3 次印刷

定价：25.00 元

ISBN 978－7－5095－1979－0/F·1957

（图书出现印装问题，本社负责调换）

本社质量投诉电话：010－88190744

编写 说明

本书系财政部规划教材，由财政部教材编审委员会组织编写并审定，作为全国中等职业学校财经类教材。

一、编写目的

2007年8月发布的《国务院关于加快发展服务业的若干意见》指出，服务业是国民经济的重要组成部分，服务业的发展水平是一个国家现代化程度的重要标志。加快发展服务业，提高服务业在三次产业中的比重，尽快使服务业成为国民经济的主导产业，是推进经济结构调整、加快转变经济增长方式的必由之路，对于解决民生问题、增加就业、促进消费、减少能耗和污染具有重要意义。《国民经济和社会发展第十一个五年规划纲要》强调，要提高我国服务业的比重和水平，继续发展主要面向消费者的服务业，扩大短缺服务产品供给，满足多样化的服务需求。

我国加快由第一产业、第二产业向第三产业（主要是服务业）进行转变的产业结构调整国策，需要大量的掌握服务营销技能的人才。根据多年就业跟踪调查，财经类职业院校大多数毕业生最终都走上了服务营销类岗位。

然而，开设有针对性强、综合性强、理论就简、以培养就业技能为主的服务营销课程的职业院校却凤毛麟角，这方面的教材就更是缺乏，为此，编写一套适合职业院校学生使用的《服务营销技能实训》教材成为当务之急。

二、编写原则

1. 实效原则。作为培养财经类职业院校学生就业能力的重要课程，本教材编写着眼于营销理论知识在服务业工作实践中的应用，力求解决“所学无用”和“所用未学”的问题，通过借鉴大量的企业在职人员实际培训课程，紧紧结合当前企业对员工服务营销技能的实际要求，采用多种实训手段，将学生专业技能的培养落到实处。

2. 能本原则。本教材坚持“能力本位”原则，结合采用任务驱动法和项目教学法，以学生为主体、以任务为牵引、以项目为核心、以情景为载体、以“干中学”为手段，培养学生的技能。

3. 新颖原则。本教材结构新颖：基于服务营销工作流程安排教学内容顺序，通过项目模块法编排相关教学内容，运用任务引领法实施教学流程，既充分体现了职业教育的特征，又很方便教师组织教学，还契合学生的学习习惯。

4. 可行原则。本教材力求保证教学内容符合财经类职业院校学生年龄特征和知识水平，各种实训手段切实可行，并方便教师组织实施教学，实训中所用的器具和必备的条件都坚持

"就地取材、易于开展"的原则，具有很强的教学可实施性。

5. 情境原则。由于营销专业技能很难在传统课堂教学中培养，因而必须在课堂中尽量创设真实的情境，让学生在真实情境下切身体验，在"干"中"学"。为此，本教材充分运用多元智能、情境教育、体验教育等理论，深刻认识职业院校教育能力培养阶梯型、开放性的内涵，基于唤醒学习者兴趣的任务引领式教学，通过教材创设学习场景，通过让学生完成一个个项目而将教学地点从教室搬到工作场景，运用高仿真情境下的任务引领式项目教学，提高学生的学习积极性，培养学生核心技能。

三、编写思路

本教材将借鉴企业培训和欧美职业教育教学的经验，重视"干中学"方法，先按服务营销工作流程将所需要的核心技能逐一分解为一个个项目，然后以工作岗位要求为依据，设置总教学任务，以总任务为主线，完成一个个具体的分任务为线索，把教学内容巧妙地隐含在一个个任务之中，学生自己或者在教师的指导下提出解决问题的思路和方法，然后进行具体的操作，教师引导学生边学边做完成相应的任务。通过不断的强化演练使学生掌握服务营销的技能。教材具体结构体系为实训说明——实训任务——实训步骤（内容、要求、测评、背景知识）——技能巩固。

四、编写分工

本教材由广东省财政职业技术学校肖剑锋任主编。具体编写人员及分工如下：广东省财政职业技术学校肖剑锋（任务一、五、十一、十六）、樊福生（任务七）、钟淑云（任务八）、邓承忠（任务九、十五）、潘楚六（任务十三），广州市第一人民医院罗思红（任务二），陕西银行学校包晓红（任务三）、关虹（任务四），广东省汕头市经贸职业技术学校蔡雪敏（任务六），广东省商业职业技术学校何志伟（任务十），辽宁省朝阳市财经学校孙丽红（任务十二），广东省佛山市南海信息技术学校刘辉（任务十四）。全书编写思路、结构体系及统筹定稿由肖剑锋完成。

在编写中，我们借鉴和参考了大量的相关书籍和文献，在此谨向这些作者表示诚挚的感谢！限于编者水平，书中难免会有不妥和错误之处，恳请各位读者给予批评指正。

编　者
（xjfinchina@163.com）
2010年1月

目录

基 础 篇

提 高 篇

基础篇

项目任务一　服务营销理念实训

一、实训说明

实训目标	培养学生的服务技能和服务精神
实训重点	顾客至上理念，顾客满意理念，关系营销理念
实训要求	事先预习、做好充分调研准备
场地器具	多功能教室
实训评价	按照同步测评标准给每位学生评分，此专题占本课程总分的8%
实训课时	建议4课时

二、实训任务

从近几年的就业形势看，职业院校的学生绝大多数都走上了服务业第一线的工作岗位，他们每天都要接触大量的顾客，而且自己的薪水和晋级也基本上与生意量的大小和顾客的评价挂钩，再过一年就要从职业学校毕业的小王和他的同学都清楚地认识到了这些。他们因而对学校开设的“服务营销技能实训”充满了期待。

小王和他的同学很想知道的是：自己应该如何看待顾客？企业又应怎样对待顾客？怎样才能赢得顾客的好感？怎样才能让顾客给自己带来更多的财富？等等。

画龙点睛

- 在买方经济时代，顾客处于绝对强势地位。
- 要赢得长期顾客，就要创造顾客满意。
- 顾客之后还有顾客，做完一次生意还有很多次生意。

三、实训步骤

（一）顾客至上理念

1. 训练内容。全班同学依照学号或座位顺序，每四至六人为一组，分别思考以下几个问题，十分钟后依次派代表上讲台，阐述自己组的观点。这几个问题是：

（1）你去购买手机，商场主要有哪些牌子的手机？它们的价位在多少？

（2）周末你去校外就餐，主要有哪些餐厅可供选择，它们的价位在多少？

（3）你去银行开户有哪些选择？

（4）你可以列举出三种很难买得到的日用商品吗？

（5）你可以列举出三种没有竞争对手的日用商品吗？

（6）从以上五个问题，你可以得出以下哪个结论？

A. 日用商品大都非常丰富，不同品牌间竞争激烈，可供顾客挑选的余地非常大。

B. 日用商品大都“只此一家，别无二店”，商家可以“稳坐钓鱼台”，顾客别无选择。

（7）如果顾客本来要在 A 商店购物，但由于对某种情况不满最后却去了 B 家，对于 A 商店和顾客来说，他们分别有何损失？

（8）在做生意的过程中，对绝大部分商品（包括服务）来说，成交与否是商家还是顾客占据主动地位？为什么？

（9）商家的“一日三餐”由谁提供？应怎样对待提供这“一日三餐”的人？

（10）你去一家店铺买衣服，售货员的哪些行为会令你很不满意？请按不满意程度从高到低列举前十项。

（11）有过和商家吵架的经历吗？你当时的感受和想法是什么？

（12）通过回答以上问题，各组总结受到的启发和感悟。

星星点灯

- 商家之间竞争非常激烈，顾客挑选商品的余地很大，因而处于绝对的支配地位。
- 顾客因为有足够选择余地，只会选择符合自己心意的商家和商品。
- 和顾客过不去，就是和自己的生意过不去，归根结底是和利润过不去。
- 即使你不敬重顾客的人品，你也不能不看重自己的利润和事业。
- 顾客至上，是因为顾客是你利润的源泉、事业持续发展的保证。
- 百货店之间唯一的差别在于对待顾客的方式。

2. 训练要求。每组必须经过充分讨论；成员积极参与，踊跃发言；总结简洁明了。

3. 训练测评。

测 评 依 据

★ 积极认真　　★ 参与度高
★ 围绕主题　　★ 发言踊跃
★ 总结到位　　★ 说服力强

4. 背景知识。

顾客至上　服务第一

美国西奥多·莱维特教授在20世纪60年代提出的“顾客导向”概念不仅是对现代市场营销观的精辟概括，也是指导企业营销实践的行动指南。然而，随着营销理论与实践的发展，顾客导向营销观的内涵也在不断发生变化：从以适应需求为目标的市场营销观念，到以创造需求为目标的大市场营销观念，再到以顾客满意为目标的顾客满意营销观念，使企业的营销活动越来越贴近顾客。

当今世界，经商潮流热浪滚滚。在这滚滚的浪潮中，一般的商人自然是希望自己财源茂盛、宾至如潮涌。要达到这一目标，就必须奉行“顾客至上”的黄金律。日本的本田宗一郎曾指出：“一切的一切都始源于相互尊重，经营企业也是如此，不尊重顾客的企业绝不会有发展。”

尊重顾客，理解顾客，持续提供超越顾客期望的产品与服务，做顾客永远的伙伴。这是商家必须坚持和倡导的服务理念。

生意场上流行“和气生财”的商训，这是有着很深刻的道理的。首先，绝大多数商品到处都有得卖，商家之间竞争非常激烈，顾客可以仔细地货比三家，比质量、比价钱、比服务，而质量和价钱往往比较刚性，是很难有太大差别的，只有服务是“没有最好，只有更好”，其弹性很大，因而货比三家的结果最终往往就变成了比服务。再有，任何顾客总想满意地实现交换，高兴地进行消费。让人受气的商店和服务员，顾客要么是和你吵架理论甚至对簿公堂，要么就是三十六计走为上，这样你的生意是肯定兴隆不起来的。最后，商家服务人员对顾客笑脸相迎、态度热忱、说话和气、耐心回答疑问、真心为顾客着想，让顾客进入商店后感受到被尊重，产生放心的感觉，因而心情愉悦，容易产生消费冲动，并对商家留下好感成为回头客，商家因为良好的服务而赚到了更多的利润。

小伴读：

顾客到底是谁?

★ 顾客是公司里最重要的人物，不管他亲自出面或是寄来信件。
★ 顾客不靠我们而活，而我们却少不了他们。
★ 顾客不是我们争辩或斗智的对象，当我们在口头上占了上风，那也是失去他的时刻。
★ 顾客是把需求带到我们面前的人，让他满意，使我们得利，就是我们的职责。

对于商家而言，最大的目标无非是赢利和发展，而利润只能来自于顾客，因而说顾客是商人的上帝，它表现了顾客至上的经营理念。这句口号虽然许多商家都叫得很响，然而，要真正落到实处，还需特别注意如下几方面：

（1）提供让顾客满意的服务。成功地服务顾客，首先在于如何善待顾客，使他们对所提供的服务感到满意。在接待顾客过程中，对不同类别的顾客都应当注意巧妙地接待好，让他们充分感觉到被尊重，应当时刻具备“顾客至上”的思想。

（2）了解顾客的需求。具备了善待顾客的思想，要促成交易的达成，还必须了解顾客。在接待顾客的过程中，和平常人与人之间的交往不同，在一般情况下，只有当我们了解某个人，才有可能善待他。但在接待顾客上，我们首先做的则是先善待，再进行了解。而在了解过程中，要以顾客为主，调动顾客的积极性，引导顾客多说，想方设法挖掘顾客的需求。

（3）影响顾客，让顾客愉快地与你合作。要让顾客愉快地与你合作，就需要制造一种和谐的气氛，始终站在顾客的立场为其着想，让顾客喜欢你信任你并乐于与你沟通，使顾客在愉快的心情下与你合作。

（4）迎合顾客，赢得顾客的心。在现代商业中，商品过剩现象非常突出，有大批的商品供顾客选择，顾客在购买一件商品时，往往经过多个步骤：首先他们搜集商品的信息，而后是比较同类商品，接下来就是参考相关群体的意见，最后才决定购买与否。因此在销售中，商人应当充分了解这一点，巧妙地迎合顾客的意愿，使其对所提供的服务感到满意。

谁能以至诚至敬的态度，为顾客提供上乘的服务，谁就能获得广大的顾客。

“一流企业抓服务，二流企业抓质量，三流企业杀价格。”优秀公司的基本理念是“以服务顾客为最高目标，利润自然随之而来”。因此，他们重视在服务方面的投入：

（1）每走一步，首先应想到的是顾客：

①应站在顾客的立场，而不是站在公司的立场上去研究、设计和改进服务；

②完善服务系统，加强售前、售中、售后服务，对顾客在使用商品中出现的各种问题及时帮助解决，使顾客感到极大方便；

③高度重视顾客意见，让客户参与决策，把处理客户的意见作为使顾客满意的重要一环；

④建立一切以顾客为中心的机制。其中各个机构的设立、服务流程的变革等，都要以顾客需求为中心，对顾客意见建立快速反应机制。

（2）顾客永远是对的：

①顾客是商品的购买者，不是麻烦制造者；

②顾客最了解自己的需求、爱好，这恰恰是企业需要搜集的信息；

③顾客最聪明，他会比较会判断会反思会感悟。

（3）5S 理念：

①适度的微笑（Smile）。销售人员要对顾客有体贴的心，才可能发出真正的微笑。笑容可以表达欢迎、快乐、健康、体贴、宽容和感谢。

②动作迅速（Speed）。它有两种意义：一种是物理的速度，即工作时尽量快些，不要让顾客久等；二是演示上的速度，销售人员诚意十足的动作与体贴的心会引起顾客满

足感，使他们不觉得等待时间过长，以迅速的动作表现活力，不让顾客等待是服务好坏的重要衡量标准。

③诚恳（Sincerity）。销售人员如果心存尽心尽力为顾客服务的诚意，顾客一定能体会得到。以真诚不虚伪的态度工作，是销售人员的重要基本心态与为人处世的基本原则。

④灵巧（Smart）。指“精明、整洁、利落”。以干净利落的方式接待顾客，以灵巧、敏捷、优雅的动作来包装商品，以灵活巧妙的工作态度来获得顾客信赖。

⑤研究（Study）。要时刻学习和熟练掌握商品知识，研究顾客心理以及接待与应对的技巧。平日多努力研究顾客的消费心理、销售服务技巧，多学习商品专业知识，就不仅会在接待顾客的层面上有所提高，也必定会有更好的成绩。

总之，经商不可忽视的一个重点，就是对顾客常保持热情至诚的态度，这是成功的秘诀之一。在当今物质过剩的竞争时代，热情至诚就是竞争的一种强有力的手段，也是每位营销从业者都应当了解的。

案例分析：

IBM 等杰出公司的成功秘诀都是服务——超强的无与伦比的服务，尤其是售后服务。

IBM 的全体员工都很热衷于公司的服务信念。只要接触过 IBM 的人都会有相同的感觉：IBM 在软件方面，甚至有时质量方面都存在不足，但服务及可靠性是无与伦比的。IBM 主管市场营销业务的副总罗杰斯说：“在为顾客服务时，就像拿他的薪水一样为他做事。”他还说：“争取订单其实是最简单的一步，售后服务才是关键所在。”为了确保公司能与顾客经常联系，IBM 每个月定期评估顾客的满意程度，评估结果对员工（特别是资深的主管人员）奖金的多寡有着很大程度上的决定作用。另外，IBM 每隔 90 天做一次员工服务态度调查。

IBM 是通过密集训练来坚持“贴近顾客”这一信念的。基本的业务训练长达 15 个月，其中 70% 的时间是在各业务分支部门接受培训，30% 的时间在教室里上课。此外，还有各种高级训练课程。例如，每年有 1 000 多人参加“总经理班”的培训课程，该课程由八位来自哈佛大学的教授和六位来自 IBM 的教授负责指导，其主要目的是教会学员如何运用总经理的思维来洞察顾客的心理；另外，还有“业务主管班”，这也是与哈佛大学合办的，每年约有 1 000 人左右参加培训，主要是学习公司财务主管的思维方式。IBM 规定，不管职位高低，每个职员每年都要接受 15 天的正规训练，“总经理班”、“财务主管班”只是此训练计划的一部分而已。

IBM 强调服务的战略也有其残酷无情的一面。例如，每个业务代表对他为顾客安装的机器都要负全部责任。罗杰斯强调说：“是顾客的满足感把我们紧密地联系在了一起！”IBM 世界贸易部的总经理雅克·买松·鲁特特意强调了一点：“IBM 在做业务时，总想像着他们随时处于失去顾客的紧急关头！”

IBM 残酷无情的制度还包括“联合损失核查”。地区主管每个月会同分支部分的负责人分析失去顾客的原因，此外，董事长、总经理和其他资深的主管人员每天都会收到有关损失的书面报告。

思考：

IBM 通过哪些措施体现出“顾客至上，服务第一”的理念？

（二）顾客满意理念

1. 训练内容。每位同学回忆一下自己近期购买手机（或对自己来说较贵的电子产品）的经历，备好纸笔，认真回答以下问题。十分钟后抽派代表上讲台，展示自己的答案。

（1）在购买之前，你原希望买一个什么样的手机（牌子、主要功能、主要配件、价位等）？

（2）你一开始打算去哪里购买（如专卖店、大型超市、电子街、商店等）？为什么？

（3）你去的那家店名气大吗？档次和口碑怎样？

（4）你去的那家店销售人员有较统一的形象（穿着、表情、姿势、服务用语等）吗？

（5）你觉得那家店铺卖的产品是正品吗？销售员诚实吗？

（6）你遇到的那位销售人员重点给你介绍什么牌子？你最终买了什么品牌？为什么会作这样的选择？

（7）商家有没有明码标价？可以讨价还价吗？

（8）销售员最先开价多少？你希望以多少钱成交？最后实际成交价是多少？

（9）你买这台手机前后一共花了多少时间？用了多少交通费用？还价艰难吗？整个购买过程感觉麻烦吗？

（10）成交后销售员有没有教你使用和保养的知识？有没有送什么配件或礼物？

（11）成交之后你感觉有没有达到先前的预期目标？

（12）你对这次购物满意程度如何？为什么？

（13）你后来有没有跟你的朋友提起过这家店？如有，向几位提起过？是如何提的？

（14）假如你再买手机，你还会去那家店买吗？为什么？

（15）通过对以上问题的梳理，你有哪些感悟？

星星点灯

- 顾客是聪明的，每一次购买决策都是认真地进行综合衡量的结果。
- 赢得顾客的方法是给顾客创造高的让渡价值。
- “金杯银杯，不如顾客口碑”，满意的顾客是商家最好的广告。
- 顾客满意度与忠诚度成正比，得顾客者得市场。
- 除了满足顾客以外，企业还要取悦他们。

2. 训练要求。每人仔细回忆、认真思考、据实作答；不能故意搞笑；注意简洁明了。

3. 训练测评。

测 评 依 据

★ 积极认真	★ 可信度高
★ 围绕主题	★ 大胆发言
★ 总结到位	★ 条理清晰

4. 背景知识。

顾客满意度及其提高

市场竞争的本质特征就是“争夺顾客”，没有顾客就等于没有市场。于是，以顾客满意为导向，力求满足顾客需求和期望，追求顾客满意和忠诚，认为“顾客满意是企业经营的一切答案”的经营管理新理念，在市场经济体制下，逐步形成并得到迅速发展。

(1) 顾客满意（Customer Satisfaction，CS）。作为现代企业的一种手段，常被称为CS战略，或顾客满意战略。所谓顾客满意，是指顾客对一件产品满足其需要的绩效与期望进行比较所形成的感觉状态。通俗地说，顾客是否满意，取决于其购买后实际感受到的绩效与期望（顾客认为应当达到的绩效）的差异：若绩效小于期望，顾客会不满意；若绩效与期望相当，顾客会满意；若绩效大于期望，顾客会十分满意。

(2) 顾客满意级度（CSI）。顾客满意级度是衡量顾客满意程度的量化指标，由该指标可以直接了解企业或产品在顾客心目中的满意级度。我们可用几个主要的综合性数据来反映顾客满意状态：

①美誉度。美誉度是顾客对企业的褒扬程度。对企业持褒扬态度者，肯定对企业提供的产品或服务满意，即使本人不曾直接消费该企业提供的产品或服务，那么也一定直接或间接地接触过该企业的产品和服务，因此美誉度可以作为满意度的代表。

②知名度。知名度是指顾客指名消费某企业产品或服务的程度。如果顾客对某种产品或服务非常满意时，他们就会在消费过程中放弃其他而选择知名度高的产品。产品的知名度高是因为一流的质量令使用过的顾客非常满意，形成了“口碑效应”。

③重购率。重购率是指顾客消费了该企业的产品或服务之后再次消费、或如果可能愿意再次消费、或介绍他人消费的比例。当一个顾客消费了某种产品服务之后，如果心里十分满意，那么他将会再次消费。重购率可以作为顾客满意度衡量的重要指标。

④抱怨率。抱怨率是指顾客在消费了企业提供的产品或服务之后产生抱怨的比例。通过了解顾客抱怨率，就可以了解顾客的不满意状况。抱怨率不仅是顾客直接表现出来的显性抱怨，还包括顾客的隐性抱怨。因此对抱怨率的了解必须直接征询顾客。

⑤销售力。销售力是产品或服务的销售能力。一般而言，顾客满意的产品或服务就有良好的销售力，而顾客不满意的产品或服务就没有良好的销售力，所以销售力也是衡量顾客满意度的重要指标。

(3) 顾客让渡价值。顾客让渡价值是指企业转移的、顾客感受得到的实际价值。它一般表现为顾客购买总价值（包括产品价值、服务价值、人员价值和形象价值）与顾客购买总成本（包括货币成本、时间成本、精神成本和体力成本）之间的差额。

顾客在购买产品时，总是希望获得较高的顾客购买总价值和付出较低的顾客购买总成本，以便获得更多的顾客让渡价值，使自己的需要得到最大限度的满足。因此，顾客在作购买决策时，往往从价值与成本两个方面进行比较分析，从中选择出那些期望价值最高、购买成本最低，即“顾客让渡价值”最大的产品作为优先选购的对象。

企业为在竞争中战胜对手，吸引更多的潜在顾客，就必须向顾客提供比竞争对手具有更高顾客让渡价值的产品，获得更大的顾客满意程度。为此，企业可从两个方面改进自己的工作：一是通过改进产品、服务、人员与形象，提高产品的总价值；二是通过改善服务与促销网络系统，减少顾客购买产品的时间、精神与体力的耗费，降低货币与非货币成本。由于总的顾客成本具有一定的刚性，不可能无限制地缩减，因而作用有限。更积极的方法是增加总的产品价值。提高顾客让渡价值是提高顾客满意水平的主要手段。

(4) 顾客满意的营销效应分析。

①顾客满意与再购买意愿。满意与再购买意愿相关，而且完全满意的顾客，其再购买意愿远高于仅表示满意的顾客，其相差程度在5倍以上。从商家的角度讲，满意将意味着顾客会减少再次消费。由于顾客在购买或消费后有了第一手资料，这时的满意程度对于顾客是否再次购买或消费起着关键性作用。

②顾客满意与顾客忠诚。只有最高的满意等级才能产生忠诚。对医疗保健业和汽车产业的一项研究显示，在5分制的满意度测评表中选择3分的顾客的忠诚比率为23%，选择4分的忠诚比率为31%，当顾客选择5分即感到“完全满意”时，忠诚比率达到75%。在竞争强度较高的产业里，满意度与忠诚度的相关性较小。当顾客面对许多选择时，只有最高等级的满意度才能加强忠诚度。而在垄断的行业里，满意度不起什么作用，顾客会保持很高的忠诚度。

③顾客满意与顾客保留。保留顾客和公司利润率之间有着非常高的相关性。顾客不履约率下降5%，则公司利润率将上升25%~85%（因行业的不同而不同）。而顾客满意是顾客保留的前提，在一般的市场环境下，没有顾客满意，很难有顾客保留的可能性。开发一个新的顾客所花费的费用是保留一个顾客费用的6倍左右。忽略已有顾客的利益，而只将运营重点放在吸引新顾客上，这必然会导致公司利润的下降和市场份额的降低。

④顾客满意与获利能力。从许多企业在广告和促销上花费大量的资金来看，一般企业还是着重于对新客户的获取，而忽视了对原有客户的维护。然而对于企业利润的获取和长期财务结构而言，提高顾客满意度进而增加顾客忠诚度为企业的重要策略。顾客满意是企业利润的未来性指标，是投资回报、市场份额、利润等传统绩效指标的重要补充。

小资料：

一些有关顾客的数据

★ 84%的人为非计划购买，92%的顾客在店里才决定购买的品牌。

★ 一个企业失去的顾客中，有68%转向竞争对手是由于售货员态度冷漠，顾客没有受到礼貌的接待。

★ 营销中的1:25:8:1，意味着服务好1个顾客就会影响25个人，其中有8个人会产生购买欲望，1个人会产生购买行为。

★ 在不满的顾客中，4%会告诉你感到不满和不高兴的理由，96%的会掉头就走，91%的不会再次光临。

★ 250定律：每一位顾客身后约有250名亲朋好友。得罪1名顾客，就意味着得罪了250名顾客。

★ 100个满意的顾客会带来25个新顾客。

★ 60%的新顾客来自现有顾客的推荐。

★ 向现有客户销售成功的几率是50%，而向一个新客户销售产品成功的几率仅有15%。

★ 公司平均每年流失10%的老顾客。

★ 高度满意的顾客价值是满意顾客价值的10倍。

★ 保持一个消费者的营销费用仅仅是吸引一个新消费者的营销费用的1/5。

★ 客户忠诚度下降5%，企业利润则下降25%。

★ 一个公司如果将其顾客流失率降低5%，其利润就能增加25%～85%。

★“100－1＝0”定律：100个顾客中有99个满意，但只要有1个持否定态度，企业的美誉就立即归零。

（5）提升顾客满意度。

①把营销做到实处，不“忽悠”顾客。生产、销售、品牌、物流、财务、客户服务等都和营销有相关联系，这些管理环节哪个也不能忽略，要做到心中时时有顾客，扎扎实实地做好每个环节，靠忽悠和做表面功夫是不能让顾客满意的。天底下没有永远的傻瓜，把别人当作傻瓜的人自己就是傻瓜。

②进一步重视“客户资源”的价值。成立专人或专门的部门，集中管理企业的“客户档案”和“业务数据”；重视多种渠道的客户请求和需求信息；重视销售机会的管理，使其有更高的成功率；把“客户资源”作为企业资产来管理，将其“利用率”与业务部门的绩效考核结合起来等方法，以便更好地发挥客户资源的作用。

小资料：

占客户总数20%的客户创造了企业80%的利润。

③客户细分，为不同类型的客户制定针对性的营销策略。如果我们只追求客户满意度往往不能解决最终的问题，因为很多时候客户满意度提高了，并不意味着企业的利润就会立即获得改善，只有为公司贡献利润的客户才是直接的价值客户，而且价值客户对企业的利润贡献亦有高低之分。因此，我们应该对稀缺的经营资源进行优化配置，集中力量提升高价值客户的满意度；与此同时，也应该关注潜在的高价值客户，渐进式提高他们的满意度。从全部客户满意到价值客户满意，再到高价值客户满意，最后到高价值客户关键因素满意，这应该是企业提升“客户满意度价值回报”的“流程”。

④不断收集和研究客户需求。企业要实现中长期的稳定成长和发展，必须不断收集和研究目标客户群对产品和服务的需求，并积极而有效地反馈、溶入自身的产品和营销策略中去。只有这样，才能在充分而激烈的竞争中，提高已有客户满意度，抓住新客户。

⑤和客户建立亲善关系。如今，客户通过互联网等各种便捷的渠道可以获得更多更详细的产品和服务信息，使得客户比以前更加聪明、强大，更加不能容忍被动的推销。由于客户更愿意和类似他们的人交往，他们希望与企业的关系超过简单的售买关系，因此我们需要快速地和每一个客户建立一定的共同点，为客户提供个性化的服务，使客户在使用产品过程中获得产品以外的良好心理体验。同时在与客户的交往中，要善于听取客户的意见和建议，表现出对客户的尊重和理解，要让客户感觉到企业特别关心他们的需求。企业还应鼓励员工站在客户的角度思考应该提供什么样的服务，以及怎样提供服务。

⑥提高客户转换成本。一个保留客户的有效方法是提高客户转换成本，使客户不能轻易地跑到竞争对手那一边。一方面，我们可以通过技术等手段提高客户的转移成本，使客户要花费巨大才能更换供应商。另一方面，也可以制造一些产品和服务以外的因素阻碍客户的离开。研究表明，如果客户认为一个企业在满足他们的需求上明显优于他人，如果客户与企业的员工建立一种情感上的联系，如果客户认同企业的价值观，这些因素会成为一种阻碍客户离开的障碍，企业更容易和这样的客户建立长久的关系。

⑦积极地解决客户抱怨。在互联网时代，一个不高兴的客户可以迅速影响成千上万个潜在客户。所以我们必须要在事态变坏前采取行动，要给客户提供抱怨的渠道，并认真对待客户的抱怨，在企业内部建立处理抱怨的规章制度和业务流程，如规定对客户抱怨的响应时间、处理方式和抱怨趋势分析等。

⑧做好客户期望值的管理。客户要购买产品一般都会对自己所购买的产品抱有一定的期望或理想，所以，我们再夸大产品的价值或作出超范围的承诺来诱导购买，就一定不是什么明智的行为了。在介绍公司、产品或服务的时候要做到客观真实，既不要夸大也不要隐瞒。不过，这里又涉及沟通艺术的问题，很多时候同样的内容在不同的人用不同的方式来作介绍后效果完全不同。因此，很多成熟的企业通常把与客户沟通的内容和方式进行标准化，这样就很大程度上解决了沟通效果很难一致的问题。

⑨做好全员服务技能培训。努力提高公司全体员工的服务技能和销售技巧，让员工学会宽容和理解客户，时刻保持一颗平和的心态，控制自己的情绪，发挥团队精神，这些都需要靠企业平时加大培训力度，才能提高企业的总体服务水平。

⑩建立监督考核制度。要使企业服务水平落到实处，还要通过对顾客的回访收集反馈意见，加大对员工服务技能、服务态度、服务规范、服务效果的监督和考核，并将考核结果和员工的薪资和晋级挂钩。

案例分析：

我国著名家电巨头海尔认为决定市场竞争胜负的关键在于顾客满意度，只有不断提高顾客的满意度，才能建立起消费者对海尔品牌的忠诚度，海尔才能具有长久的竞争力。而在产品同质化的今天，提高顾客满意度的主要方法就是努力提高服务质量。在这种战略思想的指导下，海尔在顾客服务方面实行了一系列创造性的做法，达到了中国家电业的一个高峰，在消费者中间建立起了“海尔五星级服务”的良好口碑。海尔星级服务的宗旨是：用户永远是对的。海尔的服务承诺是：服务热线，在您身边，只要您拨打一个电话，剩下的事由海尔做。

海尔移动电话也推出了世界品质的5A钻石服务，移动电话内置有全国各地海尔服务中心的24小时热线号码，您可以随时咨询海尔移动电话以及其他海尔产品信息或寻求帮助与服务，海尔国际星级服务将时刻在您身边。其主要内容是：All free service（全免费服务）、At most one day（一日服务）、All life service（全程服务）、All around china（全国服务）、All round the clock（全天侯服务）。

思考：

海尔为什么要花费巨大成本推出“星级服务”战略？

（三）关系营销理念

1. 训练内容。全班同学依照学号或座位顺序，每五至六人为一组，按以下场景进行方案讨论设计，20 分钟后同时派代表在黑板上写出自己组的方案要点，比比哪组方案最好。

假如 A 是某品牌桶装水的加盟店店主，他的店开在繁华地段某小区，小区规模较大住户较多，旁边有一家大型医院、一家政府机关和一所中学，还有几家银行和两栋大型写字楼，当然，小区也不乏生意竞争对手，共有四家桶装水店。

现在 A 邀请你们给他提供如下问题的解决方案：

（1）用哪些具体做法去开拓客源？

（2）有哪些具体做法可以尽量搜集到客户的信息？应尽量搜集哪些信息？

（3）如何用 EXCEL 对已有的客户信息进行管理？请设计出 EXCEL 表格样式。

（4）有哪些具体做法可以保持已有客户尽量不流失？并建立起相互之间比较亲密的关系？

星星点灯

- 当你在做交易时，首先考虑的不应该是赚取金钱，而是要获得人心。
- 最有效的资本是我们的信誉，它 24 小时不停为我们工作。
- 像对待新客户一样重视老客户的利益，“结识新朋友，不忘老朋友”。
- 第一批车是由销售人员卖出的，而后的车是由良好的服务卖出的。
- 生意永远火爆的根本原因，就是因为回头客实在太多。

2. 训练要求。要求每组在设计方案时注意具体性、操作性、可行性、经济性、实效性，而不是进行理论阐述。

3. 训练测评。

测　评　依　据

★积极认真	★踊跃发言
★方案具体	★经济可行
★做法多样	★实效性强

4. 背景知识。

认识关系营销

20 世纪 80 年代以后，以欧洲学者为代表的“关系营销学派”的兴起，标志着以关系为导向的新的营销观念的形成。所谓关系营销，是把营销活动看成是一个企业与消费者、供应商、分销商、竞争者、政府机构及其他公众发生互动作用的过程，其核心是建立和发展与这些公众的良好关系。要实现关系营销的目标，企业必须在提供优质产品、良好服务和公平价格的同时，与各方加强经济、技术及社会等方面的联系和交往。

（1）关系导向营销观的基本内容。

①强调交易与关系的结合。关系导向营销观认为，营销既是一个管理过程，又是一个社会过程。营销中既要通过相互交换实现交易活动，又要通过履行承诺建立和巩固各

方关系。从交易到关系是一个连续的、系统的过程，只有两者结合才是完整的营销。

②强调“关系”的多元性。关系导向营销观强调多方关系的处理，不仅要注重与消费者的关系，而且要注重与一切“参与者”的关系；不仅要注重关系的识别与建立，而且要注重关系的维持与巩固，通过利益各方之间的相互沟通与磨合，形成一种稳定的、相互信任、相互依赖的关系。

③强调实现“多赢”目的。关系导向营销观强调营销中必须兼顾企业、消费者及其他利益攸关者的利益，建立、维持、巩固良好的关系，在实现企业利润目标的同时，实现各方的目的。

（2）关系营销的本质特征。

①双向沟通。在关系营销中，沟通应该是双向而非单向的。只有广泛的信息交流和信息共享，才可能使企业赢得各个利益相关者的支持与合作。

②合作。一般而言，关系有两种基本状态，即对立和合作。只有通过合作才能实现协同，因此合作是“双赢”的基础。

③双赢。即关系营销旨在通过合作增加关系各方的利益，而不是通过损害其中一方或多方的利益来增加其他各方的利益。

④亲密。关系能否得到稳定和发展，情感因素也起着重要作用。因此关系营销不只是要实现物质利益的互惠，还必须让参与各方能从关系中获得情感的需求满足。

⑤控制。关系营销要求建立专门的部门，用以跟踪顾客、分销商、供应商及营销系统中其他参与者的态度，由此了解关系的动态变化，及时采取措施消除关系中的不稳定因素和不利于关系各方利益共同增长的因素。

此外，通过有效的信息反馈，也有利于企业及时改进产品和服务，更好地满足市场的需求。

（3）关系营销中的关键过程。实施关系营销是一项系统工程，必须全面、正确理解关系营销所包含的内容。

从战略上来讲，“发现需求——满足需求并保证顾客满意——营造顾客忠诚”是关系营销的三部曲。要实施关系营销必须从公司理念、组织结构和流程等多方面进行调整。公司必须树立“顾客第一”和“顾客满意”等理念，同时在组织结构和业务流程方面要以顾客为中心实施 BPR 工程（业务流程再造）。要实施关系营销，就必须调整企业的流程，让企业的一切活动和流程都能以顾客为本，把构建与顾客的长期信赖关系作为企业赢利的重要手段。因此，实施关系营销理念要更新，业务流程和组织结构要调整（即实施 BPR 工程）。

从战术上讲，要实施关系营销必须以 CRM（客户关系管理）为基础，因为关系的建立与维护、保持等离不开对客户的了解，尤其是对客户信息的掌握，而这些信息又得借助 CRM 来获得，故而关系营销和 CRM 是相互交织、不可分割的。CRM 是一种以客户为中心的经营策略，它以信息技术为手段，对业务功能进行重新设计，并对工作流程进行重组。它首先是一项通过分析客户、了解客户、提高客户满意度来增加收入以及优化赢利的商业模式，技术与解决方案只是实现这个商业模式的手段；它也是企业不断改进与客户关系相关的全部业务流程，最终实现电子化、自动化运营目标的过程中，所创造并使用的先进的信息技术、软硬件的优化管理方法、解决方案的总和。

从BPR和CRM的内涵不难看出它们与关系营销是相互交织、紧密结合的，因此，要实施关系营销，就必须借助BPR和CRM两大手段，让它们密切配合，发挥整合效应。在关系营销实务中，以下技术对建立与顾客真正的关系营销能够起到举足轻重的作用：

①设立顾客关系管理机构。建立专门从事顾客关系管理的机构，选派业务能力强的人任该部门总经理，下设若干关系经理。关系经理要经过专业训练，具有专业水准，对客户负责，其职责是制定长期和年度的客户关系营销计划，制定沟通策略，定期提交报告，落实公司向客户提供的各项利益，处理可能发生的问题，维持同客户的良好业务关系。

②建立顾客数据库。企业在每位顾客初次购买产品或服务时，通过数据库，建立起详细的顾客档案。企业借此可准确找到目标顾客群，降低营销成本，提高营销效率。另外，数据库营销能经常保持与消费者沟通和联系，强化消费者与企业的密切关系，这是实施关系营销的基础。

③制订接触计划。企业各部门与顾客的每次接触都有可能帮助企业发现潜在的机会。如果每一次接触都有好的沟通和交流，可以提高顾客满意度，从而与顾客建立和维持良好的关系。

④频繁市场营销。频繁市场营销是指给予多次重复购买的顾客以奖励。其基本原理正是体现了关系营销的核心思想之一，即留住老顾客比争取新顾客更为容易与划算。通过重复购买，顾客对产品、用法及其竞争产品的特点都积累了一定的知识。企业只需要较少的关注就可以再次赢得顾客。频繁市场营销计划的成功来源于产品和服务的有价值，企业必须给顾客以足够的理由再次选择你的产品。

⑤顾客组织化。成立顾客俱乐部，其成员主要是企业的现有顾客和潜在顾客，俱乐部为其会员提供各种特制服务。顾客俱乐部的形成可以加强企业与顾客之间的相互了解，培养顾客对企业的忠诚；通过顾客的信息反馈系统，了解顾客需求；通过其会员宣传企业的产品和服务。

⑥顾客化营销。即定制营销，企业根据每位顾客的不同要求而生产出不同的产品，满足顾客的特殊需求。顾客化营销有利于企业与顾客建立并发展长期关系，顾客能在一系列合适的营销组合中进行选择，如送货条件、培训计划、付款方式和技术服务等。这是一种最高层次的伙伴式的关系营销。

⑦退出管理。“退出”指顾客不再购买企业的产品或服务，终止与企业的业务关系。退出管理指分析顾客退出的原因，相应改进产品服务以减少顾客退出。

退出管理可按如下步骤进行：测定顾客流失率→找出顾客流失的原因→测算流失顾客造成的公司利润损失→确定降低流失率所需的费用→制定留住顾客的措施。

企业应经常地测试各种关系营销策略的效果、营销规划的长处与缺陷、执行过程中的成绩与问题等，持续不断地改进规划，在高度竞争的市场中使顾客满意，提高顾客忠诚度。

案例分析：

企业家A先生到泰国出差，下榻于东方饭店，这是他第二次入住该饭店。

次日早上，A先生走出房门准备去餐厅，楼层服务生恭敬地问道："A先生，您是要用早餐吗？"A先生很奇怪，反问"你怎么知道我姓A？"服务生回答："我们饭店规定，晚上要背熟所有客人的姓名。"这令A先生大吃一惊，尽管他频繁往返于世界各地，也入住过无数高级酒店，但这种情况还是第一次碰到。

A先生愉快地乘电梯下至餐厅所在楼层，刚出电梯，餐厅服务生忙迎上前："A先生，里面请。"

A先生十分疑惑，又问道："你怎么知道我姓A？"服务生微笑答道："我刚接到楼层服务电话，说您已经下楼了。"

A先生走进餐厅，服务小姐殷勤地问："A先生还要老位子吗？"A先生的惊诧再度升级，心中暗忖"上一次在这里吃饭已经是一年前的事了，难道这里的服务小姐依然记得？"服务小姐主动解释："我刚刚查过记录，您去年6月9日在靠近第二个窗口的位子上用过早餐。"A先生听后有些激动了，忙说："老位子！对，老位子！"于是服务小姐接着问："老菜单？一个三明治，一杯咖啡，一个鸡蛋？"此时，A先生已经极为感动了"老菜单，就要老菜单！"

给A先生上菜时，服务生每次回话都退后两步，以免自己说话时唾沫不小心飞溅到客人的食物上，这在美国最好的饭店里A先生都没有见过。

一顿早餐，就这样给A先生留下了终生难忘的印象。

此后三年多，A先生因业务调整没再去泰国，可是在A先生生日的时候突然收到了一封东方饭店发来的生日贺卡：亲爱的A先生，您已经三年没有来过我们这里了，我们全体人员都非常想念您，希望能再次见到您。今天是您的生日，祝您生日愉快。

A先生当时热泪盈眶，发誓如果再去泰国，绝对还要住在东方饭店，而且要说服所有的朋友也像他一样选择。A先生看了一下信封，上面贴着一枚六元的邮票，六元钱就这样买到了一颗心。

思考：

东方饭店为什么要如此重视老顾客？又是如何买到老顾客的心的？

四、技能巩固

（一）操作题

1. 有一个三口之家，因为平时上班比较忙，他们基本固定在每个周末去附近的某大型超市购买下一个星期的肉、菜及日常生活用品，每次都大约花费200～300元，并且他们每年大约会成功介绍一个类似的家庭去这家超市消费。

全班同学自由组合成3～4人一组，请每组同学回答以下题：

(1) 对于超市来说，这家顾客的总价值约是多少？请说明自己组的计算理由。

(2) 超市的货品有两种选择：一为坚持卖质量有保证的正路货，纯利润率约在3%；二为卖质量不稳定的“山寨”货，纯利润率约在25%。请分别计算在两种情况下这家顾客能给超市带来约多少总利润？请说明自己组的计算理由。

(3) 通过计算，大家得到哪些启发？

(4) 组织大家讨论：哪组的计算最合理？

2. 以宿舍为单位，利用周末对自己所在城市的商业街进行观察走访，对比不同商家的服务水平表现，写一份调查分析报告，要求包括现象描述、顾客反应分析、改进服务措施等主要内容。

(二) 案例题

1. 王永庆15岁那年，辍学到茶园当杂工，后来又到一家店铺做学徒。到嘉义米行工作的他，十分珍惜这份工作，处处留意老板的每个动作、每句话。每天关门后，老板怎么记账、如何核算成本，他都用心学习，睡前就回想当天所做的事。

第二年，他用借来的200元钱作为本金，在嘉义开了一家小型的米店，自己当起米店老板。

别的人卖米，都是大米、沙砾、小石子一起卖（当然也不是故意的），而他却在卖米之前，把这些杂物全部挑拣出来。

别的米店都是坐商，他是行商。走街串巷去做推销，并且配置运输工具，送货上门，方便顾客。

在送货上门的同时，还会注意这户人家有几口人，每天用米多少，需要多长时间送一次，每次送多少，他都一一记下。到时送米上门。

送米的时候，他还细心为顾客擦洗米缸，记下米缸容量，把新米放在下面，陈米放在上面。

他还了解顾客家发薪金的日子，在他们有钱的一两天内去讨米钱。

以上看上去是小事，其实是王永庆做小本生意的大事。

问题：结合本章知识，你认为王永庆会做生意吗？为什么？你从本案例得到哪些启发？

2. 某餐馆的管理要求如下：

(1) 不要指定顾客在哪里坐，他们想在哪里坐就尽量去满足他们；

(2) 不要鼓励顾客多点菜，他们点到一定程度，要提醒他们已经够吃了；

(3) 不要随意改变自己的招牌菜菜谱及价格，哪怕是一些边缘的小菜；

(4) 不要打乱上菜的顺序，要保持时间上的连续性；

(5) 要适当给一些免费的茶水、汤水，要留给顾客等待的时间，不赶客；

(6) 当顾客有需要服务的信号时，要立即上前问询，永远不要让顾客去找服务员；

(7) 不要让顾客看到阴沉哭丧的脸，要始终保持灿烂、带适度动人微笑的脸；

(8) 对顾客始终充满热情，想顾客之所想，时刻准备着为他们进行服务；

(9) 记住常客的喜好，了解新客的需求；

(10) 始终处在帮助顾客吃好、喝好的心态上，一点也不要妨碍着他们。

问题：你觉得以上的管理要求合理吗？为什么？请逐条论述。

3. 有一个“丰收定律”，更直白的说法就是“种瓜得瓜，种豆得豆”。几乎每个人都知道，如果你种的是玉米，收成的也是玉米；如果你种的是豆子，收成的也是豆子。如果你种的是杂草，收成的也是杂草。“丰收定律”还涉及乘法效应。一粒种子可以产出三到四个麦穗，每个上面都有很多麦粒。这就是乘法效应。

问题：服务顾客是否也遵照“丰收定律”？如果你给顾客播种真诚、友好、谦恭、及时的服务，你将会丰收什么？反之呢？

4. 一个名气不大的生意人去香港，和李嘉诚吃了一次饭，感触非常大。

李先生 76 岁，是华人世界的财富状元，也是大陆商人的偶像。但李先生却在电梯门口迎候大家，然后给大家发名片，这已经出乎意料——李先生还用给名片?! 但是他像做小买卖一样给大家发名片。发名片后每个人抽了一个签，这个签就是一个号，就是大家合影照相站的位置，是随便抽的。抽号照相后又抽个号，说是吃饭的位置，就为大家方便。最后让李先生说几句，他说也没有什么讲的，主要和大家见面，后来大家鼓掌让他讲，他就说我把生活当中的一些体会与大家分享吧。然后看着几个老外，用英语讲了几句，又用粤语讲了几句，然后又讲了几句普通话，把全场的人都照顾到了。吃了一会儿，李先生起来了，说抱歉我要到那个桌子坐一会儿。后来，我发现他们安排李先生在每一个桌子坐 15 分钟，总共 4 桌，每桌都只坐 15 分钟，正好一小时。临走的时候他说一定要与大家告别握手，每个人都要握到，包括边上的服务人员，然后又送大家到电梯口，直到电梯门关上才走。

问题：吃了一顿饭，李先生走进了就餐者的心。在服务顾客的时候，你如何走进顾客的心呢？

5. 某门店打出的口号是“买贵了差价双倍奉还”。有一天，一个顾客拿着一支在店里买的洗面奶，要求获得两毛钱的赔偿，理由是比沃尔玛贵了一毛钱。主管知道了事情的缘由之后，禁不住笑了起来，他认为这名顾客也太认真了，几句话想把顾客打发走。顾客被主管敷衍了几句，又看到旁边许多顾客盯着自己，满脸通红地赶紧回去了，两毛钱当然也没赔。顾客也不在乎这点钱，于是事情了结。

问题：你如何看待这次事件？为什么？

项目任务二　服务营销3Ps实训

一、实训说明

实训目标	让学生掌握服务营销环境和形象设计技能
实训重点	服务环境营销和形象营销
实训要求	事先预习、做好职业形象训练准备
场地器具	多功能教室，学生自备小镜子、梳子、筷子、职业服装（男女不同）、领带
实训评价	按照同步测评标准给每位学生评分，此专题占本课程总分的6%
实训课时	建议4课时

二、实训任务

有句名言说得好：一切生意起源于眼睛。做服务营销工作，服务环境、员工形象及服务水平的好坏高低是十分重要的，这是能否招徕顾客进店的第一步，顾客不愿迈进店门，其他一切都是空谈。服务营销的7Ps理论中，除了传统营销理论的4Ps（Product 产品、价格 Price、渠道 Place、促销 Promotion）之外，还有另外的3Ps（实体环境 Physical Evidence、People 人、Process 过程），这3Ps其实就是指一个商家的服务环境和员工形象状况。

小王学的是市场营销专业，志向是在毕业几年后能开一家店铺自己做老板，小王深知，要做老板就得有一套生意经，而要学会一套生意经当然不可能在一夜之间速成，得从现在开始作准备。那么，应从哪些方面去做好一家企业的有形展示、员工形象及服务流程管理工作，从而让顾客在最短的时间内通过眼睛所见对店铺留下良好的印象呢？

画龙点睛

- 人要衣装，店要亮堂，货要装潢。
- 服务企业的效益高低与服务人员漂亮程度呈正相关。
- 标准服务流程有助于树立形象、提高效率、防止出错。

三、实训步骤

（一）实体环境营销

1. 训练内容。全班同学依照学号或座位顺序，每五至六人为一组，按以下场景进行方案讨论设计，20分钟后同时派代表在黑板上写出自己组的方案要点，比比哪组方案最好。

某大型购物中心顶楼主营餐饮，由各家饮食企业入驻经营快餐类产品，目前已经入驻的有麦当劳、真功夫、日本寿司店、云南米线等有一定特色的知名企业。小赵的父亲也计划入驻开设一家中式中高档快餐，快餐店总面积200平方米（长20米，宽10米），正在进行紧张的规划设计，由于小赵学的是市场营销专业，现被父亲要求提供如下问题的参考解决方案（简要注明理由）：

(1) 快餐店的整体主色调选择什么颜色？店招牌的底色和文字各用什么颜色？

(2) 快餐店如何布局（厨房、收银台、洗手间、餐厅等）？画出平面示意图。

(3) 快餐店的墙壁、天花板、地面各用什么材料和颜色？

(4) 快餐店的桌子、柜台、厨具选用什么材质和颜色？员工工作服用什么颜色？

(5) 快餐店的餐具（碗、筷、杯、茶壶、餐巾纸）如何选用？怎样摆设？

(6) 快餐店的清洁卫生工具（扫把、拖把、抹布、洗洁精、消毒液等）如何选用？怎样摆设？

(7) 快餐样品及价格如何展示？怎样摆设？

(8) 快餐的饭、菜、汤选用何种档次原料？用什么样的器具盛装？怎样盛装？

(9) 快餐店收银台如何设计？怎样摆设？

(10) 快餐店选用何种光源？如何设计？

(11) 快餐店是否播放音乐？如何设计？

(12) 快餐店是否喷洒香水？如喷洒，如何设计？

(13) 如何保证快餐店内的卫生状况？

星星点灯

- 醒目的招牌是吸引顾客的第一道风景。
- 整洁、卫生、明亮的服务环境是无声的推销员。
- 色彩、声音、气味寓营销于无形之中。
- 每一个细微的环节均可体现出商家的服务水平，都逃不脱顾客锐利的眼睛。

2. 训练要求。每组必须经过充分讨论；成员积极参与，踊跃发言；设计有理有据，最好图文并茂。

3. 训练测评。

测 评 依 据

★ 积极认真　　　　★ 参与度高

★ 设计细致　　　　★ 有理有据

★ 图文并茂　　　　★ 说服力强

4. 背景知识。

实体环境营销

（1）色彩营销。色彩营销是指在对消费者心理和习惯的研究基础上，通过对企业的标志、产品、销售环境等配以恰当的色彩，吸引消费者的眼球，使商品高情感化，成为与消费者沟通的桥梁，实现“人心—色彩—商品”的统一，将商品的思想传达给消费者，提高营销的效率，并减小营销成本。

> **小资料：**
>
> “7秒定律”，即消费者会在7秒内决定是否有购买商品的意愿。而在这短短7秒内，色彩的决定因素占67%。

色彩的应用从产品的色彩设计、开发，到产品外观设计与包装，产品展示的色彩布局陈列，生产环境的色彩气氛烘托，企业形象设计展示等，色彩视觉设计的触角无所不及。

> **小资料：**
>
> 颜色给人的心理感受
>
> 白色——喜悦、明快、洁净、纯洁
>
> 灰色——中庸、平凡、温和、谦让、中立
>
> 黑色——静寂、沉默、悲哀、绝望、严肃、死亡
>
> 红色——热情、喜悦、活力、积极、爱情、革命、奔放
>
> 黄色——快活、希望、发展、愉快、智慧
>
> 橙色——健康、乐观、活泼、积极、嫉妒
>
> 绿色——生命、和平、自然、健全、成长、旅行、环保
>
> 蓝色——沉静、沉着、海洋、广阔、消极、精致、久远
>
> 紫色——华丽、高贵、神秘、永远

色彩本身是没有灵魂的，只是一种物理现象。我们长期生活在一个色彩的世界里，积累了许多视觉经验，一旦视觉经验与外来色彩刺激发生一定的呼应，就会在人的心理上引出某种情绪。正因为如此，服务业营销要善于利用色彩引导和刺激购买行为。

①运用色调的兴奋感，引起人们观看的兴趣。红、橙、黄等暖色调以及对比强烈的色彩，对人的视觉冲击力强，给人以兴奋感，能够把人的注意力吸引到目的物上来，使人对目的物产生兴趣。蓝、绿等冷色以及明度低、对比度差的色彩，虽不能在一瞬间强烈地冲击视觉，但却给人以冷静、稳定的感觉，适宜表现高科技产品的科学性、可靠性。

②运用色调的明快活泼感，产生优美愉悦的效果。一般说来，暖色、纯色、明色以及对比度强的色彩，使人感到清爽、活泼、愉快，利用色彩的这一特点设计广告招牌，

能够使人心情愉快地接受广告信息。

③运用色调的档次感，体现商品的不同品位。色彩也有档次感，有气派的、华贵的色调总是用于高档的产品，那些朴实大方的色调总是与实用品相联系。时装广告、化妆品广告常常用彩度高、明度高以及对比强烈的色彩来表现，给人以华丽感。

④运用色调的冷暖感，表现不同商品的特点。常常运用暖色调来表现食品，因为食品的颜色大多以红、橙、黄等暖色调为主，儿童用品给人的感觉是热情、活泼、充满朝气，因而儿童用品广告也多用暖色调。而空调、冰箱、冷饮的广告大都用白色、蓝色等冷色调，使人感到寒冷、清爽。

小案例：

美国一家饭店老板为招揽顾客，将墙壁涂上幽雅舒适的淡绿色，引来很多顾客就餐，但令老板伤脑筋的是，虽然顾客盈门，营业额却不高。后来，他按色彩专家的意见，将餐厅颜色改为粉红色。此举立竿见影，客人不仅食量大增，而且吃完就走，老板大喜。

这是巧妙使用色彩产生的奇效。研究表明，红色使人心理活跃，绿色可缓解紧张，黄色使人振奋，紫色使人压抑，灰色使人消沉，白色使人明快，淡蓝色使人凉爽……色彩的这些效能，可以用来调节情绪、影响智力、改善沟通环境，从而使其在营销中有着广阔的应用前景。在前面的例子中，淡绿色和粉红色都能吸引顾客前来就餐，但淡绿色使人乐而忘返，这令许多乘兴而来的顾客因找不到座位而只能离去。粉红色虽同样吸引顾客，但会令顾客兴奋而不愿久留。色彩变化的结果，使饭店里的顾客周转快，从而使食物卖得多，利润猛增。

(2) 环境营销。服务环境中可视的一切设施均会在消费者心中产生刺激，并令消费者作出相应的反应。服务场所的建筑、通道设计、出入口设计、商店服务设施、商品陈列位置、场地分配、卫生状况等如果设计不佳，会导致顾客消费时愉悦的减少和心情的变坏。所以在店铺设计中，建筑式样的吸引力、出入口设计和通道设计的方便、服务设施的齐全、服务设施的档次高低、商品陈列位置的便利、场地分配的科学、卫生状况的良好，都将有助于降低消费者购物体验成本。一些研究还发现店铺环境的设计可以影响消费者的价格期望，消费者认为在高档设计的店铺中销售的啤酒价格高于一般的大众化超市，良好的店铺设计环境感知增加了高价格的可接受性。

(3) 声音、气味和触觉营销。声音和气味可以营造氛围，往往被视为背景和外部刺激，能在潜意识水平上影响顾客。有研究表明，悦耳的背景音乐能减少消费者时间/精力成本的感知，优美的音乐会影响消费者的情感，有助于舒缓消费者在店铺等待时的压力与不悦。

播放音乐的内容和音量要精心安排。由于人的听觉差别很大，音乐的播放音量必须根据店铺的主要顾客对象而控制。一般年轻人喜欢声音较大节奏较快旋律较强的音乐，而老年人反之；在正常营业时间，音乐应以优雅轻松的室内轻音乐为主，以创造一种轻松恬静的购物环境，解除顾客的紧张感，使顾客轻松购物。而在打烊之前，应以较激昂动感的音乐为主，以催促顾客尽快结账。

与没有香气呈现的商铺相比较，当为大多数人所能接受的香气在商铺环境中弥漫时，顾客对商店与产品的评价较为正面，愉悦性的气味有助于增加顾客在商铺的逗留时间。根据商铺与商品的特点，放置散发各种香味的花草盆景，或释放人工制造的特别香味，可以对顾客的嗅觉进行良好刺激，使他们在消费过程中精神愉快、心情舒畅，增加消费欲望。为了确保商铺的气味正常，商家应对各种不正常的气味（如地毯的霉味，强烈的染料味，动物和昆虫的气味，燃烧物的气味，汽油、油漆和保管不善的清洁用品的气味，洗手间的气味）有效控制。为了控制这些气味，首先应该尽量控制或减少这些气味的产生，然后还要使用空气过滤设备来降低其密度。除了对不正常的气味要进行严格控制外，对正常的气味也要适当控制，使其不致扰乱顾客，甚至令顾客厌恶。

商铺的地面，商品展示架，电梯各种功能按键以及空气的湿度、温度都会给消费者带来触觉印象。商家应该仔细考察各种触觉元素，使其与服务环境相匹配，并将它们与环境中的视觉因素结合起来使用，这样才能取得较好的效果。

综上所述，商铺环境营销应从各个维度，从每一个细节着手，这样才能通过为顾客营造一种良好的体验氛围，提高他们的惠顾意向。

（二）人员形象

1. 训练内容。

（1）仪容训练。全班同学按性别不同，用各自带的小镜和梳子，检查整理自我的营销职业发型和职业面容，然后两两相互检查；然后将自备的一根洁净、光滑的圆柱形筷子（不宜用一次性的简易木筷，以防划破嘴唇），横放在嘴中，用牙轻轻咬住（含住）露出上面八齿练习微笑。

（2）仪表训练。每位同学检查整理自己的职业装（衣服鞋袜），学会打领带；然后两两相互检查。

（3）仪态训练。全班按男女性别不同，练习正确的站、行、坐、蹲姿势，然后两两相互检查。

星星点灯

- 友好真诚的仪容、端庄的仪表、得体的仪态就是最好的推荐信。
- 微笑，绝对没有成本却可能有收益，一定要成为你工作最大的资产。
- 注重仪表仪容是尊重客人的需要，能够引起客人强烈的感情体验。
- 顾客的“第一印象”首先来自于一个人的仪表仪容仪态。

2. 训练要求。每位同学必须事先预习背景知识，并认真做好相应准备工作；训练中要认真投入，严禁嬉闹。

3. 训练测评。

测 评 依 据

★ 积极认真　　★ 三笑合一

★ 发型整洁　　★ 精神焕发

★ 服装规范　　★ 姿势标准

4. 背景知识。

服务人员形象修炼

（1）仪容。

①头发：女性短发务必吹理整齐，长发一律扎马尾，不可以有染发之情形；男性发尾长度不可超过耳根，不得蓄留长发和染发。

②脸部：女性化妆不能太过浓艳，以擦淡雅口红为主，佩戴的耳环不可过长或太大，不可只戴单耳环；男性不得留胡须，每日刮干净，保持脸部清洁。

③五官：耳朵内要清洗干净；眼屎绝不可以留在眼角上；牙齿要干净，口中不可留有异味；鼻子清洁干净，鼻毛露出部分要剪掉。

④微笑：嘴笑、眼笑、心笑三笑合一；笑时需露上颌八齿；眼神平视专注。

（2）仪表。

①衬衫：长短袖衬衫一般为单色，并熨烫平整，注意袖口及领口是否有污垢，要及时更换。

②领带：领带的质料应注重柔软轻薄；打法可以用步骤少、领结体积较小、形状灵巧的亚伯特王子结，如图 2－1 所示。

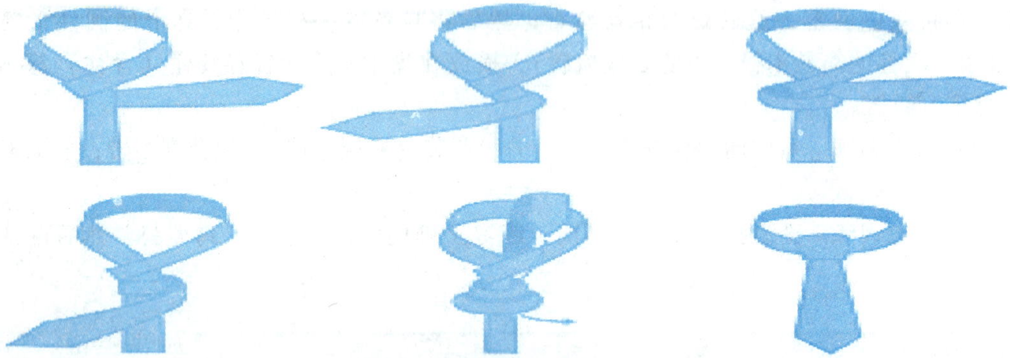

图 2－1

③西装：第一纽扣需要扣住；上衣口袋不要插着笔，两侧口袋最好不要放东西，特别是容易鼓起来的东西如香烟和打火机等；裤子上多余物品如皮夹、钥匙等不随身携带；职业装一般应选择简单高雅的套装，需要及时熨整齐。

④鞋袜：适合着黑色皮鞋，女性可以穿高跟；一般不穿黑布鞋、休闲鞋、运动鞋、凉鞋或长筒靴；每日要擦拭光亮；女性穿着肤色丝袜，男性袜子应为深色。

⑤手部：注意手部卫生；不留长指甲；不佩戴非必要之首饰；不涂抹有色指甲油。

（3）仪态。

> **小资料：**
>
> 有这样一个心理实验：分别让一位身着笔挺军服的军官，一位戴金边眼镜的学者，一位打扮入时的女郎，一位神态疲惫的中年妇女，一位留着长发、穿着花衣服的男子到路边去拦车。结果是：美女、军官、学者的搭车成功率高，中年妇女次之，而那个长发男子最惨，司机见到他非但不停车还踩油门……

①站姿：身体要端正，挺胸、收腹、眼睛平视，嘴微闭，面微笑，双臂自然下垂或在体前交叉，右手放在左手上，以保持随时可以提供服务的姿态；肩膀要平直，不能耸肩歪脑；双手不可叉在腰间，不宜放在身后，更不可抱在胸前；身体重心线应在两腿中间，向上穿过脊柱及头部；男性两脚可平行分开一小步，但之间距离不超过肩宽；女性站立时，脚跟并拢双脚呈“V”字形开度为50度左右，双膝要靠紧，不能双脚叉开；站立时要精神饱满，表情自然温文。

②行姿：身体正直，抬头，眼睛平视，面带微笑，肩部放松，手臂伸直放松，手指自然弯曲；双臂自然前后摆动，摆动的幅度为35厘米左右，双臂外开不要超过20厘米；行走时身体重心稍向前倾，重心落在双脚掌的前部，腹部和臀部要向内提，由大腿带动小腿向前迈进；脚尖略开，脚跟先接触地面，着地后保持身体重心送到前脚，使身体前移；男士行走，两脚跟交替前进，两脚尖稍外展，而不能走出两条平行线；女服务员走路的时候，两脚都要踏在一条直线上，称“一字步”，以显优美；男服务员步速应定110步/分钟，女服务人员应走120步/分钟；男服务人员的步幅在40厘米左右为宜，女服务人员的步幅在30厘米左右即可。

③坐姿：上身保持挺直，面带笑容，双目平视，嘴唇稍闭，下颌微收；双肩平正放松，挺胸立腰；双臂自然弯曲，双手放在膝上，掌心向下（女服务人员可以一手握另一手腕，置于身前）；两腿自然弯曲，双膝并拢，双腿正放或侧放（男服务人员坐时双腿可略分开）；双脚平落地上，可并拢，也可交叠，但是不论怎样坐，都不能前俯后仰或抖动腿脚，也不能跷二郎腿或拍打扶手，把脚放在椅子、沙发扶手或茶几上更是禁止的行为；应至少坐满椅子的2/3，脊背轻靠椅背。

④蹲姿：脚稍分开，站在所取物品的旁边，蹲下屈膝去拿，而不要低头，不弯上身，不翘臀部，也不要弓背，要慢慢地把腰部低下；女服务员下蹲时，左脚在前，右脚稍后，两腿靠紧，向下蹲；男服务员左脚全脚着地，小腿基本垂直于地面，右脚脚跟提起，脚掌着地；右膝低于左膝，右膝内侧靠于左小腿内侧，形成左膝高右膝低的姿态，臀部向下，基本上以右腿支撑身体。

⑤举止：在顾客面前不要吃东西、掏鼻孔、揩鼻涕、挖耳朵、挖眼屎等；不要脱鞋、打饱嗝、伸懒腰、哼小调、打哈欠等；遇到熟悉的顾客应主动打招呼；在顾客面前或在服务场所内，不要争吵和争论，不要高声呼叫等；在公共场所不要随地吐痰，乱扔果皮、纸屑等。

（三）标准化服务流程

1. 训练内容。全班同学先回忆自己去超市结账时收银员的工作流程，然后依照学号或座位顺序，每五至六人为一组，给一个加油站设计标准化服务流程（从有车向加油站开来到车开走这段时间内的服务规范流程），20 分钟后同时派代表上讲台黑板写出自己组的方案要点，比比哪组方案最好。

星星点灯

- 标准化是制度化的最高形式，是一种非常有效的工作方法。
- 标准化的基本原理是统一原理、简化原理、协调原理和最优化原理。
- 服务规范化，有利于为顾客提供热情、快捷、周到的服务。
- 服务规范化有利于展示企业的综合实力和形象。

2. 训练要求。每位同学必须事先预习背景知识，并利用课余时间做好对加油站的调研工作。

3. 训练测评。

测 评 依 据

★ 积极认真	★ 讨论热烈
★ 流程简洁	★ 细致周到
★ 描述到位	★ 科学实用

4. 背景知识。

标准化服务流程

服务营销学认为，企业的服务质量取决于很多因素，其中之一与服务过程有关。在面对面服务过程中，顾客不仅会关心他们所得到的服务，而且还会关心他们是“怎样获得”这些服务的，尤其当同类型或同档次的服务性企业提供的服务产品大同小异的时候，“怎样提供”服务将成为顾客选择服务性企业的重要标准。显然，这时“怎样提供服务”为服务性企业提供了广阔的竞争空间。

标准化工作记录了目前安全、高效完成作业并满足对质量水平要求的应用最广泛的工作方法。标准化作业定义了可以重复执行而且能重复达到一定的安全、质量和产量水平的作业顺序。实施标准化作业将有助于对服务过程的管理。

标准化服务是指在标准意识的指导下，根据规范化的管理制度、统一的技术标准、操作流程和预设目标，向消费者提供统一的、可追溯和可检验的服务。倡导标准化服务是服务业规范管理的需要，也是产品质量得以保证的基础，更是企业发展的必然步骤。

小案例：

某汽车贸易有限公司维修前台接待工作流程

一、预约

礼仪要求：应在电话铃响三声内接听电话，应答语言要规范简练，若周围吵嚷，可安静后再接电话。接电话时要面带笑容，与话筒保持适当距离，说话声大小适度。嘴里不含东西。因为有急事或在接听另一个电话而耽搁时，应向客户表示歉意。

规范用语："您好！××公司为您服务，我是××……"，"好的，我们给您准备一下，您的车下午×点来这里好吗?"，"好的！没问题，谢谢！再见"……

二、迎接客户

流程：出门迎接，用礼貌的方式主动向客户问候，以示欢迎。打开车门，请客户下车，用心聆听客户问题。

规范用语："您好！先生（小姐）请问有什么需要帮忙?"，"×先生（小姐）请您下车好吗?"，"先生（小姐），请您保管好车上的贵重物品好吗?"

注意事项：接待客户时，要自信、自然；与客户交谈时，要面带笑容，态度诚恳；交谈中应处处表现出对客户的尊重与关怀；上客户车检查前，必须先提醒客户保管好车上的贵重物品，征求客户同意后方可上车。

三、问诊

流程：详细咨询车主车辆状况，必要时做好笔记，接待人员对车辆的故障应首先检查、诊断、参照历史档案。

规范用语："您的车第一次出现这种故障是在什么时候?"，"像这种情况有多久了?"，等等。

四、填写接车单

要求：写明维修项目及相应维修费用、维修时间、车主联系电话（要求字迹工整、清晰、正确）等。引领车主检查车辆外表、内饰、工具、备胎等物件，正常打"√"，差缺打"×"，最后请客户确认签字。

规范用语："先生（小姐），您这次维修项目是……工时费……备件费……其他……约计……请您过目一下，如没问题请您在这里签字，如在维修中发现其他的故障，我们再及时向您汇报。谢谢！"

注意事项：必须登记清楚客户提出的问题，不得有漏项、错项，接待人员检查出新的问题时，应立刻禀明客户，征求客户同意，让客户了解所有维修项目及相关维修费用。最后，必须双手将单据递给客户签字。另外，在不确定的情况下，尽量将预计提车时间稍微推迟一点，不要给客户过高的期望，因为一旦不能按时交车，将会影响客户满意度。

五、引领客户进休息室（或送走）

接待流程：接待员应礼貌地请客户到休息室等候或欢送客户离开（必要时提供备用车）。

规范用语："您好！先生（小姐）请您到休息室喝杯茶，看看报纸、杂志。等车辆修好后，我们立即通知您。"或"您先休息会，等车修好了后我会尽快通知您！"车需要较长时间修好时则说："请您放心，我们会把车修好，尽快通知您。"

注意事项：车辆进厂维修期间，必须遵照公司规定，严禁客户进入维修车间（注意沟通技巧，尽量以公司规定、客户安全角度和避免影响车间工人工作为出发点，婉拒客户）。

六、车辆交给车间派工作业

流程：车开进车间维修前，必须套上"方向套、地毯、座凳套、左右叶子板档布"，把接车单交给车间主管，指明维修项目、更换备件、维修时间及检查项目等。

注意事项：详细说明每一项维修项目，确认派工员已清楚获悉每一项维修项目，并确认预计维修时间是否充足。

七、跟踪维修进度

流程：配合车间工作人员，了解维修进度。维修过程中发现新的质量问题时，应第一时间与车间工作人员协调、交流，并作出决定。接待员应尽快将意见反馈给客户，争取客户同意。

注意事项：个别客户要求进维修车间查看车辆时，必须由接待员陪同客户。客户确认后，应尽快引领客户回休息室等候。

八、车辆维修过程中增加项目

流程：与车间工作人员协调交流后，如需增加维修项目及增加更换备件，由前台接待通知客户，并由客户认可签字，然后再通知车间维修。

注意事项：增加维修项目及更换备件前必须先征得客户同意，讲明相关维修费用，并由客户签字确认。

九、输入客户资料

流程：根据接车单以及维修手册，输入客户资料以及维修项目建档，更新。

注意事项：输入客户资料要仔细认真，不得有漏项、错项。输入完毕要检查。

十、通知客户提车

流程：车辆竣工后通知车主，核对接车单，检验车辆，详细禀明维修项目及相关维修费用后结算。

规范用语："您好！先生（小姐）您的车已修好，我们一起检验一下好吗？""这是您更换的备件，您检验一下，共需××元钱。""请您到这边买单，谢谢！"，等等。

注意事项：维修车辆未经质检员检验合格不能出厂。质检员为维修车辆第一责任人，车辆未按相关质量要求修理好就出厂的，首先追究质检员的责任，其次才追究维修接待和维修技师的相关责任；结算时要讲究礼仪，先向客户问好（如"××先生/女士，您好！"），双手递交单据。并礼貌地说："先生/女士，您好！您这次维修项目是……工时费……备件费……其他……共计……请您过目一下，如没问题请您在这里签字，谢谢！"结账后必须向客户致谢。

十一、欢送客户

规范用语："您慢走！再见！""您走好！再见！""您好！先生（小姐）您的车出厂后有事情请打我们的热线电话，我们会给您最满意的服务。"

注意事项：恭送客户上车，招手欢送客户，待客户开车离开一段距离（10~20米）后，方可返回工作岗位。

十二、3DC回访

流程：电话回访，聆听用户意见，做好记录。

规范用语："××先生、××小姐您好！我是××公司××（姓名），您的车辆维修后有什么问题？对我们的服务有什么不满意的地方吗？……打扰您；对不起！谢谢您的支持！"

注意事项：不可在客户休息时间打回访电话；电话访问内容必须简洁。此项工作由专人负责。

维修接待必须严格履行岗位责任制，为用户提供售后服务时，确实做到谁接待谁负责，用户不走，维修接待不离岗。

四、技能巩固

（一）操作题

1. 美国营销界总结出“5 秒定律”——消费者往往会在 5 秒内决定其购买意向，而在这短短 5 秒内色彩占 67% 的决定因素。研究表明，色彩可以为产品、品牌的信息传播扩展 40% 的受众，提升人们的认知理解力达 75%。也就是说，在不增加成本的基础上，成功的色彩运用能为产品带来 15% ~30% 的附加值。

国外有调查显示：17% 的汽车消费者认为颜色是他们第二位考虑的因素；46% 的汽车消费者认为颜色是他们在考虑性价比和质量之后的第三位考虑因素。其中“外观颜色”在很多女性购车者中已被提升至仅次于“性价比”之后第二重要的位置。而据另一项数据显示，当前家庭购车决策中女性的影响力已超过 40%，这也许可以解释颜色在车市营销中缘何扮演起日益重要的角色。

现在请你对 100 个以上的成年人作个调查，在各种颜色的汽车中，每种颜色的喜欢比率和主要的喜欢理由。

2. 店铺的生意好不好，不用进店铺，在门口停留几秒钟看看就知道了！看什么，看招牌，看灯光，看陈列，看卫生状况，更可以看看营业员的年龄和员工长得是否标致。

有一个洛神第一定律，也称作餐厅小姐服务态度定律。定律内容是：在外部服务环境相同的情况下，餐厅小姐服务态度与其容貌及身材成正比。

现在请你对学校周围的服务业作个调查，分析各个商铺生意兴隆与否的原因所在。

3. 将全班同学按 6 ~7 人为一组分组，进行十分钟晨会训练：一人担任组长进行面对面指挥，其他人按标准姿势站成一排，每个人先对前天的学习和工作依次作总结汇报，然后组长作总结，最后由组长带领大家为新的一天喊口号（自拟）以振奋精神。

（二）案例题

1. 飞机起飞前，一位乘客请求空姐给他倒一杯水吃药。空姐很有礼貌地答：“先生，为了您的安全，请稍等片刻，等飞机进入平稳飞行后，我会立刻把水给您送过来，好吗？”

15 分钟后，飞机早已进入了平稳飞行状态。突然，乘客服务铃急促地响了起来，空姐猛然意识到：糟了，由于太忙，她忘记给那位乘客倒水了！当空姐来到客舱，看见按响服务铃的果然是刚才那位乘客。她小心翼翼地把水送到那位乘客跟前，面带微笑地说：“先生，实在对不起，由于我的疏忽，延误了您吃药的时间，我感到非常抱歉。”这位乘客抬起左手，指着手表说道：“怎么回事，有你这样服务的吗？”空姐手里端着水，心里感到很委屈，但是，无论她怎么解释，这位挑剔的乘客都不肯原谅她的疏忽。

接下来的飞行途中，为了补偿自己的过失，每次去客舱给乘客服务时，空姐都会特意走到那位乘客面前，面带微笑地询问他是否需要水，或者别的什么帮助。然而，那位乘客余怒未消，摆出一副不合作的样子，并不理会空姐。

临到目的地前，那位乘客要求空姐把留言本给他送过去，很显然，他要投诉这名空姐。此时空姐虽然很委屈，但是仍然不失职业道德，显得非常有礼貌，而且面带微笑地说道："先生，请允许我再次向您表示真诚的歉意，无论您提出什么意见，我都将欣然接受您的批评！"那位乘客脸色一紧，嘴巴准备说什么，可是却没有开口，他接过留言本，开始在本子上写了起来。

他是这样写的："整个过程中，你表现出的真诚的歉意，特别是你的十二次微笑，深深打动了我，使我最终决定将投诉信写成表扬信！你的服务质量很高，下次如果有机会，我还将乘坐你们的航班！"

问题：结合本章知识，谈谈你从本案例中得到哪些启发？

2. 某酒店的工作人员为制定以顾客为导向的服务标准时发生了争执。有人说："制定顾客导向的服务标准是为了更好地满足顾客的需要。"也有人说："顾客的需要具有差异性，顾客导向就是要求服务机构因人而异，为不同的顾客提供不同的服务。而制定标准就是要求为顾客提供标准化的服务，不讲差异，不讲个性。所以，顾客导向的服务标准本身就是一个矛盾的说法。"

问题：请就以上争论谈谈你的看法。

项目任务三　服务规范用语实训

一、实训说明

实训目标	培养学生灵活使用服务规范用语的实际技能
实训重点	文明用语和服务用语
实训要求	事先动员，及时鼓励，长期要求，使学生形成习惯
场地器具	多功能教室或操场
实训评价	按照同步测评标准给每位学生评分，此专题占本课程总分的6%
实训课时	建议4课时

二、实训任务

语言是人类交流和沟通的最重要的工具。在家里，要和自己的父母兄弟姐妹用语言表达自己的喜怒哀乐；在学校，要与老师和同学用语言通过交流获得老师和同学的信任；在社会，要与自己的同事、客户，甚至是陌生人用语言沟通以完成自己的事业。对于营销人员来说，话说得好，可以让顾客慷慨解囊后还非常满意；话说得不好，顾客会拒绝购买甚至投诉。以至于我们经常会发出这样的感叹："我怎么就是不能被别人理解呢！"

小王学的是营销专业，深知"说合适的话"的重要性。为此，必须强化训练自己的语言交际能力。那究竟应从哪些方面做起呢？

画龙点睛

- 美妙的语言比音乐更能启迪你的智慧。
- 美妙的语言比美酒更能振奋你的精神。
- 乐于和别人面对面交流可以使你的事业事半功倍。
- 快乐从沟通开始！沟通从交流开始！交流必须使用恰当的语言。

三、实训步骤

（一）文明用语

1. 训练内容。

（1）全班同学分成四组，每组选出一位组长。

（2）每组围成一个圆圈站立，组长站在圆圈中间。

（3）从第一组开始，由组长带领大家齐声读以下常用文明用语。

常用文明礼貌用语

- 您好！
- 谢谢！
- 没关系！
- 很高兴能为您服务。
- 请将您的详细资料准备好。
- 一有消息我马上通知您。
- 请随时和我们联系。
- 希望您能满意！
- 您的需求就是我的职责。
- 请稍等。
- 对不起。
- 请您排队等候。
- 我理解您的心情。
- 希望您能顺利！
- 请将您的联系地址留下。
- 您请放心！
- 为您服务是我应该做的！
- 欢迎再来！

（4）一共进行三轮齐读，比比哪组说得最好。

（5）从每组中抽取两人完成一个问路或乘车的场景对话，对话结束后由同学们作出评价，教师点评。

星星点灯

- 恰当的文明语言是一个人具有良好素养的表现。
- 一个人的素养是智慧的心曲，是思想的灯塔，是灵魂的美韵。

2. 训练要求。要人人动口；要发出洪亮声音；要态度端正认真；抽取出来的同学可酌情加分；不能搞笑。

3. 训练测评。

测 评 依 据

★ 声音清晰洪亮　　★ 态度端正认真

★ 队员齐心协力　　★ 感情真挚自然

4. 背景知识。

认知文明用语

中国自古就是一个礼仪之邦，为了弘扬礼仪必须大家一起努力！要知道：尊重他人就是尊重自己。在中国如果大家都讲普通话，都使用文明用语，那么中国人会更加团结，面对世界而言中国也显得更加强大。古今中外历史上一切口若悬河、能言善辩的演讲家、雄辩家，无不具有良好的语言表达能力，他们自信、礼貌、善于使用文明礼貌用语。文明语言的魅力就像风度一样，是一个人内在素质的外在表现，要增强自己的语言能力，关键在于丰富自己的学识和善于使用文明礼貌用语。

在公众表达中使用文明礼貌用语尤显重要，那么，如何才能做到灵活地使用文明礼貌用语呢？和世界上的任何事情一样，要想具备上述技能，首先必须知道文明礼貌用语，其次必须不断地在各种场合使用文明礼貌用语。只是，这里面也有很多技巧，这些技巧会有效地帮助你具备使用文明礼貌用语的能力。

技巧一：

与人相见说“您好”；客人到来说“欢迎”；问人姓氏说“贵姓”；问人住址说“府上”；仰慕已久说“久仰”；长期未见说“久违”；求人帮忙说“劳驾”；向人询问说“请问”；请人协助说“费心”；请人解答说“请教”；求人办事说“拜托”；麻烦别人说“打扰”；求人方便说“借光”；请改文章说“斧正”；接受好意说“领情”；求人指点说“赐教”；得人帮助说“谢谢”；祝人健康说“保重”；向人祝贺说“恭喜”；老人年龄说“高寿”；身体不适说“欠安”；看望别人说“拜访”；请人接受说“笑纳”；送人照片说“惠存”；欢迎购买说“惠顾”；希望照顾说“关照”；赞人见解说“高见”；归还物品说“奉还”；请人赴约说“赏光”；对方来信说“惠书”；自己住家说“寒舍”；需要考虑说“斟酌”；无法满足说“抱歉”；请人谅解说“包涵”；言行不妥说“对不起”；慰问他人说“辛苦”；迎接客人说“欢迎”；宾客来到说“光临”；没能迎接说“失迎”；客人入座说“请坐”；陪伴朋友说“奉陪”；临分别时说“再见”；中途先走说“失陪”；请人勿送说“留步”；送人远行说“平安”；初次见面说“幸会”；等候别人说“恭候”；请人帮忙说“烦请”；欢迎顾客应叫“光顾”；请人帮助说“请多关照”。

技巧二：

表示礼让说：“您先请”；接受感谢说：“这是我应该做的”；助人为乐说：“我能帮您做什么”；征求意见说：“请指教”；表示慰问说：“给您添麻烦了”；求助于人语：“请、请问、请帮忙”；得到感谢语：“别客气、不用谢”；打扰别人语：“请原谅、对不起”；听到致歉语：“不要紧、没关系”；接待来客语：“请进、请坐、请喝茶”；送别客人语：“再见、慢走、欢迎再来”；无力助人语：“抱歉、实在对不起、请原谅”；礼称别人语：“同志、先生、小姐、师傅、朋友”；提醒别人语：“请您小心，请您注意，请您别着急”；提醒行人语：“请您注意安全，过路请走人行道”；提醒乘客语：“人多车挤，请大家让一让”；提醒旅客语：“请您再仔细检查一下，看有没有遗忘什么东西”；提醒顾客语：“时间快到了，没选好商品的同志请您抓紧时间”；提醒让路语：“请借光，请您让一让好吗”；提请等候语：“请稍候（等），我马上就来”；接电话语：“您好！我是×××，请讲话”。

技巧三：

①问候语：“您好！”“早上好！晚上好！”“您好”或“您好，见到您很高兴”“××最近很忙吧！请转达我对他的问候！”

②征询语：“我能为您做些什么吗?”“您还有什么别的事情吗?”“这样会不会打扰您?”

③求助于人语：请；请问；请帮忙。

④感谢语：“谢谢！”“麻烦你了，非常感谢！”“谢谢您支持我们的工作，谢谢！”“让您费心了！”“感谢您的帮助！”

⑤道歉语：“很抱歉！这件事实在没有办法做到。”“真不好意思……”“真对不起，让您久等了！”“对不起，打扰了！”“对不起，请稍候！”“请原谅；对不起；很抱歉。”

⑥应答语：“行，请您稍候”“好，马上就来”“您不必客气，这是我应该做的”“不用谢，照顾不周的地方请您多多包涵”“请您吩咐”。

⑦提醒别人语：“请您小心”“请您注意”“请您别着急”。

⑧赞美语：“你干得很好”“太棒了”“你真了不起”“你手真巧”“这太美了”。

⑨慰问语：“您辛苦了”“让你受累了”“给你们添麻烦了”。

⑩欢迎语：“您好”“欢迎光临”“再次见到您，真是十分高兴”。

⑪接待来客语：“请进”“请喝茶”。

⑫告别语：“再见”“祝您一路顺风”“希望不久的将来还能在这里欢迎您”“欢迎再来，祝您一路顺风”。

⑬接打电话语：“您好！我是×××”“请讲话。”

（二）服务用语

1. 训练内容。全班同学围成一圈一起来完成“报数”游戏。报错数的同学每两人一组，一人扮顾客另一人扮服务人员，完成一个酒店前台或汽车销售前台的场景对话，之后由同学们作出评价，教师点评。

> **星星点灯**
>
> - 不必说而说，是多说，多说易招损。
> - 不当说而说，是瞎说，瞎说易惹祸。
> - 君子一言当百，小人多言取厌。
> - 虚言取薄，轻言取侮。

2. 训练要求。每组表演限3分钟；以标准的服务用语去交流；要注意姿势神态；不能故意搞笑。

3. 训练测评。

测 评 依 据

★ 自然真诚　　★ 表演娴熟

★ 用语规范　　★ 体态完美

4. 背景知识。

正确使用服务用语

> **小资料：**
> 服务人员所需具备的15种职业观念：(1) 服从观念；(2) 纪律观念；(3) 自律观念；(4) 服务观念；(5) 礼貌观念；(6) 技能观念；(7) 团队观念；(8) 吃苦观念；(9) 学习观念；(10) 诚信观念；(11) 竞争观念；(12) 节约观念；(13) 创新观念；(14) 安全观念；(15) 法律观念。

在市场经济条件下，作为一名服务人员，要想在竞争激烈的行业领域取得成功，保持良好的商业信誉和个人形象，就必须注意高度重视语言在服务行业所占据的特殊地位。做一名优秀的服务人员，不仅要表现出热情、勤奋、开朗、好客的品质，表现出助人为乐的精神和笑容可掬的服务作风，还要形成一种优美适宜的语言风格。语言，特别是服务用语，是每位服务人员完成各项工作、提供最佳服务的最基本条件。正确使用服务语言这种职业化语言，应注意选择恰当的词语，使用正确得体的谈话姿态，恰到好处地控制声音节奏等。

一、注意选择词语

正确地使用服务用语，必须注意词语的选择。语言是人们交流思想，达到相互了解的工具，也可以说是思想的外壳。通过语言，还可以看到一个人的精神境界、道德情操、志向爱好等，所以，优美文雅的语言是搞好服务工作的一项重要内容。

提示：市场经济就是消费者至上的经济，市场经济带来了产品的竞争，销售的竞争，要想在竞争中取胜，就要牢固树立适应市场需求，一切为顾客着想，一切从顾客出发的观念。

1. 礼貌用语的基本要求。服务的第一步是迎客问好。用礼貌的语言接待顾客，解答询问，不仅有助于提高服务质量，而且有助于扩大语言的交际功能，所以服务人员必须讲究礼貌用语，做到态度从容，言词委婉，语气柔和。服务人员要达到语言美，必须注意从以下几方面做起：

(1) 说话要有尊称，声调要平稳。凡对顾客说话，都应用“您”等尊称，言词上要加“请”字，如“您请坐!”“请等一下!”对顾客的要求无法满足时，应加“对不起”等抱歉话。说话声调要平稳、和蔼，这样使人感到热情。

(2) 说话要文雅、简练、明确，不要含糊、粗鲁。文雅就是彬彬有礼；简练就是要简洁明了，一句话能说清楚不用两句话；明确是要交代清楚，使人一听就懂。

(3) 说话要委婉、热情，不要生硬、冰冷，尤其是解释语，态度更要热情。

(4) 讲究语言艺术，说话力求语意完整，合乎语法。有时服务人员本出于好意，但因为讲话意识不完整，不合乎语法，反而会使顾客误解。如服务人员看见顾客把米饭用完了，想给顾客添饭便问“你还要饭吗?”这样的话易引起顾客的反感。如果稍加修改，说“我再帮您添点米饭吧?”

(5) 与顾客讲话要注意举止表情。服务人员的良好修养不仅寓于优美的语言之中，而且寓于举止和神态中。如顾客到餐厅用餐，服务人员虽说了一声“您好!”可是脸上不带微笑，而且漫不经心的，这样就会引起顾客的不满。由此可见不仅要用语言，还要用表情动作来配合。

五声要求：顾客进店有“迎声”；顾客询问有“答声”；顾客帮助有“谢声”；照顾不周有“谦声”；顾客离店有“送声”。

2. 服务人员的语言文明要求。面带微笑、态度和蔼亲切、注意语言与表情一致、不左顾右盼、要垂直恭立、距离适当、注视脸的三角区、答应客人的事力争办到、不能回答时请示、不能随意回答，说话要文明有礼貌。

服务用语还应考虑词语在不同的对象以及不同的语言环境中约定俗成的不同的习惯用法，否则，会使服务对象理解困难，甚至产生歧义和误会。如日文中的“先生”一词，仅限于对议员、医生、教师等有声望的人的称谓，如果对青年职员、大学生也称先生，则会让他们感到尴尬，甚至产生被取笑的感觉。

二、服务人员的谈话姿态

当代语言学家的研究表明，人们之间的交流，45%取决于有声语言，而55%取决于无声的语言。服务人员在使用语言进行服务时，服务对象不仅要“听其言”，而且要“观其行”。

1. 行走注意事项：(1) 脚步要轻稳，并尽可能走直线，若有急事可加快步伐，但不可慌张和奔跑；(2) 两人并肩行走时，眼观六路，注意停、让、转、侧，勿发生碰撞，做到收发自如；(3) 走路时要精神饱满，富有活力，大方得体，灵活，给人一种动态美；(4) 若顾客在前时，急需超过应先向顾客表示歉意，然后超越；(5) 不可从两位顾客之间穿过。

2. 常用手势。

(1) 横摆式。在表示“请进”时常用。五指并拢手指自然伸直，手心向上，肘微弯曲，腕低于肘。开始做手势时，手应从腹部间抬起，以肘为轴轻缓地向一旁摆出，到腰部时与身体成45度角。头部和上身向伸出手的一侧略微倾斜，另一只手下垂或背在背后。目视顾客，面带微笑，表现出对顾客的尊重和欢迎。

(2) 前摆式。手拿着东西或扶着门时，要向顾客作出请的手势时常用。五指并拢，手指伸直，从身体的一侧由下向上抬起。以肩关节为轴，在腰的高度向身体的前右方摆出，摆到距身体15厘米，不超过躯干的位置时停止。目视顾客，面带微笑。也可双手前摆。

(3) 斜摆式。请客人落座时常用。手势应摆向座位的地方。手先从身体的一侧抬起。到高于腰部后，再向下摆出。大小臂成一条斜线，目视指尖。

（4）直臂式。需要给顾客指方向时常用。手指并拢，并伸直。手应从身前抬起，向要指的方向摆出，摆到肩的高度停止，肘关节基本伸直，目视指尖。

3. 握手礼。行握手礼：距离受礼者约一步，上身向前倾，两足立正，伸出右手，四指并拢，拇指张开向受礼者握手，并轻轻上下摇 2～3 下，礼毕即松开。

遇到主人、妇女、年长者、身份高者不应主动伸出手来，可先行问候，待对方伸手再握。如对方不伸手，点头微笑示意即可。

同男子握手可适当重些，以示友情深厚，但不宜握得太重，以不产生疼痛感为宜。

对女士握手可适当轻些，只握其手指部分。

同男子握手时，应脱掉手套，摘下帽子，女士不必脱去纱手套。

如有疾病或不便行握手礼时，可向对方声明，请谅解。

如遇多人同时握手，就等别人握完后再握，切忌抢着握，交叉握。

握手时忌目光看第三者。

4. 行礼。行鞠躬礼时，应停步，身体对正受礼者约 1.5～2 米，躬身 15～30 度，眼睛注视客人，并致问候。行注目礼时，放慢步伐，离客人 1.5～2 米距离，目视客人，面带微笑，点头致意，并说"您早""您好"等礼貌用语。行工作礼时，员工若正在工作，可以边工作边致礼，如能暂停手中的工作行礼，更会让客人满意。

5. 美好印象表现法：（1）全身自然放松，轻轻将空气吸入到自己的胸中；（2）双肩自然放松；（3）与对方的目光接触时，不可过高也不可过低，要对着对方的眼鼻三角区；（4）目光自然有神而有亲和力；（5）头可稍向左或向右；（6）嘴角向上翘，形成自然弧形。

三、控制声音与节奏

正确使用服务语言，还应掌握控制声音和节奏的技巧。声音和节奏在具体运用中，又体现在调节音量、掌握语调、控制语速、注意停顿。

1. 调节音量。尽管每个人的音域范围可塑性很强，有的单纯、有的浑厚、有的高亢、有的低沉。但服务员在进行言语服务时，如果注意音量的调节，其声音仍可给客户留下良好印象。

2. 掌握语调。在服务用语中，同一句话由于语调不同，传递出的语义与情感也不同。如"你真仁慈"这句话，如果用平直语调，是赞美、肯定之意；如果用拖长的升调，则有嘲讽、否定的意味。

3. 控制语速。语速是指语流速度的快慢。语速的控制可以直接影响服务语言的艺术效果。

4. 注意停顿。停顿也是控制声音节奏的语言能力技巧。如果服务人员在语言表达中，该停的不停，不该停的地方停了，不仅会涣散客户注意力，而且容易产生歧义。所以，服务人员语言的表达应该注意讲究正确的停顿和艺术的停顿。

四、技能巩固

（一）操作题

1. 将全班同学分组，利用课余时间轮流进行“你认可我吗？”（每天派3～5名同学依次上台演讲）活动并进行评比，演讲题目自选，评比结果由课代表报给任课老师。

2. 你的同学有一个很漂亮的MP5，你想借来听听，应当如何开口呢？

3. 与班主任联系，利用班会课，将全班同学分成两人一组，其中一个是A，扮演销售人员，另一个是B，扮演顾客。扮演以下场景：

场景一：A与B在正式场合进行商务谈判。

场景二：A与B共同参加商业酒会。

组织讨论下列问题：

（1）对于A和B来说应注意怎样说话？在现实工作中你会怎样做呢？

（2）对于A和B来说应该在酒会上怎样交谈？你有什么感觉？

（二）案例题

1. 用你的表情去打动身边的所有人：

（1）拍照的时候叫“茄子”。

（2）用你嘴巴做“一”字的训练。

（3）浓眉倒竖（发怒）、横眉冷对（蔑视）、低眉顺眼（顺从）、眉飞色舞（兴奋）、扬眉吐气（畅快）。

2. 现在你是一家知名餐厅的服务人员，今天店里要接待一位特殊的客人，是位聋哑人，这时你该怎么办呢？

3. 由老师设计一些不同的用餐场景，由同学来表演，并请其他同学及时指正他的不足。

4. 某君以口齿伶俐而见长，有人向他求教有什么诀窍。他回答说：“很简单，看他是什么人，就跟他说什么话。例如同屠夫就谈猪肉，对厨师就谈菜肴。”别人又反问他：“如果屠夫和厨师都在场，你谈些什么呢？”就此故事谈谈你的感受。

项目任务四 服务接待礼仪实训

一、实训说明

实训目标	使学生掌握服务接待礼仪的实际技能
实训重点	当众训练，养成习惯，掌握服务接待礼仪的方法与技巧
实训要求	事先动员，及时鼓励，长期要求，让学生形成习惯
场地器具	多功能课室或操场
实训评价	按照同步测评标准给每位学生评分，此专题占本课程总分的6%
实训课时	建议4课时

二、实训任务

小乔去王庄，走在半途不知还有多远，于是在路旁找到一户农家询问：“老头，去王庄还有多远？”老人回答道：“无礼。”小乔以为是5里，于是往前紧赶，可是走了很远都没有到达王庄。这时，他突然反应过来，沿原路返回那户农家，向老人道歉道：“老人家，是我不好，没有礼貌，请您老不要见怪。”老人告诉他：“天色已晚，到王庄的路还很远呢，不如就在寒舍歇息一晚，明天再赶路不迟。”

小乔于是知道了一个深刻的道理：要想事事通顺，必须注重礼仪。要想养成良好的礼仪习惯又究竟应该怎么做呢？

画龙点睛

- 我们拥有青春的气息。
- 我们具备俊美的脸庞。
- 我们张开激情的臂膀。
- 我们拥有跃动的活力。
- 拥有礼仪的翅膀，我们将具备飞得更高、更稳、更快的基础。
- 礼仪魅力无极限！

三、实 训 步 骤

（一）迎来送往

1. 训练内容。学生拜访老师是沟通师生感情的渠道之一。请你以一名已经毕业的学生的身份去拜访昔日的老师，或咨询问题，或祝贺节日，或专程探望。由4位同学从上述情景中任选其一，即兴排演一幕情景剧，角色自拟。其他同学在观看中去发现他们的优点与不足。

星星点灯

- 礼仪往来的真谛：善良、体贴、真诚、热情。
- 礼者，敬人也，是做人的要求，即应尊重对方。
- 仪者，形式也，即把礼表现出来的形式。

2. 训练要求。时间限6分钟；要表达出这幕情景剧的内容和意境；不能被讲台遮掩；要面向全班同学进行投入的表演。

3. 训练测评。

测 评 依 据

★ 选题正确　　★ 声音洪亮
★ 语言丰富　　★ 大方得体
★ 表情生动　　★ 有感染力

4. 背景知识。

迎来送往有礼仪

在人们的日常生活中，懂礼貌、讲礼仪能使人们和谐相处，相互接纳，使工作顺利、事业成功，使生活充满温馨和愉悦。

一、迎接礼仪

迎来送往是社会交往接待活动中最基本的形式和重要环节，是表达主人情谊、体现礼貌素养的重要方面。尤其是迎接，是给客人良好的第一印象的最重要工作。给对方留下好的第一印象，就为下一步深入接触打下了基础。迎接客人要有周密的部署，应注意以下一些事项：

1. 对前来访问、洽谈业务、参加会议的外国、外地客人，应首先了解对方到达的车次、航班，安排与客人身份、职务相当的人员前去迎接。若因某种原因，相应身份的主人不能前往，前去迎接的主人应向客人作出礼貌的解释。

2. 主人到车站、机场去迎接客人，应提前到达，恭候客人的到来，绝不能迟到，让客人久等。客人看到有人来迎接，内心必定感到非常高兴，若迎接来迟，必定会给客人心里留下阴影，事后无论怎样解释，都无法消除这种失职和不守信誉的印象。

3. 接到客人后，应首先问候“一路辛苦了”、“欢迎您来到我们这个美丽的城市”、“欢迎您来到我们公司”等等。然后向对方作自我介绍，如果有名片，可送予对方。

注意送名片的礼仪：

（1）当你与长者、尊者交换名片时，双手递上，身体可微微前倾，说一句“请多关照”。你想得到对方名片时，可以用请求的口吻说：“如果您方便的话，能否留张名片给我？”

（2）作为接名片的人，双手接过名片后，应仔细地看一遍，千万不要看也不看就放入口袋，也不要顺手往桌上扔。

4. 迎接客人应提前为客人准备好交通工具，不要等到客人到了才匆匆忙忙准备交通工具，那样会因让客人久等而误事。

5. 主人应提前为客人准备好住宿，帮客人办理好一切手续并将客人领进房间，同时向客人介绍住处的服务、设施，将活动的计划、日程安排交给客人，并把准备好的地图或旅游图、名胜古迹等介绍材料送给客人。

6. 将客人送到住地后，主人不要立即离去，应陪客人稍作停留，热情交谈，谈话内容要让客人感到满意，比如客人参与活动的背景材料、当地风土人情、有特点的自然景观、特产、物价等。考虑到客人一路旅途劳累，主人不宜久留，让客人早些休息。分手时将下次联系的时间、地点、方式等告诉客人。

二、接待礼仪

接待礼仪最重要的内涵是使客人产生“我被重视”的感觉。接待客人要注意以下几点：

1. 客人要找的负责人不在时，要明确告诉对方负责人到何处去了，以及何时回本单位。请客人留下电话、地址，明确是由客人再次来单位，还是我方负责人到对方单位去。

2. 客人到来时，我方负责人由于种种原因不能马上接见，要向客人说明等待理由与等待时间，若客人愿意等待，应该向客人提供饮料、杂志，如果可能，应该时常为客人换饮料。

3. 接待人员带领客人到达目的地，应该有正确的引导方法和引导姿势。

（1）在走廊的引导方法。接待人员应走在客人二三步之前，配合步调，让客人走在内侧。

(2) 在楼梯的引导方法。引导客人上楼时，应该让客人走在前面，接待人员走在后面；若是下楼时，应该由接待人员走在前面，客人在后面；上下楼梯时，接待人员应该注意客人的安全。

(3) 在电梯的引导方法。引导客人乘坐电梯时，接待人员先进入电梯，等客人进入后关闭电梯门；到达时，接待人员按“开”的钮，让客人先走出电梯。

(4) 客厅里的引导方法。当客人走入客厅，接待人员用手指示，请客人坐下，看到客人坐下后，才能行点头礼后离开。如客人错坐下座，应请客人改坐上座（一般靠近门的一方为下座）。

4. 诚心诚意的奉茶。我国人民习惯以茶水招待客人，在招待尊贵客人时，茶具要特别讲究，倒茶有许多规矩，递茶也有许多讲究。

三、乘车礼仪

（一）小轿车

1. 小轿车的座位，如有司机驾驶时，以后排右侧为首位，左侧次之，中间座位再次之，前座右侧殿后，前排中间为末席。

2. 如果由主人亲自驾驶，以驾驶座右侧为首位，后排右侧次之，左侧再次之，而后排中间座为末席，前排中间座则不宜再安排客人。

3. 主人夫妇驾车时，则主人夫妇坐前座，客人夫妇坐后座，男士要服务于自己的夫人，宜开车门让夫人先上车，然后自己再上车。

4. 如果主人夫妇搭载友人夫妇的车，则应邀友人坐前座，友人之妇坐后座，或让友人夫妇都坐前座。

5. 主人亲自驾车，坐客只有一人，应坐在主人旁边。若同坐多人，中途坐前座的客人下车后，在后面坐的客人应改坐前座，此项礼节最易疏忽。

6. 女士登车不要一只脚先踏入车内，也不要爬进车里；而是需先站在座位边上，把身体降低，让臀部坐到位子上，再将双腿一起收进车里，双膝一定保持合并的姿势。

（二）吉普车

吉普车无论是主人驾驶还是司机驾驶，都应以前排右座为尊，后排右侧次之，后排左侧为末席。上车时，后排位低者先上车，前排尊者后上。下车时，前排客人先下，后排客人再下车。

（三）旅行车

接待团体客人时，多采用旅行车接送客人。旅行车以司机座后第一排即前排为尊，后排依次为小。其座位的尊卑，依每排右侧往左侧递减。

四、馈赠礼仪

在经济日益发达的今天，人与人之间的距离逐渐缩短，接触面越来越广，一些迎来送往及喜庆宴贺的活动越来越多，彼此送礼的机会也随之增加。但如何挑选适宜的礼品，对每个人都是费解的问题。懂得送礼技巧，不仅能达到大方得体的效果，还可增进彼此感情。

送礼忌讳：

1. 选择的礼物，你自己要喜欢，你自己都不喜欢，别人怎么会喜欢呢？

2. 为避免几年选同样的礼物给同一个人的尴尬情况发生，最好每年送礼时做一下记录为好。

3. 千万不要把以前接收的礼物转送出去或丢掉它，不要以为人家不知道，送礼物给你的人会留意你有没有用他所送的物品。

4. 切勿直接去问对方喜欢什么礼物，一方面可能他要求的会导致你超出预算，另一方面你即使照着他的意思去买，可能会出现这样的情况，就是："呀，我曾经见过更大一点的，大一点不是更好吗?"

5. 切忌送一些将会刺激别人感受的东西。

6. 不要打算以你的礼物来改变别人的品味和习惯。

7. 必须考虑接受礼物人的职位、年龄、性别等。

8. 即使你比较富裕，送礼物给一般朋友也不宜太过，而送一些有纪念意义的礼物较好。如你送给朋友儿子的礼物贵过他父母送他的礼物，这自然会引起他父母的不快，同时也会令两份礼物失去意义。接受一份你知道你的朋友难以负担的精美礼品，内心会很过意不去，因此，送礼的人最好在自己能力负担范围内选择礼品，比较为人乐于接受。

9. 谨记除去价钱牌及商店的袋装，无论礼物本身如何不名贵，也最好用包装纸包装，有时细微的地方更能显出送礼人的心意。

10. 考虑接受者在日常生活中能否应用你送的礼物。

五、拜访礼仪

拜访其他公司时，必须事先约定时间，但是访问的日期与时刻，应取决于对方的日程，除非对方任何时间都可以时，才由自己决定。不过，有一个时间要特别注意，千万别说"日期定在星期一上午"。一般公司在星期一常因商洽与会议而忙得不可开交。如果你将会面的时间定在这些时间，会造成对方的不便。

约定会面时，除了定出访问的日期与时刻，同时还应将己方前去访问的人数、姓名、职务、将要商谈的事情概要以及预计所需的时间告诉对方。如此一来，对方才能对会客室等作出安排，并安排之后的日程。

1. 拜访前，应打电话再次确认。一周前已与对方约好前往拜访，因此当天就直接前往访问。可是，对方却忘了这个约会而外出，你会气得七窍生烟。其实，这件事不能一味地责怪对方。虽然事前都会先约好时间，但是，在访问的前一天打电话加以确认也是应有的礼节。因此，一周前定好的约会，也应在前一天再次打电话加以确认"明天的约会是否有更改?"也许对方的工作太繁忙，或另外定了其他的约会，而忘了与你的会面，因此在访问的前一天加以确认十分重要。而且，对方还可能对你的细心感到高兴。

> **小资料：**
>
> 古代大教育家孔子就曾要求他的学生衣冠整齐，坐有坐的姿势，走有走的样子，为人处世彬彬有礼。

2. 进行拜访不宜迟到。如果去其他公司拜访，却迟于约好的时间到达，容易让对方产生“和这种不遵守时间的人不能进行重要的商务会谈”的心理，而留下不好的印象。遵守约定的时间是商业往来的基本原则。通常出发的时间应比约好的时间提前 30 ~ 40 分钟。如果能提前 5 分钟到达对方的公司，是最为恰当的。

3. 礼貌要周到。到达对方公司时，应先脱掉外套或取下围巾，再向柜台人员说：“我是 × × 公司的职员，名叫 × ×，请找一下 × × 部的 × × × 先生。”此时，还要告诉对方是否事先约好。

当接待员不在时，应向最早走出来的人报出你所在公司的名称及自己的姓氏，请他跟对方取得联系。如果没有柜台，应主动与离办公室入口处最近的人搭话，然后同样地报出公司名称与自己的姓氏，请他与对方联系。

4. 在对方的会客室，应坐在下座。记住，当你前去拜访其他公司时，应坐下座。将你带到会客室的人，会请你坐上座，而你必须推辞。而在会客室里等待时，应当浅坐在沙发上，轻轻地坐在沙发的最边缘，脊背挺直，腿不要盘起来而应整齐地并在一起。此外，当沙发较低时，应将腿略微偏向下座的一侧。

5. 不要将公事包放在会客室桌上。当你前往别的公司洽谈公事时，记得不要将公事包或皮包放在桌上，这违反礼仪。一般较大的皮包类应放在自己的脚边。在取出资料时，也应注意不要将皮包放在桌子上，而应放在膝盖上。此外，当所携带的物品很多时，应只将工作所需的物品放在脚边，而将剩下的放在房间角落不显眼的地方。

6. 严禁与同行者闲聊。当有很多人同去其他公司访问而在会客室等待的期间，常会不知不觉聊起天来。然而，在会客室内聊天是绝对禁止的。虽然，会客室让人觉得有如密室，但实际上声音却会清楚地传向外边。若是让该公司的职员听见你正在闲聊会作何感想？无论这种闲聊是与工作有关的事还是私事，都是不礼貌的行为。

7. 寒暄问候时，应面带笑容。寒暄问候是非常重要的，但这并不代表只需说出问候语就行了，如果声音太小或故意要避开对方视线似的把头低下，反而会让对方因不知道你在说什么而尴尬万分，说不定会造成反效果。与其这样的问候，还不如不问候更好些。问候时，应口齿清晰、精神饱满，不是要你拉大嗓门。只要用对方能够听清楚的音量，发音尽可能清晰就可以了。当然，希望你在问候对方的同时，也能露出笑容。否则，无论你的声音多清晰，如果面无表情也是白费。而且问候时面带笑容，还能避免情绪紧张。

8. 进行拜访，应询问对方意见。一旦进入公司，你和公司内的同事还有上司、往来客户之间的交往就会增多。这种交往不仅限于公司内部，有时还必须去对方家里登门拜访。无论与对方关系多么亲近，都应事先确定对方是否方便，然后再前往拜访，这样才合乎礼仪。如果连时间也不约就去拜访，是不礼貌的。

9. 整理仪容，欢喜做客。当去对方的家里拜访时，携带一些简单的礼品是必要的。但是，所携带的礼物如果在对方家附近买就显得失礼，对于这点应加以注意。

10. 拜访老客户须事先约好。

11. 进行拜访应避开用餐时间，除非你约好了请人家吃饭。

12. 按对讲机，不宜太多次。对讲机只能按一次，这才是正确的按法。按一次后等待二三分钟，如果没有应答，就再试一次，再等待数分钟，如果还是没有回应，就要想到可能对方不在家，此时应回去。因为没有应答，而以不达目的誓不罢休的架势多次按响对讲机是没有意义的。

13. 寒暄应尽量简短。大门打开后，理应问候对方，但在此处的寒暄应尽量简短，也不要在大门口反复鞠躬，说明访问的理由，询问对方的近况。

14. 鞋子不要随意乱扔。进入大门时，有些人将鞋子脱下来后，就随意胡乱扔在旁边；还有任凭高跟鞋倒在地上就不管了的女职员。

15. 坐着时不要跷二郎腿。被主人请进客厅后，应先确定上座和下座。而坐在沙发上时，不能因为感觉舒服而将身体倚在靠背上，并深陷地坐进去；最好不要跷起二郎腿。

16. 离开时要主动向主人告别，并向在座的其他人打招呼。如果主人出门相送，拜访人应请主人留步并道谢，热情说声："再见"。

（二）会议酒宴

1. 训练内容。全班同学分成四组，每组中一人扮公司营销经理，其余人扮公司请的生意伙伴来宾，公司为答谢各生意伙伴，举办一场年终酒会。

现在酒会即将开始，请每组同学布置会场并自拟情景依次进行表演，表演完毕后，其他同学视其表演水平的高低给予不同强度的掌声。

星星点灯

- 会议是组织沟通信息、交换意见以及形成决策的重要活动。
- 宴会是在社交活动中，尤其是在商务场合中表示欢迎、庆贺、饯行、答谢，以增进友谊和融洽气氛的重要手段。

2. 训练要求。每组限时 8 分钟；要布置好会场；要表达好酒会的主题；不能故意搞笑。

3. 训练测评。

测 评 依 据

★ 座次合理	★ 言辞得体
★ 表演生动	★ 内容具体
★ 举止大方	★ 配合默契

4. 背景知识。

会议酒宴中的礼仪

小案例：

小刘的公司应邀参加一个研讨会，该次研讨会邀请了很多商界知名人士以及新闻界人士参加。老总特别安排小刘和他一道去参加，同时也让小刘见识见识大场面。

小刘早上睡过了头，等他赶到时，会议已经进行了20分钟。他急急忙忙推开了会议室的门，“吱”的一声脆响，他一下子成了会场上的焦点。刚坐下不到5分钟，肃静的会场上又响起了摇篮曲，是谁在播放音乐？原来是小刘的手机响了！这下子，小刘可成了全会场的明星……没过多久，听说小刘已经另谋高就了。

思考：小刘为什么会另谋高就？

资料来源：潘彦维：《公关礼仪》，北京师范大学出版社2007年版。

不管是参加自己单位还是其他单位的会议，都必须遵守会议礼仪。因为在这种高度聚焦的场合，稍有不慎，便会严重有损自己和单位的形象。

一、会议礼仪

会议前，请你回顾一下自己的工作状态，除了在自己工位上的时间、电话沟通的时间会多一些，还有哪种沟通方式多一些？这就是会议沟通。

（一）会议中应该注意哪些礼仪。

1. 会议前。在会议前的准备工作中，我们需要注意以下这几方面：

when——会议的开始时间、持续时间。

where——会议地点确认。

who——会议出席人。

what——会议议题。

others——接送服务、会议设备及资料、公司纪念品等。

时间：你要告诉所有的参会人员会议开始的时间和要进行多长时间。这样能够让参加会议的人员很好地安排自己的工作。

地点：是指会议在什么地点进行，要注意会议室的布局是不是适合这个会议的进行。

人物：以外部客户参加的公司外部会议为例，会议有哪些人物来参加，公司这边谁来出席，是不是已经请到了适合外部客户的嘉宾来出席这个会议。

会议的议题：就是要讨论哪些问题。

会议物品的准备：就是根据这次会议的类型、目的，准备哪些物品，如纸、笔、笔记本、投影仪等，是不是需要用咖啡、小点心等。

2. 会议中。在会议进行当中，我们需要注意以下这几个方面：

（1）会议主持人。主持会议要注意介绍参会人员，控制会议进程，避免跑题或议而不决，控制时间。

（2）会议座次的安排。一般情况下，会议座次的安排分成两类：方桌会议和圆桌会议。

一般情况下，会议室中是长方形的桌子，包括椭圆形，就是所谓的方桌会议，方桌可以体现主次。在方桌会议中，特别要注意座次的安排。如果只有一位领导，那么他一般坐在这个长方形的短边，或者是比较靠里的位置。就是说以会议室的门为基准点，在里侧是主宾的位置。如果是由主客双方来参加的会议，一般分两侧来就座，主人坐在会议桌的右边，而客人坐在会议桌的左边。

还有一种是为了尽量避免这种主次的安排，而以圆形桌为布局，就是圆桌会议。在圆桌会议中，可以不用拘泥这么多的礼节，主要记住以门作为基准点，比较靠里面的位置是比较主要的座位就可以了。

3. 会议后。会议完毕之后，我们应该注意以下细节，才能够体现出良好的商务礼仪，其主要包括：

（1）会议要形成文字结果，哪怕没有文字结果，也要形成阶段性的决议，落实到纸面上，还应该有专人负责相关事务的跟进。

（2）赠送公司的纪念品。

（3）参观，如参观公司或厂房等。

（二）三种典型会议的礼仪

1. 工作会议礼仪。工作会议礼仪的对象主要是本单位、本行业或本系统的人员。我们介绍会议纪律、端正会风两个方面。

（1）会议纪律要求。如果有工作装，应该穿着工作装。比规定开会时间早5分钟左右到会场，而不要开会时间到了，才不紧不慢地进会场，而对别人造成影响。

开会期间，应该表现出一副认真听讲的姿态。开会也是工作，认真听讲的姿态不仅表现你的工作态度，也是对发言者的尊重。那种趴着、倚靠、打哈欠、胡乱涂画、低头睡觉、接打电话、来回走动以及和邻座交头接耳的行为，是非常不礼貌的。

在每个人的发言结束的时候，应该鼓掌以示对发言者讲话的肯定和支持。

（2）端正会风。要端正会风，我们不妨从控制会议、改进会风两方面来入手。

控制会议，就是对于会议的数量、规模、经费、时间、地点都要作出明确的规定。制定有关会议的审批、经费使用额度、管理权限的条例，并由职务较高的人严格监督执行。

改进会风，就是要摒弃形式主义。有具体、明确的内容再组织会议，开会必须解决具体问题。

怎样提高会议效率呢？一是改进会议方式。对于一般性会议，可以召开无会场会议，比如运用现代通讯设备，如电视、广播、电话、互联网等开会，可以大幅度节约会议成本。二是集中主题。一次会议上不管安排几项会议内容，都要使会议主题明确，这样既方便讨论，又方便执行。三是压缩内容。应围绕会议主题，删掉那些可有可无的内容。四是限定时间。对于会议的起止时间、发言时间、讨论时间，事先都要明确规定，并且严格执行。五是领导示范。会风的端正，领导的示范是必需的。和自己无关的会议，不应参加；准时参加会议，并严格遵守会议礼仪；提倡无会场会议；带头控制发言时间等。

2. 洽谈会礼仪。洽谈会是重要的商务活动。一个成功的洽谈会既要讲谋略，更要讲礼仪。

（1）洽谈会的礼仪性准备。安排或准备洽谈会时，应当注重自己的仪表，预备好洽谈的场所、布置好洽谈的座次，并且以此来显示对于洽谈的郑重其事和对于洽谈对象的尊重。洽谈会是单位和单位之间的交往，应该表现的是敬业、职业、干练、效率的形象。在仪表上，要有严格的要求。如男士不准蓬头垢面，不准留胡子或留大鬓角。女士应选择端庄、素雅的发型，化淡妆。摩登或超前的发型、染彩色头发、化艳妆或使用香气浓烈的化妆品，都不可以。由于洽谈会关系大局，在这种场合，应该穿着正统、简约、高雅、规范的最正式的礼仪服装。男士应穿深色三件套西装和白衬衫，打素色或条纹式领带，配深色袜子和黑色系带皮鞋。女士要穿深色西装套裙和白衬衫，配肉色长筒或连裤式丝袜和黑色高跟、半高跟皮鞋。

(2) 洽谈会的座次安排。如果担任东道主安排洽谈，一定要在各方面利用好礼仪这张“王牌”。在洽谈会的台前幕后，恰如其分地运用礼仪，迎送、款待、照顾对手，都可以赢得信赖，获得理解、尊重。在洽谈会上，不仅应当布置好洽谈厅的环境，预备好相关的用品，而且应当特别重视礼仪性很强的座次问题。座次问题在举行正式洽谈会时必须予以重视。只有小规模洽谈会或预备性洽谈会，才可以不用讲究。

举行双边洽谈时，应使用长桌或椭圆形桌子，宾主应分坐在桌子两侧。

举行多边洽谈时，为了避免失礼，按照国际惯例，一般要以圆桌为洽谈桌来举行“圆桌会议”。这样一来，尊卑的界限就被淡化了。即便如此，在具体就座时，仍然讲究各方的与会人员尽量同时入场，同时就座。最起码主方人员不要在客方人员之前就座。

(3) 洽谈的三大原则。洽谈过程中，双方人员的态度、心理、方式、手法等都对洽谈构成重大的影响。洽谈的三大原则：一是要依法办事；二是要礼敬于人；三是要互利互惠、平等协商。

洽谈是一种合作或为合作而进行的准备，所以圆满的结局应当是洽谈的所有参与方都取得一定的成功，获得更大的利益。如果把商务洽谈视之为“一次性买卖”，主张赢得越多越好，争取以自己的大获全胜和对手的彻底失败来作为洽谈会的最终结果，必将危及己方与对方的进一步合作。

3. 茶话会礼仪。和其他类型的商务性会议相比，茶话会是社交色彩最浓的一种。

(1) 茶话会的目的。茶话会是为了联络老朋友、结交新朋友的具有对外联络和招待性质的社交性集会。参加者可以不拘形式地以自由发言为主，并且备有茶点。茶话会一般不排座次，起码座次安排不会过于明显。可以自由活动，与会者不用签到。

(2) 茶话会的举办。茶话会礼仪的具体内容主要涉及会议的主题、来宾邀请、时间地点的选择、茶点的准备、座次的安排、会议的议程、发言等七个方面：

第一，茶话会的主题可以分为三类，即联谊、娱乐、专题。以联谊为主题的茶话会，我们见得最多；以娱乐为主题的茶话会，为了活跃气氛而安排一些文娱节目，并以此作为茶话会的主要内容，以现场的自由参加与即兴表演为主；专题茶话会是在某个特定的时刻，或为某些专门问题而召开的茶话会，以听取某些专业人士的见解，或是和某些与本单位有特定关系的人士进行对话。

第二，主办单位在筹办茶话会时，必须围绕主题来邀请来宾，尤其是确定好主要的与会者。来宾可以是本单位的顾问、社会知名人士、合作伙伴等各方面人士。茶话会的来宾名单一经确定，应立即以请柬的形式向对方提出正式邀请。按惯例，茶话会的请柬应在半个月之前送达或寄达被邀请者，被邀请者可以不必答复。

第三，时间、空间的具体选择。这是茶话会取得成功的重要条件。辞旧迎新、周年庆典、重大决策前后、遭遇危难挫折的时候，都是召开茶话会的良机。根据惯例，举行茶话会的最佳时间是下午4点钟左右。有些时候，也可以安排在上午10点钟左右。

适合举行茶话会的场地主要有：一是主办单位的会议厅；二是宾馆的多功能厅；三是主办单位负责人的私家客厅；四是主办单位负责人的私家庭院或露天花园；五是包场高档的营业性茶楼或茶室。餐厅、歌厅、酒吧等地方不适合举办茶话会。

第四，茶点的准备。茶话会不上主食，不安排品酒，只提供茶点。茶话会是重“说”不重“吃”的，没必要在吃的方面过多下功夫。

第五，座次的安排。从总体上来讲，在安排与会者的具体座次时，必须和茶话会的主题相适应。安排茶话会与会者具体座次的时候，可以采取下面的办法：一是环绕式。就是不设立主席台，把座椅、沙发、茶几摆放在会场的四周，不明确座次的具体尊卑，而听任与会者入场后自由就座。这一安排座次的方式与茶话会的主题最相符，也最流行。二是散座式。散座式排位常见于在室外举行的茶话会。它的座椅、沙发、茶几四处自由地组合，甚至可由与会者根据个人要求而随意安置。这样就容易创造出一种宽松、惬意的社交环境。三是圆桌式。圆桌式排位指的是在会场上摆放圆桌，请与会者在周围自由就座。四是主席式。在茶话会上，这种排位是指在会场上，主持人、主人和主宾被有意识地安排在一起就座，并且按照常规就座。

第六，茶话会的基本议程有：

第一项：主持人宣布茶话会开始。宣布开始前，主持人要请与会者各就各位。宣布开始后，主持人可对主要与会者略加介绍。

第二项：主办单位的主要负责人讲话。他的讲话应以阐明这次茶话会的主题为中心内容，还可以代表主办单位，对全体与会者表示欢迎和感谢，并且恳请大家一如既往的理解和支持。

第三项：与会者发言。这些发言在任何情况下都是茶话会的重心。为了确保与会者在发言中直言不讳，畅所欲言，通常，主办单位事先不对发言者进行指定和排序，也不限制发言的具体时间，而是提倡与会者自由地进行即兴式的发言。一个人还可以多次发言，来不断补充、完善自己的见解、主张。

第四项：主持人总结。主持人略作总结后，可以宣布茶话会结束。

第七，茶话会的发言。现场发言在茶话会上举足轻重。茶话会假如没有人踊跃发言，或者是与会者的发言严重脱题，都会导致茶话会的最终失败。

二、宴会礼仪

（一）参加宴请时的各种礼节

1. 应邀。接到宴会邀请（无论是请柬或邀请信），能否出席要尽早答复对方，以便主人安排。答复方式可打电话或复便函。

接受邀请之后，不要随意改动。万一遇到不得已的特殊情况不能出席，尤其是主宾，应尽早向主人解释、道歉，甚至亲自登门表示歉意。

应邀出席一项活动之前，要核实宴请的主人、活动举办的时间和地点、是否邀请了配偶，以及主人对服装的要求。活动多时尤应注意，以免走错地方，或主人未请配偶却双双出席。

2. 掌握出席时间。出席宴请活动，抵达时间迟早，逗留时间长短，在一定程度上反映对主人的尊重程度，应根据活动的性质和当地的习惯掌握。迟到、早退、逗留时间过短被视为失礼或有意冷落。身份高者可略晚到达，一般客人宜略早到达，主宾退席后再陆续告辞。出席宴会，根据各地习惯，正点或晚一两分钟抵达；在我国则正点或提前两三分钟或按主人的要求到达。出席酒会，可在请柬上注明的时间内到达。确实有事需提前退席，应向主人说明后悄悄离去，也可事前打招呼，届时离席。

3. 抵达。抵达宴请地点，先到衣帽间脱下大衣和帽子，然后前往主人迎宾处，主动向主人问好。如是节庆活动，应表示祝贺。

4. 赠花。参加他国庆祝活动，可以按当地习惯以及两国关系赠送花束或花篮。参加家庭宴会，可酌情给女主人赠送少量鲜花。

5. 入座。应邀出席宴请活动，应听从主人安排。如是宴会，进入宴会厅之前，先了解自己的桌次和座位，入座时注意桌上座位卡是否写着自己的名字，不要随意乱坐。如邻座是年长者或妇女，应主动协助他们先坐下。

6. 进餐。入座后，主人招呼，即开始进餐。

取菜时，不要盛得过多。盘中食物吃完后，如不够，可以再取。如由招待员分菜，需增添时，待招待员送上时再取。如果本人不能吃或不爱吃的菜肴，当招待员上菜或主人夹菜时，不要拒绝，可取少量放在盘内，并表示"谢谢，够了"。对不合口味的菜，勿显露出难堪的表情。

吃东西要文雅。闭嘴咀嚼，喝汤不要啜，吃东西不要发出声音。如汤、菜太热，可稍待凉后再吃，切勿用嘴吹。嘴内的鱼刺、骨头不要直接外吐，用餐巾掩嘴，用手（吃中餐可用筷子）取出，或轻轻吐在叉上，放在菜盘内。

嘴内有食物时，切勿说话。

7. 交谈。无论是做主人、陪客或宾客，都应与同桌的人交谈，特别是左右邻座。不要只同几个熟人或只同一两人说话。邻座如不相识，可先自我介绍。

8. 祝酒。作为主宾参加外国举行的宴请，应了解对方的祝酒习惯，即为何人祝酒、何时祝酒等等，以便作必要的准备。碰杯时，主人和主宾先碰，人多可同时举杯示意，不一定碰杯。祝酒时注意不要交叉碰杯。在主人和主宾致辞、祝酒时，应暂停进餐，停止交谈，注意倾听，也不要借此机会抽烟。奏国歌时应肃立。主人和主宾讲完话与贵宾席人员碰杯后，往往到其他各桌敬酒，遇此情况应起立举杯。碰杯时，要目视对方致意。

宴会上相互敬酒表示友好，活跃气氛，但切忌喝酒过量。喝酒过量容易失言，甚至失态，因此必须控制在本人酒量的1/3以内。

9. 喝茶（或咖啡）。喝茶或喝咖啡时，如愿加牛奶、白糖，可自取加入杯中，用小茶匙搅拌后，茶匙仍放回小碟内，通常牛奶、白糖均用单独器皿盛放。喝时右手拿杯把，左手端碟。

10. 水果。吃梨、苹果，不要整个拿着咬，应先用水果刀切成四或六瓣，再用刀去皮、核，然后用手拿着吃，削皮时刀口朝内，从外往里削。香蕉先剥皮，用刀切成小块吃。橙子用刀切成块吃，橘子、荔枝、龙眼等则可剥了皮吃。其余如西瓜、菠萝等，通常都去皮切成块，吃时可用水果刀切成小块，用叉取食。

11. 冷餐会、酒会取菜。冷餐、酒会，招待员上菜时，不要抢着去取，待送至本人面前再拿。周围的人未拿到第一份时，自己不要急于去取第二份。勿围在菜桌旁边，取完即退开，以便让别人去取。

12. 遇到意外情况。宴会进行中，由于不慎发生异常情况，例如用力过猛，使刀叉撞击盘子，发出声响，或餐具摔落地上，或打翻酒水等等，应沉着不必着急。餐具碰出声音，可轻轻向邻座（或向主人）说一声“对不起”。餐具掉落可由招待员送一付。酒水打翻溅到邻座身上，应表示歉意，协助擦干；如对方是妇女，只要把干净餐巾或手帕递上即可，由她自己擦干。

（二）酒桌上如何说话

谈起喝酒，几乎所有的人都有过切身体会。“酒文化”也是一个既古老而又新鲜的话题。现代人在交际过程中，已经越来越多地发现了酒的作用。酒作为一种交际媒介，迎宾送客，聚朋会友，彼此沟通，传递友情，发挥了独到的作用，所以，探索一下酒桌上的“奥妙”，有助于你求人交际的成功。

> **小资料：**
> 我国八大菜系：鲁菜、川菜、苏菜、粤菜、闽菜、浙菜、湘菜、徽菜。

1. 众欢同乐，切忌私语。大多数酒宴宾客都较多，所以应尽量多谈论一些大部分人能够参与的话题，得到多数人的认同。因为个人的兴趣爱好、知识面不同，所以话题尽量不要太偏，避免唯我独尊，天南海北，神侃无边，出现跑题现象，而忽略了众人。特别是尽量不要与人贴耳小声私语，给别人一种神秘感，往往会产生“就你俩好”的嫉妒心理，影响喝酒的效果。

2. 瞄准宾主，把握大局。大多数酒宴都有一个主题，也就是喝酒的目的。赴宴时，首先应环视一下各位的神态表情，分清主次，不要单纯地为了喝酒而喝酒，而失去交友的好机会，更不要让某些哗众取宠的酒徒搅乱东道主的主题。

3. 语言得当，诙谐幽默。酒桌上可以显示出一个人的才华、常识、修养和交际风度，有时一句诙谐幽默的语言会给客人留下很深的印象，使人无形中对你产生好感。所以，应该知道什么时候该说什么话，言语得当，诙谐幽默很关键。

4. 劝酒适度，切莫强求。在酒桌上往往会遇到劝酒的现象，有的人总喜欢把酒场当战场，想方设法劝别人多喝几杯，认为不喝到量就是不实在。“以酒论英雄”，对酒量大的人还可以，酒量小的就犯难了，有时过分地劝酒会将原有的朋友感情完全破坏。

5. 敬酒有序，主次分明。敬酒也是一门学问。一般情况下敬酒应以年龄大小、职位高低、宾主身份为序，敬酒前一定要充分考虑好敬酒的顺序，分明主次。即使与不熟悉的人在一起喝酒，也要先打听一下身份或是留意别人如何称呼，做到心中要有数，避免出现尴尬或伤感情的局面。敬酒时一定要把握好敬酒的顺序。有求于某位客人时，对他自然要倍加恭敬，但是要注意，如果在场有更高身份或年长的人，则不应只对能帮你忙的人毕恭毕敬，也要先给尊者长者敬酒，不然会使大家都很难为情。

6. 察言观色，了解人心。要想在酒桌上得到大家的赞赏，就必须学会察言观色。因为与人交际，就要了解人心，左右逢源，才能演好酒桌上的角色。

7. 锋芒渐射，稳坐泰山。酒席宴上要看清场合，正确估价自己的实力，不要太冲动，尽量保留一些酒力和说话的分寸，既不让别人小看自己，又不要过分地表露自身，选择适当的机会，逐渐放射自己的锋芒，才能稳坐泰山，不致给别人产生“就这点能力”的想法，使大家不敢低估你的实力。

四、技能巩固

（一）操作题

1. 一个夏日的晚上，你到潘彦家上门拜访，好客的女主人热情地接待了你，并为你端来一杯龙井茶。你正要喝茶时，却发现杯中有一根头发。此时，你应该怎么办？

2. 学生每 2 ~4 人为一组，利用课余时间，到亲朋好友家进行拜访。

（1）要有明确的拜访目的。

（2）拜访结束后，每人都要写出详细的拜访记录。

（3）教师点评，在全班进行拜访总结。

3. 在教师指导下，以学习小组为单位，各排演一幕情景剧。组内同学分别扮演不同的拜访接待角色，双方的关系和客人的身份要有多种变化。在适当时间、适当地点举行一次情景剧展示演出活动。

（二）案例题

1. 一天清晨，迪安家的门咚咚地响了起来。女佣打开了门。一个人把一只宰杀过的野鸭交给女佣，说：“这是博伊尔先生送给迪安的礼物。”说完，这个人转身就走。

几天后，这个人又来了。这回他带来了一只山鹑：“博伊尔先生再次给迪安送东西了。”博伊尔先生是迪安的朋友，喜欢打猎，常常给迪安送些他猎取到的野味。

不久后的一天，还是这人来，这次他带来了一只鹌鹑。“这东西也是给迪安的。”他语气粗鲁，将鹌鹑扔到女佣怀里。女佣很生气。“这个人太不礼貌了。”她向迪安抱怨道。

“他如果再来，”迪安说，“你告诉我，让我去会一会他。”

没隔多久，那个人带着另一种野味来了。迪安亲自去开了门。

“这是博伊尔先生送的野兔。”那人说。

“听我说，小伙子，”迪安正色道，“替人送礼物可不应该是你这个样子。现在，让我们换一下位置吧，你进屋，我出门，假设你是我，我是你，请你看一看替人送礼应该是什么样子。”

“好吧。”那人同意了，走进了屋内。

迪安接过野兔，来到了屋外。他先在街上走了一会儿，然后折回头，来到家门口，不轻不重地敲了敲门。

门被那人打开了。迪安鞠躬施礼，然后说：“您好，先生，博伊尔先生让我送来这只野兔，望您能够收下。”

“哦，谢谢。”那人礼貌地说，接着从口袋里掏出一个钱包，从里面拿出一个先令。“您辛苦了，这是给您的。”

这堂礼仪课非常生动，从此以后，那个人再来送野味时总是显得彬彬有礼，而迪安也总是记得给他一点小费作为酬劳。

思考题：

（1）看了这个关于迪安的案例，你有何感想？

（2）赠送礼物应该注意什么？

2. 小王为答谢好友李先生一家，夫妻两人在家设宴。女主人的手艺不错，清蒸鱼、炖排骨、烧鸡翅……李先生一家吃得津津有味。这时，有肉丝钻进了李先生的牙缝。于是，李先生拿起桌上的牙签，当众剔出滞留在牙缝中的肉，还将剔出来的肉丝吐在烟灰缸里。看着烟灰缸里的肉丝，小王夫妇一点胃口也没有了。

思考题：

（1）李先生的不文明行为表现在哪儿？

（2）假如是你，如何处理？

3. 国外某投资集团十分看好当地独特的旅游资源，在有关部门的努力下，原则上决定投巨资开发当地独特、优美的旅游资源。为了进一步落实投资具体事宜，该投资公司派出以董事长为团长的高级代表团来到该县进行实地考察。当地县政府对这次接待活动格外重视，接待规格之高史无前例。县政府在代表团到达当天举办盛大欢迎宴会，出席宴会的外方代表团成员共 8 人，中方陪同人员 100 人。菜肴极其丰富，不仅有专门从海南空运过来的龙虾、鲍鱼，还专程从北京全聚德请来一级厨师制作地道的北京烤鸭，甚至还有当地特有的山龟、果子狸，其规模和档次甚至超过国宴。

然而，面对主人热情洋溢的祝酒辞以及丰盛的山珍海味，外方代表团成员没有中方陪客那样兴奋，对中方的盛情款待似乎并不领情。第二天，代表团参观了当地尚未开发的旅游资源。外方赞不绝口，但没有按照以前期望的那样签署投资协议。为什么对外方如此高规格的接待没有起到任何效果？县政府领导百思不得其解。

思考题：

（1）为什么对外方如此高规格的接待没有起到任何效果？

（2）在用餐上我国存在哪些陋习？请展开讨论。

4. 刘小姐和小张在一家西餐厅就餐，男士小张点了海鲜大餐，刘小姐则点了烤羊排，主菜上桌，两人的话匣子也打开了，小张一边听刘小姐聊起童年往事，一边吃着海鲜，心情愉快极了，正在陶醉的当口，他发现有根鱼骨头塞在牙缝中，让他不舒服。小张心想，用手去掏太不雅了，所以就用舌头舔，舔也舔不出来，还发出啧啧喳喳的声音，好不容易将它舔吐出来，就随手放在餐巾上。之后他在吃虾时又在餐巾上吐了几口虾壳。刘小姐对这些不太计较，可这时男士想打喷嚏，拉起餐巾遮嘴，用力打了一声喷嚏，餐巾上的鱼刺、虾壳随着风势飞了出去，其中的一些正好飞落在刘小姐的烤羊排上，这下刘小姐有些不高兴了。接下来，刘小姐话也少了许多，饭也没怎么吃。

思考题：请指出本例中小张的失礼之处。

5.《林肯传》中有这样一件事：一天，林肯总统与一位南方的绅士乘坐马车外出，途遇一老年黑人深深地向他鞠躬。林肯点头微笑并也摘帽还礼。同行的绅士问道："为什么你要向黑鬼摘帽?"林肯回答说："因为我不愿意在礼貌上不如任何人。"可见林肯深受美国人民的热爱是有其原因的。1982 年美国举行民意测验，要求人们在美国历届的 40 位总统中挑选一位"最佳总统"时，名列前茅的就是林肯。

思考题：林肯向老年黑人脱帽致礼说明了什么?

6. 某公司王经理约见一位重要的客户方经理。见面之后，客户就将名片递上。王经理看完名片就将名片放到了桌子上，两人继续谈事。过了一会儿，服务人员将咖啡端上桌，请两位经理慢用。王经理喝了一口，将咖啡杯子放在了名片上，自己没有感觉，客方经理皱了皱眉头，没有说什么。

思考题：

(1) 请分析王经理的失礼之处。

(2) 接到对方的名片后应如何放置。

7. 2005 年 4 月 29 日，时任中国国民党主席连战访问北京大学，获得一份特殊的礼物：母亲赵兰坤女士在 76 年前毕业于燕京大学（现北京大学）的学籍档案和相片，其中包括在宗教系就读的档案、高中推荐信、入学登记表、成绩单等，大多是她亲笔写的字。在这份特殊的礼物面前，一贯严谨的连战先生也难掩内心的激动。他高举起母亲年轻的照片，然后细细端详，眼里泛着晶莹的泪光。这一刻，他满脸都是幸福的微笑。

思考题：请结合礼物的选择原则谈谈这次礼物赠送的成功之处。

项目任务五　当面沟通实训

一、实训说明

实训目标	使学生掌握有效沟通的实际技能
实训重点	当众表达，主动沟通，沟通方法与技巧
实训要求	事先动员，及时鼓励，长期要求，让学生形成习惯
场地器具	多功能课室或操场
实训评价	按照同步测评标准给每位学生评分，此专题占本课程总分的 6%
实训课时	建议 4 课时

二、实训任务

小王是一名职业院校的学生，虽然学的是会计专业，但她觉得社会对营销人员的需求量非常大，从事营销工作富有挑战性，能很好地增长人生阅历，而且优秀的营销人员收入高、待遇好。因此，她规划自己毕业后要成为一名优秀的营销人员。

小王深知，营销工作面对的对象是“人”，其工作质量与自己的沟通能力息息相关，为此，必须强化训练自己的人际沟通能力，那么，究竟应从哪些方面做起呢？

画龙点睛

- 大胆表现自己，善于表达自己的想法。
- 从内心深处欣赏别人，习惯于赞美别人。
- 听清别人说话背后的含意，理解对方的感受。
- 乐于和别人面对面地交流对有关问题的看法。
- 善于捕捉别人肢体语言所表露的信息。

三、实训步骤

（一）当众表达

1. 训练内容。全班同学依照学号或座位顺序，每两人为一组依次上讲台，其中一人大声朗诵另一人须用肢体语言表达李白的诗《静夜思》：床前明月光，疑是地上霜；举头望明月，低头思故乡。然后两位同学换角色再做一遍。

二人均朗诵完毕后再面向全班同学振臂高呼："我是最棒的营销员！我有无穷的潜力！我一定会成功！YE！"

星星点灯

- 没有天生的信心，只有不断培养的信心。
- 我们对自己抱有的信心，将使别人对我们萌生信心的绿芽。

2. 训练要求。每组时间限一分钟；要表达出诗的内容和意境；不能被讲台遮掩；要面向全班同学。

3. 训练测评。

测评依据

★ 声音清晰洪亮	★ 音调抑扬顿挫
★ 面部表情生动	★ 仪态大方得体
★ 肢体语言丰富	★ 自信有感染力

4. 背景知识。

克服当众表达的恐惧感

几乎任何人在当众表达时都会有不同程度的紧张感和恐惧感；准确地说，当众表达的恐惧感普遍存在。当众表达之所以令人紧张，就在于来自听众关注的强大压力。其实会说话并不是一种天赋的才能，它是靠刻苦训练得来的。古今中外历史上一切口若悬河、能言善辩的演讲家、雄辩家，他们无一不是靠刻苦训练而获得成功的。以雄辩著称的美国前总统林肯，青年时代常徒步30英里到一个法院去听律师的辩护词，看他们如何用手势，如何慷慨激昂地作辩护。返家途中，他常停下步子，面对成行的大树，成片的大树桩、玉米，或复述刚听到的律师的辩护词，或发表自己想妥的一篇腹稿，久而久之，林肯练就了

> **小资料：**
>
> 美国有一项调查：在当众表达和蹦极运动中自由选择一种，结果过半数的被调查者选择蹦极，其理由是：虽然两者都有强烈的恐惧感，但害怕前者失败后有失尊严，而后者即使不敢跳也不会受人指责。

滔滔不绝、出口成章的雄辩之才。日本前首相田中角荣，口齿流利，擅长交谈。但他在少年时代竟是个口吃患者，课上答题，常会窘得满脸通红，结结巴巴，说不出话。为锻炼自己的表达能力，他除了常朗读诗文外，还独自一人跑到山间，迎着狂风高呼“有志者事竟成”，力争把这话一口气说完，不停顿，不口吃。经过苦练，最后成了一位口才出众的外交家、政治家。

当众表达在现代社会如此重要，那么，如何克服当众表达时的恐惧感呢？和世界上的任何事情一样，要想战胜恐惧感，就必须不断地去做令你恐惧的事。只是，这里面也有很多的技巧，这些技巧会有效地帮助你对抗来自听众的巨大压力。

技巧一：豁出去，对听众视而不见。每个人都不是天生敢在公众场合自如地说话，都有一个艰难的第一次。只要抱定豁出去的心态，管他三七二十一，迈出第一步，勇敢地走上讲台，多经历几次就自如了。在发言前，心中有听众，但在发言时，就要学会对听众视而不见，只顾按自己的意图去表达，而不去关注和在乎听众如何看待自己。

小资料：

卡耐基的经验是：“你要假设听众都欠你的钱，正要求你多宽限几天；你是神气的债主，根本不用怕他们。”

技巧二：减慢说话的速度。人们在上台讲话之前，通常会有很多紧张恐惧的表现，如心跳、呼吸加速、脸红、四肢僵硬等等。因此，走到前台时一定要做好控制，走路不要过快，面对听众时一定双脚站稳，避免晃动。一开口更是要做好控制，尽可能将语速减慢下来，通过减慢语速将说话的基调打好，这样就会找到使心态沉稳下来的感觉。

技巧三：讲话时要运用分组解析法。比如这样一句话：这一座智慧的殿堂，这一片思想的森林，这一片文明的沃野，包罗万象，藏珍蕴奇，怎能不使人心醉神迷，流连忘返。应该这样拆开：这一座/智慧的/殿堂/这一片/思想的/森林/这一片/文明的/沃野/包罗万象/藏珍/蕴奇/怎能不/使人/心醉/神迷/流连/忘返。

技巧四：要任用停顿和重音。如上面那句话可以这样停顿：这一座－智慧的－殿堂——这一片－思想的－森林——这一片－文明的－沃野——包罗万象－藏珍－蕴奇——怎能不－使人－心醉神迷——流连－忘返——。这里，“－”代表停顿的长度，一句话的结尾往往需要停顿的时间更长。其中，智慧的/思想的/文明的/怎能不/心醉神迷/流连/忘返，这些词都是需要特别强调的重音。

也许有人要质疑，掌握这些要点就可以克服当众表达的恐惧感？应该说，这些要点尽管重要，但更重要的是你必须马上行动，并将反复练习和琢磨形成一种习惯，就像开车和游泳，你只有反复练习，才能熟能生巧。

谨记：控制行为可以最终改变心态。控制你自己，就一定可以克服当众表达的恐惧感。

（二）由衷赞美

1. 训练内容。全班同学围成一圈，任意指定一位同学先抛绣球，绣球抛到谁，被抛中的同学就要真诚地赞美抛球者，可以从任何方面来赞美，比如长相、气质、性格、能力、做事、处世等等，赞美完毕后，其他同学视赞美水平的高低给予不同强度的掌声。然后再重复上述步骤。

星星点灯

- 赞美之于人心，犹如阳光之于万物。
- 人性中最本质的愿望，就是希望得到赞赏。
- 时时用使人悦服的方法赞美人，是博得人们好感的好方法。

2. 训练要求。每人发言限20秒钟；以宽容、欣赏的心态挖掘闪光点；不能故意搞笑；赞美时其他人不能插嘴。

3. 训练测评。

测 评 依 据

★ 自然真诚	★ 目光交流
★ 实事求是	★ 内容具体
★ 针对性强	★ 引起共鸣

4. 背景知识。

人际沟通中的实用赞美技巧

技巧一：赞美要点到穴位。空泛化的赞美，虚幻，生硬，使人怀疑动机，而具体化的赞美，则显示出你的真诚和深入了解。一千遍说他才华横溢，不如说他文章经常发表；你夸她眼睛漂亮，也比说她人漂亮要有效的多。

技巧二：转折式赞美。如：（1）我很少佩服别人，但您是个例外；（2）我一生只佩服两个人，一个是×××（通常是比赞美对象身份稍高、名气稍大的人物），另一个是您。

小资料：

美国《幸福》杂志对美国500位年薪超过50万美元的企业高级管理人员和300位政界人士进行调查表明：其中的93.7%的人认为人际关系畅通是事业成功的最关键因素，其中最核心的课程是学会赞美别人。

技巧三：赞美所见到和听到的别人得意的事。如：(1) 一个人给你看了他小孩的相片，那么一定要夸小孩，你无声地放回去，别人会很不高兴的。(2) 听说某人升职了，第二天见到他，一定要用新职衔的称呼去叫他，用新职衔的职权去恭喜他。(3) 收到名片，可从名字、职务、单位这三个方面去赞美。

技巧四：主动热情地同别人打招呼。懂得人际关系的人都知道：沟通交往是相互努力的结果。主动热情地打招呼，背后的含义就是我眼中有你，我愿意和你交往和我欣赏你。越是人际关系好的人，越是喜欢同别人打招呼，这一点在生活中是很明显的。

技巧五：适时适度指出别人的变化。这种做法表示你在我心目中很重要，我很在乎你的变化。如单位的同事或生意伙伴穿了一件新衣服，合身的就夸漂亮，不合身就夸有特色（朝气、品味等）。

小提醒：纸上得来终觉浅，绝知此事要躬行。

技巧六：将别人与自己作对比。一般人出于自尊都很难贬低自己，如果你一旦压低自己同别人作比较，那么就会显得格外真诚，这一招特别适合于对地位较高又自我感觉良好的人使用。如：原来我一直以为××××是最好的解决方案，刚才听您一说，才知道还有更好的解决办法。

技巧七：明贬暗褒。有家报纸刊登过这样一则广告："狮牌保险柜最大的缺点是密码上锁，必须用密码开锁。否则要用焊枪切开，这是唯一的办法。记密码有困难的人，请不要使用狮牌保险柜，免得麻烦。"也有人这样批评他的上级："我对王总有意见，他这人从来不知爱惜自己的身体，经常加班熬夜。"看过上面这二则例子就明白这一招了！

技巧八：你是唯一。此招的格式是"只有你……能帮我……能做成……"。如："人力资源部向我推荐了三个人选，老张经验虽丰富，但开拓性不够；小王学历高、有冲劲，但考虑问题欠周全；只有你……"。

技巧九：赞别人所未赞。如某女孩公认长得很漂亮，你夸她漂亮，那么她不会有太多的感触，因为她习以为常，但如果你从其他方面挖掘，如赞她有性格、有素质、有涵养等等，那效果肯定会好得多。

技巧十：借力使力。传达第三者的赞赏，这样不但能避免尴尬，而且会得到双方的好感。如："李经理，这次我去北京，他们刘主任对你的评价特别高……"

技巧十一：特别的夸奖给特别的你。记住对方特别的技能或是特别的事情，在关键的时候提出来，给对方一个惊奇。这就需要你平时养成良好的习惯，运用电脑，在你需要交往的对象的联系办法的旁边记上他的生日、特长、老婆、儿子的名字及得意的事情等等。

技巧十二：投其所好，与其同乐。了解别人的兴趣与爱好，想办法与他讨论切磋，这实际上就是对别人的一种肯定与欣赏。如果对方喜欢羽毛球，就跟他谈汤杯谈林丹；对方喜欢流行音乐，就跟他谈流行歌手谈周杰伦，等等。

（三）仔细倾听

1. 训练内容。将全班同学分成两列并相互面对，然后两人一组，其中一人连续说 3 分钟关于自己以前遇到的某事，内容不限，另外一个人只许听，不许发声，更不许插话，但可以有身体语言。

结束以后，每组中的听者先谈一谈听到对方说了些什么？然后由说话者谈一谈听者所描述的听到的信息是不是自己所想表达的？

星星点灯

- 90% 的人存在一般沟通信息的丢失现象。
- 75% 的人存在重要沟通信息的丢失现象。
- 35% 的听者和说者之间对沟通的信息有严重分歧。

2. 训练要求。尽量男女搭配；讲者要尽量表达多一些信息，要流畅，不要在最后作总结；听者不能对讲者作干扰；双方不能故意搞笑；注意把握好时间；以小组为对象进行测评。

3. 训练测评。

测 评 依 据

★ 讲者表达流畅	★ 所述信息丰富
★ 听者认真专注	★ 复述失真度低
★ 双方配合默契	★ 全程井然有序

4. 背景知识。

倾听中增进沟通的技巧

技巧一：消除外在与内在的干扰。外在和内在的干扰是妨碍倾听的主要因素。优秀的倾听者会尽量主动控制环境，例如将比较重要的谈话安排在一个远离电话、嘈杂声或公文堆积如山的地方，挑选一个让对方可以轻松说话的地方也有助于沟通的效果。具体做到：倾听前，先将你的思绪安定下来；将手边的工作放置一旁，用心想想谈话的目的；将容易使你分心的东西移开；不要在笔记本上乱画。

技巧二：尊重说话者，专心一致且乐意倾听。倾听对方说话，就是在告诉对方：你对我很重要，你说的话对我也很重要。你的专心可以提高说话者的自尊。因此，当对方开始说话时，不要分心去猜想他的下一步要说什么；更不要想着如何找出他话中的弱点，以便反击回去；也不要随便插嘴，除非确定说话者已经说完，否则不要改变话题。如果对说话的内容不感兴趣，就容易分神，所以必须设法与说话者一起投入，你不妨寻找对自己有益的新观念或独到的看法，来帮助自己融入说话内容。

小伴读：大多数人只有在听者用心聆听及有心了解他们的心声时，才会说出自己真正的想法与感受。

技巧三：使用适当的肢体语言。当我们在和人谈话的时候，即使还没开口，但内心的想法就已经透过肢体语言表现出来了。如果听话者态度冷淡、没有反应，说话者就不愿意敞开心胸；反之，说话的人就会受到鼓舞。而这些肢体语言包括自然的微笑、不要交叉双臂、手不要放在脸上、身体稍微前倾、常常看对方的眼睛、点头等等。

技巧四：适当响应。除了对说话者报以适当的肢体语言外，听者还要对说话人的观点适时地提出切中要点的问题或发表一些意见和感想，来响应对方的说法。还有，一旦听漏了一些地方或者不懂的时候，要在对方的话暂时告一段落时，迅速地提出疑问之处。

技巧五：反应式倾听。这指的是重述刚刚所听到的话，这是一种很重要的沟通技巧。我们的反应可以让对方知道我们一直在听他说话，而且也听懂了他所说的话，另外也可以促使自己不分神。但是反应式倾听不是像鹦鹉一样，对方说什么你就说什么，而是应该用自己的话简要地述说对方的重点。如“您说刚从台湾回来？我想那里的景色一定很美。”

技巧六：抓住重点。优秀的倾听者会找出对方话中的重点，找出其中的说话目的、关键词、概念及前后语句的逻辑联系，并且把注意力集中在重点上面，这样才比较容易从对方的观点了解整个问题。如“我拿到你对××客户的调查分析报告，但并不完整，我们要想办法争取到这个客户，如果你搞砸了，我会要你走人……”这些话的重点在于“××客户调查分析报告尚不完整”，如果你只听到“我要被开除了”这种负面信息，接下来你就会开始防卫，沟通就会偏离正轨。

技巧七：避免偏见。如果你喜欢一个人，就会爱屋及乌，很容易不假思索地接受他所说的一切；反之，你讨厌说话者，你的反应也同样容易先入为主而不客观。因此，要注意以下几点：（1）不要预作假想，因为你的假设很可能是错误的；（2）不要猜想说话者还没说出来的东西，也不要代替说话者下结论；（3）不要在听了对方的开场白之后，就假设自己知道全部的内容；（4）避免对某个信息有偏见，才能全盘地吸收和评断。

> **小伴读**：改善倾听技巧最重要的一步是在不断的沟通过程中调整你的基本态度。

技巧八：适当记录。做笔记能使机体感觉更敏锐，更能了解并且记忆说话者所要传递的信息。一般人无法既专注于笔记，同时又注意说话者在说什么，因此笔记要尽量短和快，记录关键词，写下重点或摘要即可，或是等到这段对话结束后再作记录。

技巧九：加工整理。在谈话的过程中，通常都会有些时间间隙，可以让我们在心里回顾一下对方的话，整理出其中的重点所在。我们必须在头脑中删去对方话语中无关紧要的细节，把注意力集中在对方想说的重点和对方主要的想法上，并且在心中熟记这些重点和想法。如果我们不太确定对方比较重视哪些重点或想法，就可以利用询问的方式，来让他知道我们对谈话的内容有所注意。如“如果我没理解错的话，您刚才所说的意思是……”

技巧十：求同存异。在谈话中，尽量寻找出双方共同的看法，这样容易使对话愉快地进行下去。但有时，说话人对事情的看法、感受及结论都和我们完全不同，这时我们应尊重说话者的观点，可以让对方了解，我们一直在听，而且我们也听懂了他所说的话，虽然我们不一定同意他的观点，我们还是很尊重他的想法。

> **小伴读**：当你与别人意见相左时，应以你的表情、耐心、所言所行向他证明你是真的关心他。

（四）交流讨论

1. 训练内容。将全班同学集合成几排。教师先说：现在我们要进行一种很有趣的活动，本活动的特色是新奇、有趣而富有变化。首先，请各位接连报数一、二，一、二……现在我们要围两个圆圈：报一的在外圈，报二的在内圈；内圈的面朝外，外圈的面朝内，两人面对面相对而坐。我先念个题目在每两人之间进行讨论，每道题目讨论 3 分钟。3 分钟后，内圈的同学按顺时针转动一个位置，我更换题目，这时相互面对的同学再就题目讨论 3 分钟。以上结束后，再请内外两圈的同学集体对这些题目进行讨论，时间为 6 分钟，最后汇报各圈的讨论情况。好，让我们现在开始。

讨论题目由教师自行设定，一般应设计为新奇有趣的开放性话题，如：（1）假如可以克隆一个历史人物，你希望克隆谁？为什么？（2）假如你有 1000 万元，将如何使用？（3）假如你有机会环游世界一周，你会如何计划你的旅程？（4）假如地球上的石油已全部用完，设想一下我们的生活会怎样？（5）设想 500 年后，地球上可能的情形会怎样？人类会是什么样的生活状况？等等。

星星点灯

- 人的心如同降落伞一般，如果不张开，根本无法使用。
- 不愿说理是固执；不会说理是傻瓜；不敢说理是奴隶。

2. 训练要求。在两人讨论和围圈讨论时，每个人都要表达意见；教师要注意加强总体巡视，应把握好时间；重点对表现突出和较差的二极同学进行测评。

3. 训练测评。

测 评 依 据

★ 情绪放松愉悦	★ 善用礼貌语言
★ 围绕话题开展	★ 阐述有理有据
★ 关注他人反应	★ 互动气氛良好

4. 背景知识。

之一：交谈中打开话题的实用技巧

技巧一：热门事件法。选择众人关心的热门事件为主题，围绕人们的关注点，引出大家的议论，容易打开局面，形成七嘴八舌、热闹非凡的场面。选择话题时，要注意话题是大家有所闻、想谈、爱谈、又能谈的，人人有话，自然话题一抛便应者云集了。

技巧二：即兴引入法。巧妙的借用彼时、彼地、彼人的某些材料为题，借此引发交谈。如有人在客户办公室看到一幅画，说："这幅《奔马图》栩栩如生，豪气勃发，看来您也很喜欢徐悲鸿先生的画呀！"。

技巧三：投石问路法。与陌生人交谈，先提些"投石"式的问题，在略有了解后，再有目的地交谈，便能谈得较为投机。如在宴会上见到陌生的邻座，可先"投石"询问："您和主人是同学吧?"然后可循着对方的答话交谈下去。若对方回答说是"老乡"，那也可接着这个话题谈下去，如"原来你们都是湖南的呀，那可是个出伟人的地方！"这样对方一定会很高兴地和你继续谈下去。

> **小伴读**：记住人家的名字，而且很轻易地叫出来，等于给别人一个巧妙而有效的赞美。

技巧四：循趣入题法。问明对方的兴趣，然后循着他的兴趣，能顺利地找到话题。因为对方最感兴趣的事，总是最熟悉、最有话可谈，也最乐于谈的。如对方喜爱篮球，便可以此为题，谈 NBA、CBA、姚明等。

之二：与人交流沟通的实用技巧

技巧一：以最婉约的方式传递坏消息："我们似乎碰到一些状况……"

技巧二：上司下达任务时："好的，我马上处理！"

技巧三：团队讨论时："×××的主意真不错！"

> **小伴读**：成功沟通的技巧不外乎以下两点：第一，讲话的人要把这个话讲给别人听，要怎么讲。第二，听的人要怎么去听。

技巧四：需要援助："这份调查报告没有你不行啦!"

技巧五：失误时："是我一时失察，不过幸好……"

技巧六：不希望别人继续讲下去："这种话好像不大适合在办公室讲喔!"

技巧七：委婉拒绝："我了解这件事很重要；我们能不能先每个人再认真思考一下这几个方案，按其优劣排出个顺序?"

技巧八：希望别人表态："我很想听听您对这个方案的看法……"

技巧九：自己还没弄明白情况或不知该如何作答："让我再认真想一想，下午4点以前给您答复好吗?"

技巧十：面对批评时："谢谢你告诉我，我会仔细考虑你的建议。"

（五）肢体语言

1. 训练内容。将全班同学们分为两人一组，让大家进行2~3分钟的自由交流，交谈的内容不限。当大家停下以后，请同学们彼此说一下对方有什么非语言表现，包括肢体语言或者表情，比如有人老爱眨眼，有人目光游移不定，有人手势特别大，有人说话时抖脚，有人会不时地撩一下自己的头发等等。问这些做出无意识动作的人是否注意到了这些行为。

接着让每组继续交谈2~3分钟，但这次注意不要有任何肢体语言，然后问与前次有什么不同。

然后组织全班讨论以下问题：

（1）在第一次交谈中，有多少人注意到了自己的肢体语言?

（2）对方有没有什么动作或表情让你觉得极不舒服，你是否告诉他自己的感觉?

（3）当你不能用你的动作或表情辅助你的谈话的时候，有什么样的感觉?是否会觉得很不舒服?

星星点灯

- 一个目光表达了一千多句话。
- 研究表明，沟通的55%是通过肢体语言进行的。
- 过多或不合适的肢体语言也会让人望而生厌。

2. 训练要求。注意调动学生的积极性；尽量男女搭档；教师要注意加强总体巡视，组织讨论时注意把握好谈话重心和时间；重点对表现突出和较差的两极同学进行测评。

3. 训练测评。

测　评　依　据

★ 积极参与　　★ 遵守规则

★ 专心投入　　★ 发言踊跃

4. 背景知识。

读懂商务沟通中的肢体语言技巧

肢体语言是一种在各种场合、任何环境下交流具体信息的动作、手势和习惯的结合。要让我们的身体撒谎是很不容易的，一般人根本做不到，他会忠实地展示出你自己和别人的真实心理情况。眼神、面部、嘴巴、手势、站姿和身体姿势都能说明一些问题，因为这些都是你的身体想把某些压抑的情绪表现出来而发出的信号，它们都清晰地传达出你的真实感受。

小资料：

研究表明，当面沟通信息中只有7%是通过语言来表达的，剩下的93%沟通信息来自非语言。

在商务交往中，即使你没有说话，经验丰富者也可以读取你要表达的意思，如果你的肢体语言和你的言论不一致，那么你很可能是在浪费时间。如何读懂别人语言之外所包含的准确意思呢？

技巧一：看眼神。眼睛正视表示庄重，仰视表示思索，斜视表示轻蔑，俯视表示羞涩。盯着某一个人看，说明对他感兴趣。当不愿意和某个人有眼神接触，表明这个人根本不重要。在交往中，眼神接触最好保持在60%，显然是感兴趣，但是并不咄咄逼人。眉毛也能表示极为丰富细致而又微妙多变的神情，皱眉表示不同意、烦恼，甚至是盛怒；扬眉表示兴奋、庄重等多种感情；眉毛闪动表示欢迎或加强语气；耸眉的动作比闪动慢，眉毛扬起后短暂停留再降下，表示惊讶或悲伤。眼神最能展示内心世界：眼神沉静，成竹在胸，定操胜算；眼神散乱，是毫无办法的表现；眼神横射，仿佛有刺，表明态度异常冷淡；眼神阴沉，凶狠毒辣，务必小心；眼神流动异于平时，胸中定在盘算诡计；眼神呆滞，唇皮泛白，显然心中惶恐；眼神似在发火，是怒火中烧、意气极盛之兆；眼神恬静，面有笑意，心中定然满意；眼神四射，神不守舍，是厌倦的标志；眼神凝定，是在仔细考虑；眼神下垂，连头都向下倾，必是心有重忧，万分苦恼；眼神上扬，是傲慢不屑的表示。

技巧二：读面部表情。面部所表现出的各种各样的情感最能吸引对方的注意，脸上泛红晕，一般是羞涩或激动的表示；脸色发青发白是生气、愤怒或受了惊吓异常紧张的表示。嘴巴也会传递一些信息，嘴唇闭拢，表示和谐宁静、端庄自然；嘴唇半开，表示疑问、奇怪、有点惊讶，如果全开就表示惊骇；嘴唇向上，表示善意、礼貌、喜悦；嘴唇向下，表示痛苦悲伤、无可奈何；嘴唇撅着，表示生气、不满意；嘴唇绷紧，表示愤怒、对抗或决心已定。头部的姿势也会向别人传达一种信息，保持头部的端正显示出你的自信和威严，人们将会很尊重你；当你的头歪向一边，表明你想很友好很直接地表达自己的看法。

技巧三：观察姿势。胳膊的摆放位置，两臂交叉放于胸前，表明对对方不感兴趣或者不愿意再听他讲下去了，同时也表明了“我不同意你的观点”；不停地动胳膊会被认为举棋不定或者不成熟；把胳膊放在身体两侧，显得自信和放松。身体的角度，向前倾着身体表明“告诉我更多点”；向后依着身体表明你已经得到你想得到的信息。站姿，把双手插入裤袋，城府较深，不轻易向人表露内心的情绪；笔直站立，显得精力充沛、灵活机警；靠着墙，看上去疲惫不堪；双手置于臀部，自主心强，处事认真而绝不轻率，具有驾驭一切的魅力；双手叠放于胸前，自我保护的防范姿态，拒人于千里之外，令人难以接近；两手双握置于胸前，踌躇满志，信心十足。手摆放的位置，把手放在口袋、桌子下面或者背后，都给人一种拒人千里的感觉；把手放在脖子的任一处，或者不停地捋头发，摩擦脸部，给别人不专业的感觉。腿部姿势，腿不停的摇晃，说明很紧张；跷着二郎腿，看起来很傲慢。

技巧四：注意相互距离。站得太近或者快要贴着别人的脸，表明有控制欲；站得太远，比较冷漠。美国学者霍尔研究发现，46～61 厘米属私人空间，恋人可以安然地呆在私人空间内，其他异性一般不宜进入这一空间。私人空间可以延长到 76～122 厘米，此空间适合讨论个人问题。到办公室找领导办事，最佳的空间距离为 122～213 厘米。小于该距离，领导会误认为你强人所难。从非亲密朋友那里获得信息，有效的空间距离为 213～366 厘米。小于这一空间给人以盛气凌人的印象；大于这一空间会使别人觉得你没礼貌，你也就不可能获得真实的信息。这个空间距离也是与普通朋友交谈的适当距离。366 厘米以上的距离，是演讲者与听众或两个不愉快对象谈话的有效空间。

四、技能巩固

（一）操作题

1. 与班主任联系，要求每天早读抽出 10 分钟，由课代表组织全班同学轮流进行“每日一讲”（每天派 3～5 位同学依次上台演讲）活动并参照“当众表达”测评依据进行评比，演讲题目由课代表与同学们商定，评比结果由课代表报给任课老师。

2. 请每位同学给自己宿舍同学逐一写印象小记（题目为×××同学印象），要求尽量用诗歌或散文的形式，主基调是赞美，对每位同学的描述字数不少于 300 字，写完后先由宿舍长组织在宿舍全体成员会上互相宣读并相互谈谈被赞美后的真实感受，然后在课堂上由教师随机抽几位同学上台宣读。

3. 与班主任联系，利用班会将全班同学分成两人一组，其中一个是 A，扮演销售人员，另一个是 B，扮演顾客。扮演以下场景：

场景一：A 现在要将公司的某件商品卖给 B，而 B 则想方设法地挑出本商品的各种毛病，A 的任务是一一回答 B 的这些问题，即便是一些吹毛求疵的问题也要让 B 满意，不能伤害 B 的感情。

场景二：假设 B 已经将本商品买了回去，但是商品现在有了一些小问题，需要进行售后服务，B 要讲一大堆对于商品的不满，A 的任务仍然是帮他解决这些问题，提高他的满意度。

交换一下角色，然后再做一遍。

组织讨论下列问题：（1）对于 A 来说，B 的无礼态度让你有什么感觉？在现实的工作中你会怎样对待这些顾客？

（2）对于 B 来说，A 怎样才能让你觉得很受重视、很满意，如果在交谈的过程中，A 使用了像“不”、“你错了”这样的负面词汇，你会有什么感觉？谈话还会成功吗？

（二）案例题

1. 曾经有个小国使臣到中国来，进贡了三个外表一模一样且重量相同的金人，金碧辉煌，皇帝很高兴。可使者提出了一个问题：这三个金人哪个最有价值？众大臣都无法分辨，只得去找一位早已退位足智多谋的老臣。

老臣胸有成竹地拿出一根稻草，先插入第一个金人的耳朵里，这稻草从另一边耳朵出来了；接着插入第二个金人的耳朵，稻草从嘴巴里直接掉出来；再插入第三个金人，稻草进去后掉进了肚子，什么响动也没有。老臣于是判断：第三个金人最有价值！使者默默无语，答案正确。

问题： 结合本章知识，谈谈你从本案例所得到的启发。

2. 一个陌生人走进饭店点了酒菜，吃完结账时发现忘了带钱，便对店老板说："店家，今日忘了带钱，改日送来。"店老板连声："不碍事，不碍事。"并恭敬地把他送出了门。

不巧，这个过程被一个无赖给看到了，于是他也依样画葫芦，进饭店点了酒菜，吃完后摸了一下口袋，对店老板说："店家，今日忘了带钱，改日送来。"

谁知店老板脸色一变，揪住他，非要他结清账才肯让他走。

无赖不服，说："为什么刚才那人可以赊账，我就不行？"

店家说："人家吃菜，筷子在桌子上找齐，喝酒一盅盅地筛，细嚼慢咽，吃罢掏出纸巾揩嘴，走时坦坦荡荡，是个有德行的人，岂能赖我几个钱。你呢？筷子往胸前找齐，狼吞虎咽，吃上瘾来，一只脚踏上凳子，端起酒壶直往嘴里灌，吃罢用袖子揩嘴，要走时目光闪烁，分明是不想付钱，我岂能被你骗！"

一席话说得无赖哑口无言，只得结账狼狈而去。

问题： 结合本章知识，谈谈你从本案例所得到的启发。

项目任务六　远程沟通技能实训

一、实训说明

实训目标	使学生掌握运用远程工具进行有效沟通的实际技能
实训重点	电话沟通、电子邮件沟通、网络通讯工具沟通方法与技巧
实训要求	事先预习，课后坚持应用，形成使用习惯
场地器具	课室和可上网机房
实训评价	按照同步测评标准给每位学生评分，此专题占本课程总分的6%
实训课时	建议4课时

二、实训任务

小李是一名职业院校的应届毕业生，刚加入一家贸易公司工作，因为她学习的是国际商务专业，公司安排她当了营销文员。

营销文员每天既要接听业务电话，又要收发信件和传真，在网络时代还要掌握电子邮件和其他网络通讯工具如MSN、QQ等的沟通方法和技巧。为此，必须强化训练远程沟通能力，那小李究竟应从哪些方面做起呢？

画龙点睛

- 善于上传下达，与各类人能有效沟通，做好桥梁工作。
- 掌握基本的商务沟通礼仪，适应各种远程沟通的礼仪要求。
- 善于抓住电话沟通要点，作好电话记录。
- 乐于和别人通过网络通讯工具交流对有关问题的看法。
- 善于捕捉别人语言或文字之外所表露的信息。

三、实训步骤

（一）电话沟通

1. 训练内容。全班同学依照学号或座位顺序，每两人为一组依次上讲台，其中一人扮演打来电话的客户，另一人扮演接听电话的营销员。然后两位同学换角色再做一遍。

星星点灯

- 利用电话进行沟通时，应有“我代表单位形象”的意识。
- 随时牢记 5W1H 技巧，所谓 5W1H 是指：（1）When——何时；（2）Who——何人；（3）Where——何地；（4）What——何事；（5）Why——为什么；（6）HOW——如何进行。

2. 训练要求。每组时间限 2 分钟；要表达出 5W1H；接听者要做好记录；要面向全班同学。

3. 训练测评。

测评依据

★ 声音清晰悦耳	★ 表达条理清晰
★ 面部表情生动	★ 符合电话礼仪
★ 使用规范用语	★ 专业形象良好

4. 背景知识。

电话沟通的一些技巧

电话是一种常见的通讯、交往工具，随着科学技术的发展和人们生活水平的提高，电话的普及率越来越高，人离不开电话，每天要接、打大量的电话。接、打电话的礼仪也是公关礼仪的重要内容。

一般来说，电话沟通对象主要是企业外的人员，电话应对所反映的应该是企业的风貌、精神、文化，甚至管理水平、经营状态等等。因此，你如果在电话应对上表现不当，就会导致外部人员作出对企业不利的判断。

提示：

现代工作人员业务繁忙，桌上往往会有两三部电话，听到电话铃声，应准确迅速地拿起听筒，接听电话，以长途电话为优先，最好在铃响3声之内接听。电话铃声响一声大约3秒钟，若长时间无人接电话，或让对方久等，是很不礼貌的，对方在等待时心里会十分急躁，你的单位会给他留下不好的印象。

接电话的技巧

技巧一：不要让铃声响得太久，应尽快接电话。若周围吵嚷，可安静后再接电话。接电话时，嘴里不要含东西，与话筒保持适当距离，说话声大小适度。因为有急事或正在接另一个电话而耽搁时，应表示歉意。

技巧二：热情问候并报出公司或部门名称。如果对方打错电话，不要责备对方，知情时还应告诉对方正确的号码。

技巧三：确认对方单位与姓名，询问来电事项，作好记录。

技巧四：听对方讲话时不能沉默，应配以适当的回应，否则对方会以为你没在听或没兴趣。

技巧五：最后，扼要地汇总和确认来电事项；谢谢对方，并表示会尽快处理。

技巧六：上班时在电话里不谈私事，不闲聊。

打电话的技巧

技巧一：准备好电话号码，确保周围安静，嘴里不要含东西，琢磨好说话内容、措辞和语气语调。

技巧二：如无急事，非上班时间（上午不早于9点，晚上不晚于5点）不打电话。

技巧三：拨错电话，要向对方表示歉意。

技巧四：做自我介绍，扼要说明打电话的目的和事项。询问和确认对方的姓名、所在部门和职位。记录对方谈话内容并予以确认。

技巧五：如果对方不在，而事情不重要或不保密时，可请代接电话者转告。相反，应向代接电话者询问对方的去处和联系方式，或把自己的联系方式留下，让对方回来后回电话。

技巧六：感谢对方或代接电话者，并有礼貌地说声“再见”。

代接电话的技巧

技巧一：来电找的人不在时，告诉对方不在的理由，如出差等。若对方问什么时间回来，接电话者应尽量告诉他具体时间。

技巧二：礼貌地询问对方的工作单位、姓名和职位；主动询问对方是否留言，如留言，应详细记录并予以确定，并表示会尽快转达。

技巧三：如果对方不留言，则挂断电话，记住：等对方挂后再挂。

技巧四：接到抱怨或投诉电话时，要有涵养，不与对方争执，并表示尽快处理。如不是本部门的责任，应把电话转给相关部门或人士，或告诉来电者该找哪个部门，找谁和怎么找。

技巧五：来电找的同事正在接电话时，告诉对方他所找的人正在接电话，主动询问对方是留言还是等一会儿。如果留言，则记录对方的留言、单位、姓名和联系方式；如果只是等一会儿，则将电话筒轻轻放下，通知被找的人接电话；如果被叫人正在接一个重要电话，一时难以结束，则请对方过一会儿再来电话，或是留下回电号码。切忌让对方莫名久等。

提示：

要结束电话交谈时，一般应当由打电话的一方提出，然后彼此客气地道别，应有明确的结束语，说一声“谢谢”、“再见”，再轻轻挂上电话，不可只管自己讲完就挂断电话。

打手机的技巧

技巧一：在双向收费的情况下，说话更要简洁明了，以节约话费。

技巧二：先拨客户的固定电话，找不到时再拨手机。

技巧三：在嘈杂的环境中，听不清楚对方声音时要说明，并让对方过一会儿再打过来，或你打过去。

技巧四：在公共场合打手机，说话声不要太大，以免影响他人，或泄露公务与机密。

技巧五：在特定场合（如会场、飞机上、加油站等）要关闭手机。

谨记：不管是接听还是拨打电话都要注意礼仪，要有“我代表单位形象”的意识。

（二）电子邮件沟通

1. 训练内容。全班同学依照学号或座位顺序，每两人为一组分别代表发信人和收信人，由一方用电子邮件的方式向另一方发一封产品介绍信或询价信，另一方要根据信件内容给予恰当的回复。

星星点灯

- 收件人尽量用姓名全称，避免只显示个人邮箱账号。
- 不要在附件里粘贴太大的文档或幻灯片，除非绝对必要。
- 你可以否认自己说过的话，但一旦落实到文字，你就要对此负责。

2. 训练要求。电子邮件的格式必须规范，主题、正文、附件和收、发信人地址都必须正确无误。要求每组同学都要把邮件保存到老师指定的文件夹。

3. 训练测评。

测 评 依 据

★ 使用敬语	★ 语句通顺
★ 主题突出	★ 内容简练
★ 签名合适	★ 地址正确

4. 背景知识。

之一：有效使用 E－mail 的 9 条黄金法则

法则一：考虑清楚后再落笔。记住：你可以否认自己说过的话，但一旦落实到文字，你就一定要对此负责。

法则二："主题"：邮件一定要注明主题，很多人是以标题来决定是否继续详读信件的内容。在"主题"栏里将 E－mail 的主题描述清楚，让人一望即知，以便对方快速了解与记忆，也便于收件人过后查找旧邮件。如果在邮件往来过程中谈论的主题发生了变化，要及时更新。

法则三："收件人"和"抄送"：尽量将每封 E－mail的收件人限定为一个（在"收件人"栏里只有一个人的名字），如果做不到，请在邮件正文里标明每一部分内容是针对谁来写的。将 E－mail 抄送对象严格限定为那些必须告知的人。没有必要把每封邮件都抄送给许多人。如果在邮件往来过程中不再需要某些人的参与，请立即将他们的名字从"抄送"栏里去掉。

小资料：

除了一些没用的邮件，其他的邮件都得保留，因为可以作为记录和证据。人的记忆力是有限的，所以有很多事情过了就忘记了，但是保存的邮件可以给你提供资料。通过 E－mail可以给世界各地的同事和客户发邮件，无论是否认识，只要一封邮件就可以解决很多事情，并不需要打电话或者用在线聊天工具沟通。

法则四：信息：信息应尽可能简练、明确。在比较长的邮件的开头，应有一个内容概要，明确告知收件人你需要怎样的反馈。

法则五：附件：不要粘贴太大的文档或幻灯片，除非绝对必要。如果在 E－mail 里粘贴了文档，你要在正文的内容里提及该附件。下面是几个提及附件的例子：（1）你可以在附件里看到……（2）……正如附件所示。（3）附件里清楚地说明……

法则六：检查：在发送之前，花点时间来润色你的文件，运用拼写检查和/或语法检查功能对文件进行检查。即使是微小的错误，也会有损你的专业可信度。

法则七：签名：别忘记签名。设置一个包含你详细联系信息的默认签名档，并运用到每封邮件的末尾。

法则八：确保邮件地址正确：确保你选择或输入了正确的邮件地址，尤其是对于那些机密邮件。

法则九：全部回复：不要随便使用"全部回复"功能（例如：当你对出席会议进行确认时，只要告知会议组织者就足够了）。

之二：电子邮件的基本注意事项

1. 当与你不认识或不熟悉的人通信时，使用正式的语气，包括尽可能使用适当的称呼和敬语。

2. 使用简单易懂的主题，以准确传达你的电子邮件的要点。

3. 说你要说的话，但要简明扼要。

4. 使用易于辨认的字体和字体大小（有些研究表明，磅值为 10 的 Verdana 或 Arial 字体最便于网上阅读）。在商务通信中避免矫饰华丽的语言和文字风格。

小提醒：

一封电子邮件可以拉近彼此的距离，也可以成为一个商业契机。每逢过节的时候，请不要忘记给朋友或者商业合作伙伴发封慰问的邮件。

5. 为降低传播病毒的风险，发送纯文本电子邮件，不要轻易发送可执行的电子邮件附件文件，还要保持你的防病毒软件及时更新。

6. 使用显示完整联系人信息的电子邮件签名或电子名片，包括电话号码和公司名称。

7. 发送之前，使用拼写检查并通读邮件以检查语法错误或其他问题。

8. 避免幽默或俚语等易被人误解的表达。

9. 收到合法发件人（而非垃圾邮件发送者）的电子邮件时，即使无法立即提供一个完整的答复，也务必在24小时内向发件人确认收到邮件。

10. 如果你要外出24个小时以上，请使用自动回复功能。

（三）信件、传真沟通

1. 训练内容。将全班同学按照座位分成两人一组，其中一人就产品交易条件问题向另一方写出信件或传真函，另一人用信件或传真函进行回复。

结束以后，每组把信件或传真函交给老师。

> **星星点灯**
>
> - 卓越的写作是专业的象征。
> - 信件、传真所传递的信息必须强而有力，给人留下深刻印象。
> - 文意的表达必须清楚且简洁有力。

2. 训练要求。所写函件必须符合写作规范和礼仪；使用敬语；行文流畅，表达清楚、简洁；以小组为对象进行测评。

3. 训练测评。

测 评 依 据

★ 行文表达流畅　　★ 所述信息完整
★ 回复正确合理　　★ 符合信函规范
★ 体现专业水准　　★ 书写整洁端正

4. 背景知识。

之一：商务信函的写作原则

写作商务信函并不要求使用华丽优美的词句，你需要做的就是用简单朴实的语言准确地表达自己的意思，让对方可以非常清楚地了解你想说什么。一般来说，商务信函有以下几个方面的写作原则：

1. 礼貌原则。礼貌不仅仅是指使用敬语而已，为了使商务文书更具礼节，撰写者还应避免过激、冒犯和轻视的用词。

2. 体谅原则。体谅原则强调对方的情况而非我方情况，要将对方的要求、需要、渴望和感情记在心中，寻找最好的方式将信息传递给对方。

3. 完整原则。在信函写作中，信息完整很关键，所以商务信函中应包括所有必需的信息。

4. 清楚原则。清楚是商务信函写作最重要的原则，必须将自己的意思清晰地表达出来，以便对方准确理解。

5. 简洁原则。我们应用最少的语言表达最丰富的内容。应当用简短、易懂、直接、朴素的表达词语，避免重复、啰嗦。

6. 具体原则。具体原则就是使所表达的内容准确而又生动。当涉及数据或具体的信息时，比如时间、地点、价格、货号等等，尽可能做到具体。

之二：商务信函的写作技巧

技巧一：最好使用公司的信纸。
技巧二：保证行文段落清晰。
技巧三：尽量保证文字简洁。
技巧四：文字要谦逊有礼。
技巧五：发信之前认真检查是否有错。
技巧六：记得在文末署名。

提示：

时下商务信函的流行趋势是行文不必过于正式，但务必简洁。

（四）网络通讯工具沟通

1. 训练内容。将全班同学分成8组，每组同学中分别有人扮演经理、业务员、客户等，客户可以是两个或两个以上，每组同学要运用MSN或QQ等即时聊天工具进行产品的信息交流，包括传送产品图片、讨价还价和确定其他交易条件。

具体产品由各组自行设定，一般应选择同学比较熟悉的产品，如玩具、数码产品等。

星星点灯

- 礼貌是第一原则。
- 准确表达意思，避免引起误会。

2. 训练要求。在每组进行网络沟通讨论时，每个人都要表达意见；教师要注意加强总体巡视，应把握好时间。

3. 训练测评。

测 评 依 据

★ 熟悉工具操作	★ 活用礼貌语言
★ 善用专业术语	★ 价格磋商有技巧
★ 善用表情和语气	★ 掌握网络沟通礼仪

4. 背景知识。

之一：网络即时通讯沟通技巧

技巧一：知道说什么，明确沟通的目的。

技巧二：知道什么时候说，掌握好沟通的最佳时间。

技巧三：知道对谁说，明确沟通的对象。

技巧四：知道怎么说，掌握沟通的方法，用对方听得懂的语言——包括文字、图片、表情符号、语音、影像对话等等。

之二：用 MSN 与人沟通的实用技巧

技巧一：当准备与别人用 MSN 谈事情时，需要先打声招呼，“Hi”一下，或“你好”一下，或“有空吗”等，如果等不到别人的回答也别死缠烂打，应该耐心等会儿，因为很可能对方这会有别的什么事情，没时间搭理你，甚至正在电脑前跟他领导汇报工作呢，你一会儿“怎么不理人家啦”，一会儿“领导做大了，架子也大了”，只能给对方添乱。除非对方是你的同事，而且你想跟他谈工作的事情，否则还是先招呼一下对方，让他有个准备比较好，你不知道除了他还有谁看到他的屏幕，如果是私密事，甚至应该先问下对方这会儿是不是只有他一人看到屏幕。

> **小资料：**
>
> 把“MSN 在线通”HTML 程序码加在日志、个人网页和邮件签名档里，可以用来进行个人沟通、商业交流或提供线上即时客户服务。让个人网页或日志的浏览者、邮件服务的收件者或电子商务及企业网页的造访者能够找到与你进行即时消息沟通的方式，同时能保有双方的账号隐私。

技巧二：在交谈前，先就你想讨论的事情简要交代一下背景，让对方能快速进入你的思路中，千万别没头脑就甩出一句你自己明白、别人却如听天书的话来，要设身处地地为对方着想，他如何才能理解这个问题。其实，只要你注意了，做起来很简单，看看这两句：“小 A 想找个漂亮的姑娘”与“关于展会接待员的问题，小 A 想找个漂亮的姑娘”，比较一下有背景描述与没背景描述的区别，只是加了背景“关于展会接待员的问题”，省去了许多沟通的麻烦。

技巧三：在描写你的想法时，一种想法尽量在一句话中写清楚，不要分开若干句发送。因为假如你发给对方的几句话需要连在一起才能表达一个完整的意思，弄不好对方看你的第一句话后就有了他的想法，然后他发表了他的想法，结果却发现有了你的第二句后第一句就不是那个意思了，若干个回合下来，两人还在纠缠不清。

技巧四：当你有信息发过去后，如果对方暂时没回答，除非需要对您前一个信息作非常必要的补充，否则应该耐心等会儿，等到对方的回音后再继续下一句。或许对方正在考虑你的话，或许对方打字速度比较慢，你没必要同时发出几个完全不同的信息，这样，很可能对方最终只是应答你的最后一个信息，如果速度太快的话，你开始的信息对方可能根本看都看不到。

技巧五：除非万不得已或只是些纯技术的讨论，否则不要把一个人在 MSN 中说的话原封不动地拷给另一个人看。对方知道后，一定会把你划入长舌妇的行列，从此增加了对你的戒备心。

技巧六：敲回车前将你的句子读一遍，否则在信息发送后才发现错误有损你的形象；有时一个关键字搞错了导致意思完全相反，可能会导致不必要的麻烦。

四、技能巩固

（一）操作题

1. 与班主任联系，要求每天早读抽出10分钟，由科代表组织全班同学轮流进行“电话销售”（每天派3～5组同学依次上台演练）活动并参照“电话沟通”测评依据进行评比，沟通内容由科代表与同学们商定，评比结果由科代表报给任课老师。

2. 请每位同学给自己宿舍同学群发一封电子邮件，介绍一个新产品，要求图文并茂，其他同学收到后要写信回复，询问该产品的价格和供货信息。原信和回信都要转发给任课老师。

3. 将全班同学分成两人一组，其中一个是A，扮演销售人员，另一个是B，扮演顾客。利用MSN或QQ完成以下工作：

场景一：A现在要将公司的新产品在线推荐给B，而B则就该产品提出了各种问题，A的任务是一一回答B的这些问题，务必要让B满意，答应购买新产品。

场景二：假设B已经将产品买了回去，但是在使用过程中出现了一些问题，B在线对A表达了对于该产品的不满，A的任务是妥善回答这些问题，消除B的不满。

（二）案例题

1. 以下是一个顾客和一个电话销售人员之间的对话：

顾客：您好，我想买衬衣。

电话销售：请问您要什么颜色的？

顾客：我想要粉色的。

电话销售人员：对不起，我们没有粉色的。

顾客：可是我在网上看到有呀？

电话销售人员：应该是橘色吧。

顾客：是粉色的。

电话销售人员：您是登录我们的网站吗？

顾客：不是，我不知道你们的网站。

电话销售人员：您现在在电脑前吗？

顾客：在的。

电话销售人员：您输入……打开了吗？

顾客：打开了，看到了（此时还挺开心的）。

电话销售人员：那您看好颜色再打电话来吧。

顾客：……好吧。

电话销售人员知道顾客就在电脑前，而且非常快速地打开了他们的网站，首页清晰明了的几种颜色就在那里，原本可以 3 秒钟内帮顾客作决策，10 秒钟内下完订单的，却又在这通电话里放弃了这个准客户。请问该电话销售人员有没有很好的营销意识？

问题：结合本章知识，谈谈你从本案例中所得到的启发。

2. 某日，张某像往常一样在家里上网查收电子邮件，他登录进入个人邮箱后，直接点击进入收件箱，几封未读邮件引起了他的注意，这部分邮件的发信人都没有在他的联系名单之列，邮件的标题却很引人注目“一次千载难逢的机遇”、“改变你命运的决定”，他意识到可能像往常一样又收到了一些电子广告，他没有将这些邮件立即删除。在好奇心的驱使下，他点击了标题为“改变你命运的决定”的电子邮件，直接进入了邮件正文；邮件正文只有简单的几行字“也许你不满于当前的生活状态，也许你不甘于碌碌无为，你想改变……”文字下边有一个链接，在好奇心的驱使下，张某立即点击了链接，几秒钟后，网页打开不断弹出页面，紧接着电脑马上黑屏，无法正常工作。张某以为电脑死机，便关闭了电源，重新启动电脑后发现硬盘中存储的重要资料被删除、部分文件被破坏。

后经侦察员分析，该起事件是一起典型的利用垃圾邮件传播病毒的网络安全事件。经侦察员对受害人电脑进行勘查，确定张某的电脑中毒，程序遭到破坏、文件丢失。

问题：结合本章知识，谈谈你从本案例所得到的启发。

项目任务七　理货技能实训

一、实训说明

实训目标	培养学生理货、补货与商品陈列的实际技能
实训重点	理货、补货的步骤与规范；商品陈列种类与技能
实训要求	示范讲解、熟悉要领，动手操练、让学生学会理货与补货基本技能，逐步养成美观、实用、增进销售的商品陈列习惯
场地器具	多功能课室、学生超市或模拟超市
实训评价	按照同步测评标准给每位学生评分，此专题占本课程总分的8%
实训课时	建议4课时

二、实训任务

李方是一名职业院校的学生，所学专业为市场营销。对于营销专业的学生来说，无论将来从事理货员、采购员还是售后服务人员，或者是做业务员、策划调查人员，理货补货与商品陈列都是必备的基本技能。理货陈列虽然与“物”打交道，却是直接面向千千万万的消费者，站在他们的角度看店铺，看商品，有利于将所学的营销知识与技能运用到实践中，有利于自己的观察能力、动手操作能力，也可以培养与强化自己的人际沟通能力与领悟能力。

与“人”打交道固然不容易，与“物”打交道原来也有这么多学问和技巧，那么究竟应从何开始来学习和掌握这些技巧呢？

画龙点睛

- 决胜在终端：掌握有效的终端就是霸主，合理接近目标客户就可能是赢家。
- 商品展示、陈列包括两个重点：一是商品陈列展示化；二是陈列展示生动化。
- 陈列三大原则：分布面广——买得到；显而易见——看得到；随手可及——拿得到。

三、实训步骤

（一）理货实训

全班同学依照学号顺序，以食品、饮料、日常商品、洗涤用品等商品类别划分，每四或六人为一组，到学生超市或模拟超市组织一次理货作业。

实训内容一：清洁整理

1. 训练内容。每组同学按商品分区，每个理货员都有各自的理货区域，将各自区域内的店铺地面、货架、商品、价格标签、POP 等进行清洁整理工作。

（1）理货员随时清洁地面、货架、柜台和商品，发现地上有烟头、杂物、垃圾等马上清除，以维护辖区内的清洁卫生。

（2）溢出物：对任何溢出的液体，如油迹、水渍等应马上清除。

（3）所有的玻璃柜台、玻璃隔板等应每天用清洁剂清洁，任何时候不得有污迹、手印等。

（4）做好商品的陈列整理，即当前面一排的商品出现空缺时，要将后面的商品移到空缺处去，商品朝前陈列，这样能体现商品陈列的丰富感。

（5）检查商品的质量，发现变质，破损或超过保质期的商品立即撤下货架。

（6）收拾好空纸箱，放到指定位置。

（7）将错置商品的收集、归位。

星星点灯

- 清洁之于店铺与商品，犹如人之脸面。
- 温馨的购物环境、清洁整齐的商品，是吸引顾客不断光顾的最好理由。

2. 训练要求。

实操期间将每天清洁整理的任务做成一份表册，每做完一项，及时划上一个“√”以备检查核对，如表 7－1 所示。

表 7－1　　某卖场清洁卫生检核标准（部分）

序号	检查项目	检查内容	检查标准	备注
1	卖场内部	卖场地面	无纸屑、杂物、污迹、尘土，通道无堆积包装纸箱。	
2		墙壁	墙壁干净、靠墙四周无垃圾、杂物、无尘土、蜘蛛网。	
3		广告板、条幅	无旧广告痕迹，无破损、脱落。	
4		玻璃	玻璃明亮。	
		灯具、电扇、空调	无污迹、尘土。	
5	门头	门头招牌	整洁、美观、标识清晰无破损、脱落。	
6		门、窗	门帘、门窗无污迹、尘土和水流印。	
7		进口地面	无纸屑、杂物、污迹、尘土。	
8		垃圾桶	桶盖、桶面干净，桶内垃圾及时清理。	
9	产品清洁度	产品视觉清洁	码放整齐，划一。	
10			陈列产品外包装整齐完好，破损产品不准上架。	
11			包装变色或有污点者不准上架。	
12			无出厂日期（保质期）标示或标示模糊不清者不准上架。	
13		保证产品触觉清洁	随时除去在包装上的灰点、污点、污垢等。	
14		产品周转期（不同产品而定，下举例为 18 个月保质期）	距保质期余 8 个月系产品清洁度危险警示期，必须将此类商品调到畅销地区销售。	
15			距离保质期 4 个月的商品系产品清洁度高度危险期，此类商品必须撤离货架，以作为促销品等手段在非销售渠道上消化。	
16			过期产品必须在最短的时间内予以收回。	

部门：营运部　　　　检核人：

3. 训练测评。按照表 7－2 的测评依据进行分数评定。

表 7－2　　某商场商品清洁整理检查表

序号	检查项目	检查内容	评分				备注
1	商品理货	商品是否有灰尘？					
2		货架隔板、隔物板贴有胶带的地方是否弄脏？					
3		标签是否贴在规定位置？					
4		标签及价格卡售价是否一致？					
5		POP 是否破损？					
6		商品最上层是否太高？					
7		商品是否容易拿取、容易放回原处？					
8		上下隔板之间是否间距适中？					
9		商品陈列是否做到先进先出？					
10		商品是否做好前进陈列？					
11		商品是否快过期或接近报警期？					
12		商品是否有破损、异味等不适合销售的状态存在？					

实训内容二：补货

1. 训练内容。实操训练小组的同学按各自的理货分区，按要求进行领货与补货。具体任务如下：

（1）理货员在领货之前，要查清和确定需要补货的商品大类、商品名称、规格、数量等，并填制领货单或商品出库单。具体操作办法：两人一组，一人为理货员，一人为仓库管理员，两人进行表单填制、商品及其相关手续的交接，领货单可参考表7－3所示。

表7－3　某商场的领货单

商品大类	货号	商品名称	条形码	规格	单位	数量	单价

出库商品交接手续	
接收出库商品人员（理货员）签字/日期	出库商品放行人员（库管员）签字/日期

注：领货作业的规范为：

①理货员在领货时须填制领货单。

②领货单上要写明商品的大类、品种、货名、数量和单价。

③对仓库管理员提供的商品，须按领货单上的款项逐一核对，以防提错货物。

星星点灯

- 熟悉商品的名称、商标、产地。
- 熟悉商品的使用方法。
- 熟记商品的售后服务承诺。
- 熟识商品的原料、成分、工艺流程以及性能与用途。
- 做优秀店员，当好顾客的参谋与帮手。

（2）补货作业。理货员领到商品，要进行补货作业，按先进先出、定时补货、定量管理、定位管理等要求，进行补货。具体操作办法为：

①两人一组，一人补货，另一人在旁观察，并对其补货操作的规范进行记录。

②补货完成后，再两人岗位对换。

2. 训练要求。事先预习内容，认真仔细填写领货单，态度端正，操作规范效率高。

3. 训练测评。按照表7－4的测评依据进行分数评定。

表7－4　补货操作检查评分表

序号	检查项目	检查内容	评分				备注
1	领货测评标准	领货单填制规范					
2		文字表述清晰、数字表述准确					
3		出货方与接货方商品交接清楚					
4		实训时同学间观察细致、评价中肯					

续表

序号	检查项目	检查内容	评分				备注
5	补货测评标准	符合先进先出要求					
6		定时与不定时安排合理					
7		符合定量管理要求					
8		符合定位管理要求					

4. 背景知识。

补 货 须 知

(1) 先进先出：补货时先将原有商品取下，清洁货架及原有商品，将补充的新货放在里面，再将原有的商品放在前面，商品陈列做到先进先出。

(2) 定时补货：对冷冻食品和生鲜食品的补充要注意时段投放量的控制。一般补充的时段控制量是，在早晨营业前将所有品种全部补充到位，但数量控制在预定销售额的40%，中午再补充30%，下午营业高峰前再补充30%。

(3) 定量管理：货架陈列排面的单个商品陈列量与商品品种数，通常按事先设计的数量要求排列，例如，长1米的货架陈列面，每一格至少要陈列3个品种。也可视情况的变化进行相应调整。

(4) 定位管理：店铺是按商品分类陈列的，某一商品的陈列位置在店铺总体布局是相对固定的，如可口可乐摆在饮料陈列区，飘柔洗发水则属于洗涤用品陈列区。

（二）商品陈列实训

实训内容一：纵向陈列

1. 训练内容。某零售店现有可口可乐系列、百事可乐系列、王老吉、新奇士、红牛、健力宝、百威、金威、蓝冰、嘉士佰、康师傅系列、统一系列、二十四味、青啤冰红茶、非常可乐、花旗参茶、宝矿力等饮料。

现将全班同学四人一组，每组选择以上一个系列产品作为商品陈列的对象，请为所选择的系列产品进行纵向陈列设计。

> **星星点灯**
>
> • 法国经商谚语：即使是水果蔬菜，也要像一幅静物写生画那样艺术地排列，因为商品的美感，能激起顾客的购买欲望。
>
> • 商业行话：商品陈列技术是沉默的推销，成功的商品陈列技术是优秀的无声推销员。

2. 训练要求。

(1) 引人注目。将主打产品或主力商品放在黄金陈列线（高度一般在85～120厘米之间）上，如果主力商品的体积较小，可增加同类同规格商品排面。

(2) 伸手可取。要将商品放在让消费者最方便、最容易拿取的地方，注意商品间距，还可根据主要消费者不同年龄和身高等特点，进行有效陈列：年老者与孕妇的商品放在货架的中上层，儿童商品放在一米以下的位置。

(3) 整体和谐。陈列的商品在货架上须整齐划一、美观醒目和清洁卫生；纵向陈列还要考虑与购物环境（特别货架资源）相匹配，生动地展示产品，引起顾客的注意，激发购买欲望。

3. 训练测评。按照表 7－5 的测评依据进行分数评定。

表 7－5 纵向陈列操作检查评分表

序号	检查项目	检查内容	评分				备注
1	引人注目	主力商品是否陈列在黄金陈列线上？					
2		商品陈列排面是否让顾客一目了然？					
3		商品的正面是否面向顾客？					
4		商品有无被遮住，是否“显而易见”？					
5	伸手可取	商品陈列的高度是否适合目标顾客？					
6		商品间的间距是否合适？					
7		商品多余的外包装是否去除？					
8		对于一些挑选性强，又易脏手的商品是否备有必要的工具？					
9	整体和谐	陈列的商品是否使人容易接近、亲近？					
10		商品陈列排面是否整齐有条理并具有魅力？					
11		商品的形状、色彩与灯光照明是否能有效地组合？					
12		陈列设备是否与商品相称？					
13		陈列的方式是否能突出丰富感及商品的特色？					
14		商品价格标签是否清晰且让顾客动心？					
15		商品的 POP 或其他广告宣传标识是否聚焦顾客眼光？					

4. 背景知识。

纵向陈列知识

纵向陈列是指同类商品从上到下地陈列在一个或一组货架内，顾客一次性就能轻而易举地看清所有的商品。在纵向陈列时要注意如下内容：

(1) 合理分配好的陈列位置。

①人潮密集位置。在选择终端卖场的陈列位置时，一般认为以下地方作为首选：A. 进入同类产品区域的入口段；B. 畅销品牌旁；C. 特价区；D. 收银台旁；E. 入口处；F. 端架；G. 某些柱子旁；H. 广场等。

②最佳柜位（适于日常销售）。根据研究表明，由于顾客进入某类产品区域的行走速度变化、心态调整的微妙变化以及人的走路习惯微微左倾而喜欢往右边看等因素，陈列在通道右边的第二、三、四节商品的销售成功率最高。

> **小资料：**
>
> 纵向陈列能使系列商品体现出直线式的系列化，使顾客一目了然。系列商品纵向陈列会使 20%～80% 的商品销售量提高。另外纵向陈列还有助于给每一个品牌的商品一个公平合理的竞争机会。

③最佳高度。根据中国人的身高，一般可分为以下四个高度：

A. 手伸展才能拿到的高度。男士一般在160～180厘米之间；女士一般在150～170厘米之间。

B. 视线平齐高度。男士一般在160厘米左右；女士一般在150厘米左右。

C. 双手容易取到的高度。男士一般在80～160厘米之间；女士一般在60～150厘米之间。

> **小资料：**
>
> 顾客在离货架30～50厘米距离间挑选商品，就能清楚地看到1～5层货架上陈列的商品。而顾客在此距离时，只能看到横向1米左右距离内陈列的商品。

D. 弯腰才能取到的高度。男士一般在40～70厘米之间；女士一般在30～60厘米之间。

上述各高度对销售的影响：

由高度D换至A，销量可提升34%；

由高度D换至B，销量可提升78%；

由高度D换至C，销量可提升63%；

除非体积大又笨重，否则不宜采用高度D。

④充足照明光线的位置。在陈列产品时一定要注意光线选择，太耀眼的光线会让人感觉不适，而太暗光线的环境又会令人选择产品的兴趣大大降低，而造成销量下降的结果。所以，必须选择一个环境明亮而又不刺眼的位置。

⑤令人舒适的环境。在陈列产品时除了上述的几个方面，还应考虑位置的周围是否有令人不适的状况，如：洗手间门口、垃圾堆、旁边有刺激性气味产品、环境邋遢等，这些都会影响陈列的效果，应极力避开。

消费者越来越注重购物的环境，越来越多的人希望在购物中享受到乐趣，而环境正是人们能否感觉到乐趣的基本条件。所以，令人舒适的环境是我们选择位置的首要条件。

（2）适合纵向陈列技巧。

①给商品够宽的排面。在前面所述的五个方面中的最佳位置，除第一项外其他四项都适合，纵向陈列就是要给顾客注意到商品的一个足够宽的位置，这主要因为：顾客看一种产品若一扫而过（相当于1/3秒），不会对这种产品留下印象，而且顾客逛终端卖场或在终端消费时一般走动速度为0.9米/秒；当陈列面小于0.9米时，难以对品牌留下印象。只有当商品能够最大限度地进入消费者视野，消费者才能够第一眼就看到产品。

②顾客最方便拿到的地方。高度以中等身材（170CM左右）消费者的双眼平视为宜，保证在视平线至腰部之间位置。

③占据最大的陈列空间。

A. 每个品项的产品连续4盒以上并排摆放将取得较理想的视觉。

B. 必须遵守“竞争优势”原则，不管在任何情况下，陈列必须大于一切竞品。

C. 紧靠陈列：各个品项的产品必须上下左右紧靠在一起陈列，不能被其他品牌隔开。

D. 主导产品占公司所有产品陈列空间的50%以上的陈列面积。

④纵向陈列。

A. 同一类型商品不同规格水平陈列。

B. 同一类型相同规格商品垂直陈列，且排面宽度基本一致，经常有些变化。

C. 上轻下重：轻包装放在上面，重的包装放在下面。

D. 借光：摆在同类畅销产品旁边，不管是自己的畅销产品还是对手的畅销产品。

⑤重复陈列。重复陈列即根据终端卖场的影响力、经营特色、有效空间大小、现销量及潜力等因素，同时采用两种以上陈列方法，以增强形象宣传，提升品牌形象，增加销量。

重复陈列的出发点是根据顾客的使用动机、产品用途，使产品与顾客的整个购物过程紧密结合，简化顾客的购买行为，重复提醒、刺激顾客产生购买念头。

⑥价格标牌陈列。好的价格标牌可以突出身份，增强顾客购买欲望，在促销期间也能更清晰地体现出来，与竞品形成明显对比。事实显示：

A. 标有清晰价格的标牌（如使用特写、放大、彩色字样等）可使销量提升23%。

B. 带有产品提示信息的标牌可使销量提升33%。

C. 口号式标牌可使销量提升5%。

D. 带企业标识的标牌可使销量提升18%。

E. 带有折扣新价格的标牌可使销量提升73%。

因此，使用价格标牌是简易有效的好方法。

（3）货架陈列方法。

①货架上的排列法主要有：

A. 厂牌垂直排列法：每一个厂牌都能分享到与视线等高的位置；创造货架上各位不同的特色；可以依商品包装大小做最有效的空间利用。

B. 厂牌水平排列法：只有一个厂牌能拥有与视线等高的位置，容易造成混乱的陈列面，不能依包装大小做适度的调整，容易造成空间的浪费。

C. 最理想的货架排列法：厂牌垂直排列＋包装大小水平排列，货架上位置的大小，由商品的市场占有率高低来决定，以销售额为计算标准，则高价位的商品比低价位的商品占优势；以销售量为计算标准，则回转速率快的商品占优势。

②货架的插卡（POP）效果。根据研究表明，使用充足、清洁、美观、新颖的POP和宣传物料等，能提高销售额30%～85%。在货架陈列上配上插卡效果会更好，要善于使用货架插卡配合商品陈列，促进销售增加，不同标示卡的运用效果如下所示：

广告讯息标示卡：广告讯息＋品牌＝＋124%

产品识别标示卡：品牌＋利益点＝＋18%

完全讯息标示卡：品牌＋利益点＋价格＝＋33%

口号的标示卡：如更省钱/特价品＝＋5%

降价讯息标示卡：原价××，特价××＝＋23%

实训内容二：主题陈列

1. 训练内容。某学生超市经营饮料、食品、水果、洗涤用品及其他学生日用品等主要品种，日常经营活动基本上由学生自主运营。为保证超市正常运转，该超市组织机构上由采购部、销售部、市场策划部、人力资源部、财务部、商务信息部等六个部门构成。2009年所有策划活动大多数已成功举办，剩下的也已经筹备完成，为了以更好、更新的姿态迎来即将来临的2010年，超市市场策划部决定在学校商务或市场营销专业同学中，组织一次主题陈列设计活动，也欢迎其他专业同学参与，并从中选出优秀的方案予以奖励，其中一等奖一名，奖金500元；二等奖二名，奖金300元；三等奖五名，奖金200元。

星星点灯

- 70%的顾客属于随机购物者
- 顾客一般在售点平均逗留时间为15秒
- 顾客在每件商品前驻足的时间不会超过2秒钟
- 75%的消费者在5秒钟内决定是否购买

2. 训练要求。全班参与，以五至六人为一组，参与主题陈列设计大赛，各组员之间有明确分工及各自承担的任务与职责，具体要求如下：

（1）陈列设计主题的选择：可结合季节、节日或校运会、技能大赛、学生主题活动等校内重大事件，集中陈列有关的系列商品，以渲染气氛，营造一个特定的环境，以利于某类商品的销售。

（2）从学生超市经营范围中，进行简单的市场调查，决定采购哪些种类、规格、数量的商品来进行商品主题陈列。

（3）列出为该主题设计需要准备的展台、平台、陈列道具或陈列用品，以及为此设计的POP的数量、规格与样品。

（4）对主题陈列、陈列风格的内容与形式描述清晰、完整。

（5）活动的组织、任务分工及督促检查落实到位、责任明确。

3. 训练测评。按照表7－6的测评依据进行分数评定。

表7－6　　主题陈列操作检查评分表

序号	检查项目	检查内容	评分				备注
1	陈列设计主题选择（25分）	陈列设计主题符合校园生活，贴近学生实际（10分）					
2		主题名称、宣传口号或标语新颖、简洁、富于吸引力（8分）					
3		围绕主题的设计方案，中心突出、层次分明（7分）					
4	陈列商品选择采购（15分）	所采购商品符合学生超市的经营范围（5分）					
5		采购的商品能充分体现设计主题的内容（5分）					
6		采购商品种类丰富、规格全面、数量有保证（5分）					
7	主题设计用品筹备（15分）	主题设计的展台、平台及道具等用品准备齐全（7分）					
8		价格标签完整、清晰（3分）					
9		为活动设计的POP及其他宣传品切合主题、数量充分（5分）					
10	主题设计内容与形式表现（20分）	陈列商品能很好体现主题陈列设计的要求（8分）					
11		整个陈列商品排面美观、和谐，能充分吸引消费者（8分）					
12		价格标签与POP的展示能恰到好处地衬托出设计主题（4分）					
13	主题设计组织分工（25分）	各小组组员分工明确、职责落实到位（10分）					
14		各组员能很好地合作与协商，有很好团队精神（5分）					
15		小组完成主题设计表现效果良好（10分）					

4. 背景知识。

主题陈列知识

（1）主题陈列内涵。主题陈列法，即结合季节、节日或某一事件，集中陈列有关的系列商品，以渲染气氛，营造一个特定的环境，以利于某类商品的销售。

主题选择有很多，如各种节日、庆典活动、重大事件都可以溶入商品陈列中去，营造一种特殊的气氛，吸引消费者注意。如“六一”儿童节来临之际，可将各种儿童用品集中陈列在一个陈列台上，再加上鲜花等装饰品，渲染出一种活泼、热烈的氛围。

主题陈列在布置商品陈列时应采用各种艺术手段、宣传手段、陈列用具，并利用色彩突出某一商品。对于一些新产品，或者是某一时期的流行产品，以及由于各种原因要大量推销的商品，可以在陈列时利用特定的展台、平台、陈列道具台、陈列具等突出宣传，必要时，配以集束照明的灯光，使大多数顾客能够注意到，从而产生宣传推广的效果。

主题陈列的商品可以是一种商品，如某一品牌的某一型号的电视，某一品牌的服装等，也可以是一类商品，如系列化妆品，工艺礼品等。

（2）主题陈列法的适用范围。主题陈列可以配合特定的节日，将这一节日畅销品单独陈列，在热闹的节日气氛中，加上热烈的色彩点缀，突出陈列场所的气氛，将使这类商品取得良好的销售效果。如八月十五中秋节中秋月饼的销售陈列；端午节粽子的销售陈列；圣诞节圣诞用品和圣诞礼物的陈列；儿童节儿童用品和礼品的陈列等等。

另外，商店还可以与生产厂家合作，利用主题陈列的形式，共同开展某种商品的展销促销活动，将工厂生产的主要商品专门辟出一块场地，配以适当的用具展示出来，使这类商品同其他同类商品明显区分开来，一方面给商品陈列带来变化，另一方面又促进了这类商品的销售，扩大了市场。

（3）主题陈列的主题设计。展示陈列的表现必须明确打出一个主题，以吸引顾客的注意力，使其产生一定的联想和强烈的购买欲望。因此，展示陈列的商品往往是配合某些节日或具有时间性和主题性等方面而作出的精心选择，尤其是新开发的商品更是展示陈列的重点。有时也可以是一种商品，如某牌号新型饮水机、蒸汽电熨斗、洗碗机等，有时也可以是一类商品，如新型化妆品、工艺小礼品、装饰品等。由于顾客越来越注意视觉、听觉、触觉等各种感觉，为了吸引大量的顾客，展示陈列的商品应尽量少而精，必须运用各种辅助器具或装饰物来突出商品的特性，而且在商品的色彩、设计、外形等方面要让顾客留下深刻的印象。一般陈列时都配有相应的促销人员进行解释、说明，以加大商品的吸引力。

主题陈列大量推销的商品基本上是所有连锁企业各门店同时进行的举措，这对于提高连锁企业的信誉、扩大整个连锁体系知名度是有很大意义的。

案例分析：

经营着世界上最大乳品超级市场的美国乳品大王伦纳德先生说："我的成功秘诀在于运用创意进行主题陈列，刺激顾客的购买欲望。"请看他的创意"四部曲"：第一步，在超级市场门口放上一头打扮漂亮的真奶牛，向顾客表示欢迎；进入卖场后，迎面耸立一头活灵活现的塑料奶牛，旁边站着一位哼着优美民歌的牧牛机器人，使顾客感到仿佛置身于牛羊群中，使其对乳制品产生强烈兴趣，得到一种快乐的享受，这是第二步；第三步，当顾客走进售货大厅，两只活泼可爱的机器狗，每隔6分钟就会唱一首有关乳制品的逗人曲子，使顾客产生强烈的购买欲；第四步，当顾客在各式各样的商品中穿行时，扑鼻而来的奶香、烤面包的清香和促销人员的现场营业推广，令人馋涎欲滴，促使消费者产生品尝行为和购买冲动。

思考：

伦纳德的"四步曲"给你什么启发？

（4）主题陈列的类型。

①季节陈列。季节性商品的陈列应在季前开始，商店应了解顾客的潜在需要，根据季节的变化来改变商品的陈列，否则将丧失适时销售的良机。

在季节变换时，连锁商店应相应地按照季节变换随时调整一批商品的陈列布局。季节商品陈列应永远走在季节变换前面。

季节商品陈列关键就是强调一个"季节性"，要随着季节的变化而提早调整、及时更换。陈列场所要与周围出售商品的部位、环境相协调，陈列的背景、色调要与陈列商品相一致。值得注意的是，对于处于同一性质商圈的各连锁门店应该保持其季节陈列的基本一致。而对于分布于不同地区商圈、甚至于跨国界的连锁门店，在同一时期，各门店所处的地区或国家可能正处于不同的季节气候，因而其消费的典型商品也有所差异，这时就不能盲目地追求连锁经营的统一性，应该结合各地区的实际情况作出合理的选择与相应的调整。

案例分析：

四季陈列备忘录

在尚未花开的早春时节，商店应走在季节变换的前头，及时将适合春季销售的商品，如时装、鞋帽等早早摆上柜台，将冬季商品撤换掉。春季商品陈列时，可以以绿色为主调，透出一股春天的气息。

夏季商品陈列时，应注意如下事项：一般提前在4～5月份里，将夏季商品摆出来；夏季气候炎热，陈列商品的背景可选用蓝、紫、白等冷色调为主；夏季商品陈列要考虑通风，最好将商品挂起来；夏季是饮料消费的高峰期，要特别注意布置冷饮类商品的陈列；夏季商品陈列的位置可以向外发展，在门厅或门前处较适宜。

秋季商品应该在9月份开始陈列，夏天的时装以及夏凉用品都应撤下，摆上适合秋季消费商品。这时陈列与售货位置应从室外移向室内。秋天天高气爽，是收获的季节，商品陈列应以秋天的色调、景物作为背景，衬托出商品的用途。

冬天天寒地冻，商店布置要使顾客感到温暖，背景最好以暖色调的红、粉、黄为主，突出应季商品的特色。

思考：

四季更替，商品陈列有什么变化？商品陈列为什么要随四时之景不同而变化？

②节日陈列。以庆祝某一节日为主题组成的节日商品陈列主题，如中秋节以各式月饼为主题、以春节为主题的年货系列商品陈列等，这样既突出商品，又营造节日喜庆气氛。

③事件陈列。以某一公益或社会活动为主题，把相关商品组合起来陈列，如大型运动会期间的体育用品陈列、某大型赈灾义卖促销主题的商品陈列等。

④场景陈列。根据商品用途，把关联性的多种商品在店铺布置成特定场景，以诱发顾客的购买行为，如某家具超市，把同一风格的系列家具组合起来，布置出一个个温馨、充满家庭氛围的套间，吸引顾客的注意力。

案例分析：

情人节的前几天，一家商场的商品陈列区摆出了一张造型非常别致的桌子，铺上精致的桌布，然后将一束玫瑰花、一只啤酒瓶放在桌子的一只竹篮里，再在桌上放一支蜡烛、两只高脚杯，还配合一盒包装精美的巧克力。许多年轻男女路过此处时都不由自主放慢了脚步，女人们眼里流露出渴望，男人们也似乎被这商品陈列所描绘的浪漫一刻所打动，若有所思。情人节之后，商场发现，几个端架和货架上价格不菲的巧克力几乎一扫而空，而陈列于周边的葡萄酒、红蜡烛、女用首饰等商品的销售也很可观。

思考：

这别致的商品陈列造型让人联想起哪些场景？会刺激顾客购买什么商品？

四、技能巩固

（一）案例题

可口可乐公司为吸引消费者的眼球，刺激消费者购买，公司的业务员在商品陈列的科学性、规范性上下了很大功夫，值得借鉴。

可口可乐产品在货架展示上，要考虑五个方面的内容：（1）位置。可口可乐强调产品要摆放在消费者流量最大、最易见的位置上。为此，业务员要根据商店的布局及货架的布置，根据人流规律，选择展示可口可乐产品的最佳位置。如放在消费者一进商店就能看见的地方、收银台旁边等，这些地方可见度大，销售机会多；（2）外观。货架及其陈列的产品应清洁、干净；（3）价格牌。应有明显的价格牌。所有陈列产品均要有价格标示，所有产品在不同的陈列设备中的价格均需一致；（4）陈列方式。货架采取集中陈列，同一品牌垂直陈列，同一包装水平陈列。维持每一品牌每一包装至少两个以上的陈列排面，以方便补货及增加产品循环。如有价格促销时必须使用“特别价格标示”，内容应包括“原价格”、“新价格”、“节省差价”及“品牌包装”等信息。包装陈列方式以上轻下重的原则陈列，如上层是易拉罐的可口可乐，则下层的对应陈列就是塑料瓶的可口可乐，此外还依靠地点或商店的不同而调整；（5）陈列比例。陈列在货架上的产品严格按照可口可乐、雪碧、芬达等次序排列，同时可口可乐品牌的产品应至少占50%的排面，陈列分配依销量大小来决定。当商店无足够的产品陈列空间时，可口可乐公司向客户提供活动货架，以争取陈列存货空间，用于陈列销售量大、周转快的品牌和包装。对活动货架的管理，可口可乐也提出了详细的要求：(1) 可口可乐应占公司产品陈列的50% (垂直陈列)，其他品牌则依销售量比例陈列。一般而言，以不超过一种包装、4~5个品牌为原则，陈列于活动货架上；(2) 配合某一促销活动、假日特卖，可口可乐公司往往设置落地陈列：岛型陈列在主通道上设置，消费者可从四面选购，端型落地陈列在端架处，消费者可从三个方面拿取产品。

为增加可口可乐产品展示的吸引力、可见度，业务员布置售点广告很有讲究：广告应张贴在最显眼的位置，如进门处、视平线处等以吸引消费者的注意力；广告外观始终保持干净、整洁，已褪色或破旧的广告宣传物及时更换或拆除，以维护公司的良好形象；选用广告种类时，注意销售什么产品配什么广告。当促销活动结束时，必须将广告换除。

可口可乐及其他品牌的口味和特殊感觉只有在0~4度时才会最好，尝过冰凉可口可乐的人将成为可口可乐产品的忠实消费者。可口可乐公司向经销商提供冷饮设备，如玻璃门冷柜等。在安排冷饮设备时，要考虑以下内容：(1) 位置。应选择有明显展示效果、消费者进店能看得见且进出频繁的地点，如收银台附近，同时应尽量拿掉四周的杂物，扩大视野；(2) 外观。可口可乐的冷饮设备应干净、整洁，同时要保证所有的设备始终处于良好的运作状态；(3) 产品次序和比例。冷饮设备内必须全部存放可口可乐的产品，并且产品的顺序和比例要符合公司的要求。

可口可乐的存货有两类，即货架上的存货与仓库内的存货。货架上陈列的产品应循环摆放，旧货在前、新货在后，同时也应注意及时补充货架上的产品。仓库内的存货也应注意循环，同时要放在仓库内容易拿取的地方。

问题：

(1) 运用所学知识并结合案例内容，讨论如何理解“商品陈列生动化”的含义。

(2) 如果你有幸成为可口可乐（中国）公司的业务员，你认为自己需要具备哪些理货方面的技能？

（二）操作题

某零售店现有可口可乐系列、百事可乐系列、王老吉、新奇士、红牛、健力宝、百威、金威、蓝冰、嘉士佰、康师傅系列、统一系列、二十四味、青啤冰红茶、非常可乐、花旗参茶、宝矿力等商品：

(1) 请将上述商品按水饮料、酒饮料及非饮料食品等进行分类。

(2) 接着按碳酸类、茶饮料、功能性饮料、纯净水等水饮料进行小分类后进行纵向陈列。

(3) 将国产与非国产啤酒进行小分类，再按纵向陈列。

项目任务八　柜台销售实训

一、实训说明

实训目标	培养学生有效销售产品的实际技能
实训重点	介绍产品、排除异议、促成交易
实训要求	熟悉产品、化解顾客的购买异议、有效地促成交易
场地器具	多功能课室或学校营销实训室的产品专柜
实训评价	按照同步测评标准给每位学生评分，此专题占本课程总分的8%
实训课时	建议6课时

二、实训任务

顾客在选购产品尤其是长期耐用品时，通常会考虑以下的问题：

该产品是否能满足我的基本需要？

该产品的功能是否完备、性能是否优良？

该产品的价格是否实在？

该产品与同类产品相比有什么优势？

相关的售后服务是否到位？

是否应该现在就下决心购买？

可见，如果销售员不能向顾客清楚地介绍顾客关注的信息、有效消除顾客的疑虑，并抓住机会打动顾客，顾客是不会下定决心购买的。

那么，作为职业院校的学生，应该如何培养自己的销售技能呢？

画龙点睛

- 做自己所销售产品的专家。
- 有效化解顾客的疑虑。
- 善于把握临门一脚的机会将生意做成。

三、实训步骤

（一）充分了解产品

1. 训练内容。全班同学依照学号顺序，每三至四人为一组，以手机、饼干、洗发水、运动鞋等商品中的某个品牌为例，讨论：假如自己担任这些商品的销售员，需要掌握它们的哪些信息？

2. 训练要求。运用所学过的知识，共同整理这些产品的相关信息，并整理成若干个产品卖点；十分钟后，每组委派代表进行汇报。

3. 训练测评。

测 评 依 据

★ 全面具体　　★ 重点突出

★ 有理有据　　★ 能说服人

4. 背景知识。

了解产品相关知识的途径

销售员产品知识的积累和能力的锻炼是一个持续的过程，另外方法也非常重要。销售员获得产品知识的主要途径有：

（1）产品的标签和包装。每个产品都有标签和包装，一般厂家都会在上面注明有关产品的大量属性资料。比如原料、成分、尺寸、型号、产地、使用方法和保养、保存方法等。这是销售员掌握产品知识的主要来源。

（2）产品的使用手册。一般功能比较多、操作比较复杂的产品（尤其是电子产品、电器产品等），厂家都会附上方便顾客使用的手册、使用说明书甚至录像、光盘等。我们应该充分利用这些资料，认真去研究、琢磨怎么操作、使用。

（3）自己的使用研究。我们自己在使用、研究产品过程中得出的感受或经验是最有感染力的，唯此我们才能自信地告诉顾客“这个产品很好用、操作非常方便”。对于像手机、电脑、电视机、音响、相机、DV 机等需要向顾客说明使用方法的产品，销售员一定要亲自操作几遍，直到可以熟练地给他人示范如何使用。如果能达到可以一边操作、一边说明使用的要点，以及不同品牌产品在使用方面有什么异同的境界，那他的产品介绍就成功在望了。

(4) 向有经验的同事学习。资历比较深的销售员在长期、多次的产品介绍中，已经形成了丰富的经验积累，对于产品的发展趋势、顾客的问题类型、如何应对不同性格的顾客等方面，都有自己一套行之有效、富有针对性的方法。新入行的销售员如果能够取得他们的信任和好感，并在恰当的时机运用恰当的方式向他们请教，定能取得不小的收获。

(5) 从厂商的业务员和工程师身上学习。产品供应厂商的业务员是销售员的合作伙伴，他们希望产品能够多卖出一些，自然也就乐于帮助销售员解决有关问题，并提供相关的资料。销售员可以从厂家的业务员身上了解的情报有：产品生产方面的相关知识、在其他商店或地区的销售情况、供需状况、价格变动情况等。

(6) 从各种媒体获得。通过各种媒体如书籍、报刊、专业杂志、网络等途径，我们可以与时俱进地获得诸如消费者调查、产品研究新动向、新产品速递等方面的信息，回应顾客的各种问题。

(7) 参加公司举办的专门培训课程。如果公司有提供的话，这是销售员取得产品知识最重要、最有效、针对性最强的方法了。在培训课程中，销售员可以从老师那里了解到所销售产品的相关知识，并能得到专业的指导训练。销售员一定要充分抓住机会，刻苦学习。

(二) 充分、有效地介绍产品

1. 训练内容。由老师提供一些市场上常见的产品或说明书，学生扮演销售员向模拟顾客（同学）详细介绍产品，使顾客了解本产品有哪些特点、可以满足他的哪些需求、能给他带来哪些好处，并刺激他的购买欲望，为达成交易作铺垫。

星星点灯

- 为帮助客户而销售，而不是为了提成而销售。
- 销售员应该成为所销售产品方面的专家。
- 把产品了解得非常仔细，说明你是专家；把产品介绍得非常仔细，说明你是傻瓜。

2. 训练要求。以小组为单位进行训练，每个组员限时介绍一分钟；要清楚流利地介绍所销售商品的各项卖点；不能停顿、思考；要声音爽朗，敢于边介绍产品，边与模拟顾客进行目光交流。

3. 训练测评。

测 评 依 据

★ 语言清晰　　★ 表情自然

★ 介绍生动全面　　★ 富有技巧能打动人

4. 背景知识。

产品介绍的常用技巧

不管我们介绍的产品是什么，有些常用技巧是通用的。运用得当可以给介绍带来更佳的效果。

技巧一：设法让顾客一起参与，亲身体验产品可以给他带来的好处。

比如，销售员向顾客介绍了数码相机的使用方法以后，不妨指导顾客亲自拍几张照片。这样，顾客对相机的操作、功能等就有了直接的感官认识。如果顾客在操作过程中对产品形成了好感，随后的促成交易也就顺理成章了。

技巧二：多用展示资料、图片来辅助产品说明。

辅助材料只要运用得当，对销售员产品介绍的帮助是非常大的。它可以从比较客观的角度证明你的产品，避免销售员“王婆卖瓜”的嫌疑，给顾客多一份购买的信心。

小案例：

“我们不用 R600a 的制冷剂是因为 R600a 制冷剂刚刚推向市场，还不稳定。您知道吗？前一阵子，某品牌的冰箱就是因为采用了 R600a 的制冷剂，发生了爆炸的事件。您看，报纸上都有报道呢！”冰箱销售员一边说，一边把登载有那则新闻的报纸递给顾客。

小资料：

有效的辅助资料

- 顾客使用产品后的赞美语言；
- 专业部门、认证部门颁发的认证书、质检证书；
- 书、报、杂志等出版物上对产品或有关方面的正面报道；
- 权威人士的证明；
- 公司的宣传图片、图表、统计表等。

技巧三：善于运用举例、比喻等易于顾客理解和接受的语言方式来进行产品介绍。

有的产品技术含量比较高，一般的顾客在日常生活中又较少接触。因此销售员在介绍它的特点、功能时，难免要涉及如何把那些高深的专业术语让顾客听懂的问题。如果销售员能够在介绍时，充分利用举例、打比方的技巧，就可以通过简练的语言、形象的比喻来表达清楚了。

小案例：

“这条弯曲的铝条就像学校里孩子们的眼睛，他们的视力只能承受到某个程度的压力，如果超过这个程度，视力就难以恢复了。您看，现在学生们中戴眼镜的人数已经不少了，我想贵校的家长们是不希望看到他们的孩子在您的寄宿学校里搞到近视吧？”

技巧四：谈及价格时，要善于化大为小，并通过联想让数字变得有现实意义。

价格是产品介绍中必不可少的一个内容，也是最触动顾客敏感神经的方面。昂贵的产品价格容易把顾客吓跑，低廉的价格又会让顾客觉得产品的档次太低。如果所销售产品的价格不低，销售员就必须非常有技巧地进行报价——突出产品解决问题的性能，同时将费用化大为小。

小案例：

“这台电脑五千块看起来有点贵，但是您算算看——男士们每天少抽两包烟，只需一年的工夫，买电脑的钱就省出来了。您说是吗？”

小提醒：把产品的价格分解到使用寿命的每一天，这样从数字上看，产品的价格就不那么贵了。

技巧五：FABE 产品介绍法。

就是通过把产品的特性、优点和顾客可以得到的好处结合起来告诉顾客，并运用相关证据来证明的一种产品介绍方法，是产品介绍与说明时最有效的方法之一。

小案例：

这种××牌超浓缩洗衣粉，不含杂质或膨胀剂（特性）。只需一点点用量，就可以洗净衣服，同时在洗过的衣物上不会留下洗衣粉的残留物质（优点）。使用这样的洗衣粉，不但省钱、省力，而且安全卫生（利益/好处）。

××牌超浓缩洗衣粉于2004年被国家质量监督局评为“消费者信得过产品”，正在引领一股“绿色洗衣”的新热潮（证据）。

技巧六：“靶心式”产品介绍法

其实，这种产品介绍法是前面 FABE 介绍法的延伸，也就是先弄清楚顾客的需求，然后再将它和产品的好处结合起来有针对性地介绍的一种方法。因为如果销售员光懂得如何把产品的特性转化优点，再阐述可以给顾客带来哪些好处，却没有掌握顾客的需求要点，即使把产品介绍得天花乱坠效果也不会好的。例如：

小案例：

某天有个小贩在市场卖水果，一个家里有个怀孕儿媳的老太太走过来问他：“你的李子酸不酸啊？”他头也不抬大声回答：“不酸，一点都不酸”。老太太听完，摇摇头，手都没伸出来就走了。不一会儿，又来了一个姑娘，她也问：“你的李子酸不酸啊？”小贩心里想，刚才我说不酸，老太太就走了，这回我可不能这么说了。于是就回答：“姑娘，我的李子可酸了，保证你满意”！谁知道他一说完，姑娘一句：“啊，酸的呀？”说完也走了，搞得小贩半天都回不过神来！

（三）处理顾客异议

1. 训练内容。将全班同学每5人分为一组，每个小组成员轮流将自己最熟悉的东西拿来向组员介绍，其他组员扮演顾客纷纷向他提出关于产品的意见，扮演销售员的学生必须一一答复。

星星点灯

- 嫌货才是买货人。
- 销售从处理异议开始。
- 千万不要与顾客争辩，否则你会“赢得了争辩输了顾客（甚至他的亲友）”！——每一个顾客都可能影响到身边的250个顾客。

2. 训练要求。介绍产品的同学要介绍得深入全面，扮演顾客的同学可以提出任何跟购买该产品有关的问题，介绍的同学必须礼貌、有理有据地进行回答，直至令顾客心服口服彻底满意为止。

3. 训练测评。

测 评 依 据

★ 产品介绍全面　　★ 自信流利富有技巧

★ 提问有针对性　　★ 答复诚恳令人满意

4. 背景知识。

顾客异议处理实用技巧

技巧一：顾客不知道具体需要购买什么样的产品时

大多数情况下，走进商场柜台的顾客都有某些方面的需求。但由于对产品缺乏细节的了解，因此通常不知道自己的具体需求是什么。这时候，就需要销售员通过耐心的询问、敏锐的观察来判断他们到底想解决生活中的什么需求，进而有针对性地帮助解决（见图 8－1）。

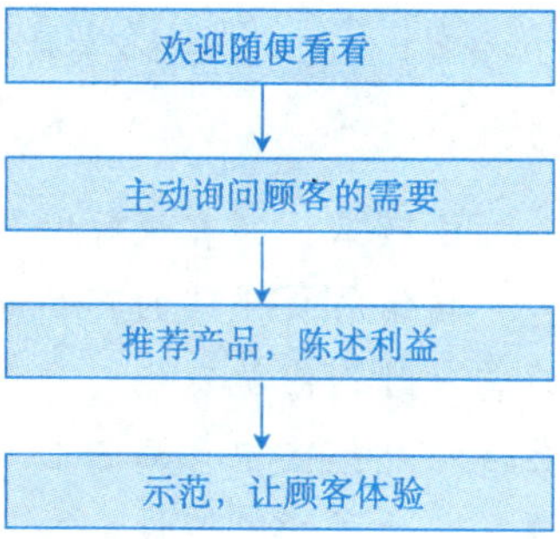

图 8－1

小案例：

销售员：欢迎光临！请问有什么我可以帮忙吗？

顾客：我随便看看。

销售员：好的。

顾客：刚才我看了一下，你们这里的电视机那么多，我眼睛都看花了。什么等离子电视、液晶电视、HiD 电视、“背投”电视、新概念电视，我都不清楚哪一种更好了。（销售员详细地为顾客作了比较，顾客说他也不知道哪一种型号更好。只希望在看电视的时候，能很快挑到自己喜欢看的节目就好了。）

销售员：哦，先生，您是说您喜欢有节目导航功能的电视，是吗？

顾客：是的。反正电视机的其他功能都差不多。

销售员：那这样的话，我向您推荐这种型号的新概念电视。这是最新推出的新品。您可以通过菜单进行导航，将节目按照地域——中央、本省，按内容——经济、体育、影视、娱乐进行分类，您可以通过节目类别菜单直接选择自己要看的节目，不需要再按节目键逐个浏览了。

顾客：你可以示范一下让我看看吗？

销售员：当然可以。你看，您只需要按这几个键钮就可以了。您现在试试吧！

技巧二：顾客对你所销售的产品有品牌异议时

如果顾客基于对原先使用产品品牌的好感，或者自己及他人对推荐品牌的产品有负面印象，而不愿意接受销售员所代表的品牌的话，销售员就要先搞清楚顾客反对的内在原因，然后再有的放矢地予以解决（表 8－1）。

表 8－1

异议的产生原因	回应思路
A. 以前使用过，觉得质量不好	道歉；分析不好使用的原因；推荐改进后的产品
B. 听朋友说不好	表示理解；确认是否真的是己方产品；分析不好使用的原因；推荐改进后的产品
C. 喜欢现有品牌，不想改变	询问喜欢该品牌的原因；主动比较；鼓励尝试新产品
D. 觉得某同类产品的知名度更高、质量更好	找准顾客的特殊需求；找准竞争对手的薄弱环节；找到“彼弱我强”之处与顾客的诉求点

技巧三：顾客说暂时不买时

当销售员介绍的产品超出了顾客的消费预算时，或者该产品没有从各方面都满足他的需求时，他就可能以类似“看看再说”来拒绝你的推销。对于这种异议，处理的总体思路就是：重申产品的全部优点，让顾客联想到立即购买的好处与迟疑不决的后果，强调立即购买的紧迫性。

技巧四：当顾客对产品提出质量异议时

顾客对质量的异议一般包括对产品质量和服务质量的异议，销售员在处理时必须有区别地对待。

（1）顾客对你的产品质量不满意提出异议时的回应技巧。顾客对销售员所推荐的产品质量不甚满意，并不代表该产品完全不符合他的需要。如果销售员能够通过策略说服他，让顾客自己去取舍，照样可以满足他的需求（图 8－2）。

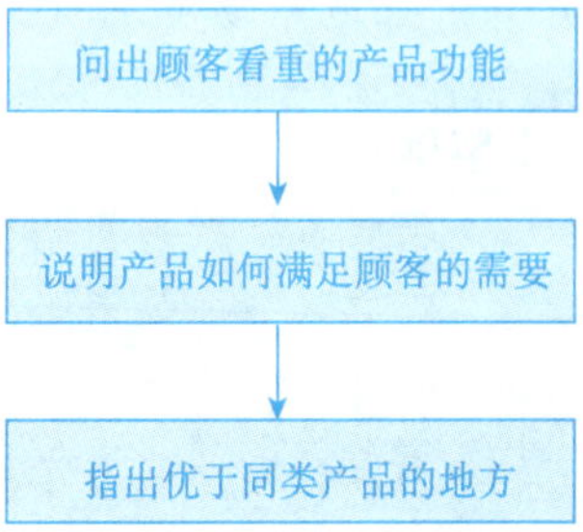

图 8－2

（2）顾客对服务质量提出异议时的回应技巧。处理顾客对服务质量的异议应掌握的技巧，和对质量异议的处理方法是类似的。首要的是诚恳地请顾客指出对公司服务不满意的地方，然后再加以改进；如果顾客对本公司的服务没什么坏印象，只是觉得竞争对手的服务更加优秀的话，销售员就应该请求顾客指出竞争对手做得更好的地方在哪里，然后承诺改进，并指明你的优势所在。

技巧五：当顾客说你的产品价格高时

不管顾客是在货比三家后认为你推荐的产品价格比同类产品的要高一些，或者只是含糊地觉得价格太贵了，销售员都必须主动和顾客在不同品牌产品的质地、功能、声誉等方面作比较，让顾客自己感觉价格高得有道理，值得购买（图 8－3）。

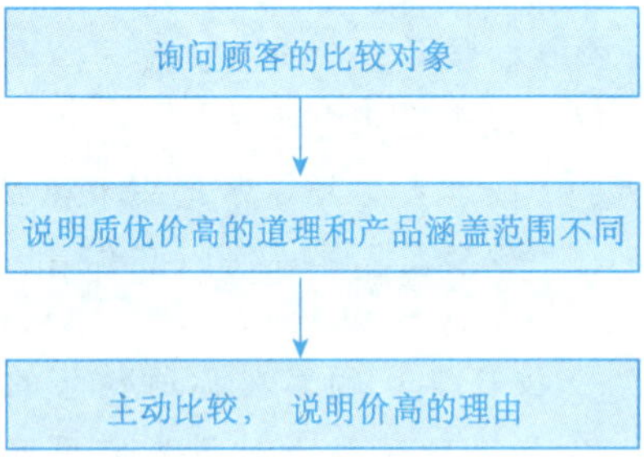

图 8－3

技巧六：当顾客对产品的来源产生异议时

顾客对产品的来源发出异议，一般有两种情况：一是担心生产厂家是小公司，生产能力不足，产品质量没有保证，售后服务不完善；二是担心厂家属于新公司，没有知名度，不太有信心。销售员在面对不同的情况时，应该区别对待抓住重点。

（1）顾客提出小公司异议时的回应技巧。如果销售员推荐的产品来自一个小公司，面对顾客的异议时应该把回应的重点放在主动比较本公司与大公司的优势，说服顾客公司将想方设法满足他的要求上（图 8－4）。

（2）顾客提出新公司异议时的回应技巧。虽然人人都知道，再大、最著名的公司也是从新公司起步的；但是由于新公司通常会在市场开拓中遇到“产品知名度低、销路不好；没有连续的销售策略，顾客不信任”等难题，销售员在推荐新公司的产品时会碰到很多额外的异议。其处理技巧应该如图 8－5 所示。

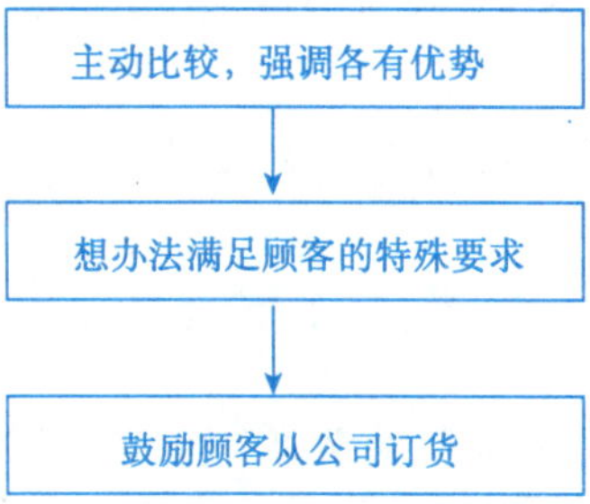

图 8－4

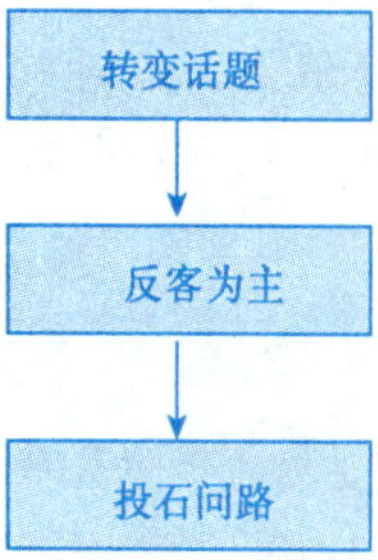

图 8－5

当顾客提及“你们还是新公司吧?”时，不妨先转变话题，避免在这个问题上与之纠缠（比如说：“我不明白您说的新公司是什么意思? 那好像没多大的关系吧?”）。如果顾客还是执着于这一点，销售员可以反客为主，让顾客讲授他们是如何从一个新公司发展成为今天的局面的（如：“贵公司以前也曾经是新公司，不是吗? 我真的很佩服你们，能够在过去的几年里发展成为知名的企业。您能说说你们是怎么做到的吗?”）。相信顾客在回应问题之余，也能重温创业的艰辛与不易，也有可能自动放弃对新公司的异议了。倘若顾客不愿意回答这类的问题，销售员就应该转移思路，试探性地询问顾客是否有过和一些新公司交易而受益的经历，从而让他放松对新公司的警惕性。

（四）促成交易

1. 训练内容。学生 5 人一组，轮流扮演顾客和销售员，把随身带的某种产品分别运用 2 种不同的成交方法，销售给模拟顾客。

星星点灯

- 争取成交就像求婚，不能太直接，但你必须主动。
- 没有卖不出去的产品，只有不合适的销售方法。

2. 训练要求。在模拟销售过程中，扮演销售员的同学必须根据准顾客的不同购买异议进行有针对性的说服，并抓住机会利用技巧促成交易。

3. 训练测评。

测 评 依 据

★ 产品介绍熟练　　★ 善于挖掘需求
★ 解决异议迅速有效　　★ 顺利促成交易

4. 背景知识。

促成交易的实用技巧

技巧一：善于把握成交机会。

我们都知道，顾客的购买欲望有时候更多地表现为一种购买的激情，成交的机会随时都可能涌现。正如一位顶尖的销售大师所言："顾客购买的时机只有那么一瞬间"！这一瞬间的情形，大约20次销售中才会出现1次，另外的19次可能是隐蔽的成交契机。因此销售员必须锻炼出及时敏锐地捕捉这些成交机会的能力。

常见的成交良机有：产品展示后；排除重大异议时；认同重大利益时；发出购买信号时。

小案例：

一位成绩斐然的销售员曾经说过：第一次提出成交要求就获得成功的买卖，在他所有的交易中只占1/10，他在签合同之前做好了被拒绝一次、两次、十次甚至更多次的准备。

他根本不害怕遭到顾客的拒绝，那样反而增强了他进一步争取成交的动力，因为他始终坚定地抱着一定会成交的信念。

技巧二：控制好成交环境

销售员要注意将快成交的顾客、正在洽谈的顾客、刚刚进来的顾客有效区隔开，以避免他们互相影响和结成统一战线进行捆绑谈判。

技巧三：直接请求法

性格直爽类型的销售员在与熟人交易、看到顾客已发出购买信号、与内行交易，或者产品介绍完毕但顾客既有兴趣又不马上表现出购买的意思时，就需要直接提醒顾客购买。

小案例：

"您的眼霜该用完了，效果真的不错吧？我们刚进了一些新货，您再拿一支回去啦！"

"请您相信自己的眼光，买我们的产品标准没错！我这就给您开单去！"

"我们的产品质量是完全有保障的，请您放心地买！您是交现金还是刷信用卡？"

"您以前也是做这一行的？太好了！那您比任何人都知道手机的发展趋势了。这一款虽然不是最新流行的，但它的技术最成熟、性能价格比最高，包含了所有的常用功能。您买什么颜色的？"

"产品的质量我们实行三包，您绝对不用担心！我这就给您开单？"

技巧四：假定成交法

假定成交法的原理是：不管成交与否，纵然顾客尚有些许疑问，但销售员运用对方必然会购买的思路，通过诱导性的语言和动作使他作出交易的行为。它的优点就在于可以避免直接要求购买时顾客说"不"造成的尴尬局面，也可以令顾客迅速决定购买。

技巧五：优惠成交法

优惠成交法又称让步成交法，是指销售员通过提供优惠条件促使顾客立即购买的一种促成方法。由于为顾客提供了附加价值，令顾客觉得物超所值，更愿意马上购买。除了价格方面的优惠条件以外，销售员也可以通过提供产品的试用、赠品、回扣、人员培训、免费安装、以旧换新以及满足顾客的某种特殊需要等，作为增加的附加值来诱使顾客及早下决心购买。

小提醒：使用“假定成交法”时：

（1）不直接问顾客要不要，而是问具体的成交要求。比如：

“您要多少，是三箱还是四箱？”

“您对包装有什么要求？何时送货方便？喜欢什么颜色？”等等

（2）在问这些问题时必须表现得信心十足，给顾客以积极的信号。

小案例：

“大姐，如果您在我们这里定够20桶水，我们可以送您一台饮水机。您看怎么样？”

技巧六：选择成交法

它是指销售员直接向顾客提出若干购买的方案，并要求顾客选择的一种促成交易方法。销售员通常可以在数量、质量、型号、花色、具体交货条件、精细加工等方面给顾客以选择。

小案例：

“请问您是要加一个鸡蛋呢还是两个呢？”

“请问是明天还是后天把产品送过去，您觉得比较方便呢？”

在这种问题逻辑下，大多数的顾客都会在给出的选项中进行选择，结果很可能是要其中的一种产品。而如果销售员问顾客“您要不要”，那回答“要”的可能性只有50%，这种技巧的有效性可见一斑。

技巧七：从众成交法

指销售员利用顾客的从众心理，用一部分顾客的行为去影响另一部分顾客，促使其尽快购买产品的方法。这种方法对于喜欢追求时尚、紧跟潮流的年轻顾客特别有效。它可以减轻顾客的风险，增强他们的购买信心（别人都买了，肯定不错）。

小资料：社会心理学研究表明：从众行为是一种普遍的社会心理现象。顾客之间的相互影响和相互说服力，可能要大于销售员的说服力！

小案例：

销售员：“先生，我建议您选择这种32寸的液晶彩电。您知道，现在已经不流行“背投”彩电了，“纯平”彩电更是快要被淘汰啦！最新的款式就是这种可以挂在墙上的液晶彩电。您想，把这时兴的电视往墙上一挂，人人都会夸您有品位、很时尚的。”

顾客：唔，我女朋友也跟我提了这种款式。贵不贵啊？

技巧八：最后机会成交法

所谓最后机会成交法是指销售员直接向顾客提示最后的成交机会，从而促使顾客立即购买的一种方法，它利用的是人们害怕错过好机会、害怕得不到的心理。

小案例：

销售员：太太，我们前天才接到公司的电话指示，转季服装5折处理，昨天早上才换的价格牌呢！您看，全部存货都挂在架子上了。您刚才试穿的那一款也是最后的一件了，您要是喜欢的话就赶紧决定。如果再犹豫，可能转一圈回来就给人买走了。您也知道很多顾客早就在等我们打折了。

那位女士一听，马上掏钱买单。

小资料：

比较有效的提示最后机会的语句有：

"今天是优惠价的截止日期，明天起您就享受不到这种折扣价了，请把握良机！"

"我们这种产品只剩最后一件了，短期内不再进货。您现在不买的话，等会儿回来就没有了。"

技巧九：骑虎难下法

顾名思义，骑虎难下成交法就是指销售员利用顾客的家人、友人对他的期望心理，令其无法拒绝购买的一种促成方法。

小案例：

一位父亲带着他的女儿走进电脑专卖店，为庆祝她的中考顺利，父亲决定送给她一台最新配置的电脑。在挑选了良久之后，他们同时喜欢上了其中的一款，不过价格比较贵，父亲脸上闪现了一丝的犹豫。

一个销售员见状，不动声色地说道："你知道吗？小姑娘，你真是一个幸福的孩子啊！"小姑娘和她爸爸同时扭过头，看着他。

"你爸爸对你多好啊，这么先进、这么贵的电脑都毫不犹豫地买给你！你的同学一定会非常羡慕你吧？这么疼爱你的父亲，你应该感谢他。"

小姑娘听了，笑嘻嘻地搂住她爸爸的脖子，"谢谢老爸！"做父亲的慈爱地摸了摸女儿的头，转身对销售员说道："就买这台了。给我开张发票。"

小提醒：

骑虎难下成交法的使用要点是——要抓住顾客及其家人、朋友等人员的关系，以表现关怀的方式打动他们的心，让恰当的话语在他们的内心深处产生共鸣，从而获得他们的认可和接受。

四、技能巩固

1. 请利用下面给出的模式写出你每天使用率最高、或者是最心爱的某种产品的有关知识，在熟悉之后与周围的同学分别扮演顾客与销售员的角色相互售卖。

商品名称：	品牌：
款式或型号：	价格：
功能：	如何运行：
颜色或明暗度：	原料或组成部分：
使用方法：	保养/保存方法：
维修情况：	厂址：

2. 有个顾客想买礼物给儿子，可是不知道买什么好。他先后遇到了三个销售员，请你判断哪个销售员的应对方式最好，为什么？

顾客：我想给儿子买份礼物。

销售员 1：您有没有想好买什么？

销售员 2：您看一下，这是我们刚进的旅行背包，很漂亮的。

销售员 3：哦，好啊！我想请问一下，您是为了什么要送礼物给您的儿子啊？

3. 尝试着用所学过的知识销售下列产品：（1）戒指；（2）“曲奇饼”（一种小点心）；（3）玩具；（4）伞；（5）蒸汽熨斗。

4. 要求学生运用所学过的技巧来处理下面的异议：

（1）顾客：我喜欢这个包的款式，但可惜它的皮革质地不太好。

销售员：______________________________。

（2）顾客：我很满意现在使用的产品。你的产品能跟他们的相比吗？

销售员：______________________________。

（3）顾客：你们是大公司还是小公司呢？

销售员：______________________________。

（4）顾客：你们的厂址在哪里啊？我从来都没听说过，新公司吧？

销售员：______________________________

5. 形式：课外实践

地点：校园内

时间：周末

组织方式：由学生自由组织，3～4 人一组，根据市场需求自行到当地的批发市场进货，每组进货的商品必须不同，而且金额不得超过 300 元。

实践结束后，在课堂上共同交流介绍商品、解决异议、促成交易的经验体会。

项目任务九 促销活动实训

一、实训说明

实训目标	培养学生策划和施行促销活动的实际技能
实训重点	促销活动的策划、施行
实训要求	人员工作安排、促销方案、促销预算、促销活动组织与实施
场地器具	实训超市的提供或者校外超市的联系
实训评价	按照同步测评标准给每位学生评分，此专题占本课程总分的6%
实训课时	建议4课时

二、实训任务

学校超市5周年店庆日很快就要到了，经经理办公会议讨论，准备在店庆日举办一次大型促销活动，为了取得理想的促销效果，总经理将制定策划方案的任务郑重地交给了策划部。

小胡是学校超市策划部部长，学了两年的营销专业，终于迎来了一次“大考”，真是既紧张又兴奋，应该向总经理递交一份怎样的促销方案呢？

画龙点睛

- 进行充分的市场调研是促销成功的前提。
- 建立合理的促销目标是促销成功的依据。
- 选择合适的促销方式是促销成功的关键。
- 拟定科学的促销方案是促销成功的保证。

三、实训步骤

全班同学依照学号顺序，每五至六人为一组，对学校超市（如学校没有实训超市，可就近联系一家超市，帮助其进行促销活动策划）进行一次主题促销活动策划（如节庆、店庆、迎新生等）。

（一）促销前市场调研

1. 训练内容。为策划好这次大型主题促销活动，各组先对目标超市进行以下内容调查：

（1）调查研究超市自身的财务状况、经营状况、员工状况、供应商关系等；

（2）调查研究商圈内同行的产品质量、产品价格以及促销方式等；

（3）调查研究消费者的消费时间、消费地点、消费心理以及消费者感兴趣的促销方式等。

> **星星点灯**
>
> - 没有调查就没有发言权。
> - 磨刀不误砍柴工，调查得越深入结果就可能越理想。

2. 训练要求。以表格形式列出调研结果。可参照表9－1、表9－2。

表9－1 某超市促销前市场调研结果

调查对象	优 势	劣 势
某超市	◎ 交通方便，地铁直达、公交线路多 ◎ 背靠学校，有较好的固定消费群体 ◎ 与供应商有着良好的信用关系 ◎ 员工素质较高，商品质量有保证，售后服务好 ◎ 财务状况良好 ◎ 管理理念先进	◎ 停车场小 ◎ 知名度不高 ◎ 供应商供货成本较高 ◎ 营业时间有限 ◎ 用于促销的费用有限
附近商圈内同行	◎ 营业时间长 ◎ 商品价格便宜 ◎ 有固定的消费群 ◎ 常采用降价、积分卡、赠品的促销方式	◎ 停车场地小 ◎ 员工素质参差不齐，售后服务较差 ◎ 管理理念传统 ◎ 商品质量难以保证

表 9-2　不同品种产品促销方式消费者接受度分布　单位：%

促销方式	不同品种产品促销方式接受度分布				
	洗发水	香皂	牙膏	洗衣粉	面霜
折价优惠	34.5	35.2	32.9	29.9	35.9
超值增量	29.4	18.4	28.3	42.1	23.7
附带赠品	17.6	15.0	15.4	9.7	19.8
买几送几	9.5	23.4	16.7	13.4	7.1
专业咨询	6.0	4.7	3.9	2.4	11.3
抽奖活动	2.9	3.4	2.8	2.5	2.2

3. 训练测评。

测　评　依　据

★ 调查认真细致　　★ 调查方式科学

★ 调查材料丰富　　★ 结论有根有据

4. 背景知识。

经常有一些企业花了巨大的人力和物力进行促销活动，却没有起到促进销售的作用，庞大的促销费用也白白浪费了。之所以出现这种情况，就是因为企业在开展促销活动之前，没有进行充分的调研活动，盲目地进行促销活动，导致促销活动达不到预期的效果。

知己知彼，百战不殆。市场调研首先应对企业自身的财务状况、经营情况、员工素质等进行分析了解，更加清醒地认识自己。其次是对商圈内同行的调查研究，包括竞争对手产品质量、产品价格以及促销方式等的调研。此外，还应对消费者的消费行为进行调查。调查消费者的消费时间、消费地点、消费心理以及他们对什么促销方式比较感兴趣等，通过对消费者消费行为的调查，进行消费行为模式的分析研究，可以使企业进一步了解和把握目标消费群的特征，制定出适应消费者口味的促销方式，更好地开展促销活动。

（二）确定促销目标

1. 训练内容。各组根据对目标超市的调研情况及分析，确定这次大型主题促销活动的促销目标。

每次促销活动都要达到一定的目的，在制订促销方案时，首先要明确具体的促销目的，只有目的明确，才能有的放矢。

星星点灯

- 想让人们工作充满激情，那么就要让人们确立一个带有挑战性的目标。
- 成功就是一个事先树立有价值的目标，然后循序渐进将其变为现实的过程。

2. 训练要求。要结合调查报告来制定促销目标；促销目标要符合 SMART 原则；要经过全组成员充分讨论。

> **小资料**：SMART 原则，即是：具体（Specific），可以衡量（Measurable），可以达到（Attainable），具有相关性（Relevant），具有明确的截止期限（Time - based）。

3. 训练测评。

测 评 依 据

★ 讨论认真充分　　★ 结合调查结论
★ 表述清晰　　★ 符合 SMART 原则

4. 背景知识。

销售促销的目的可归纳为下列几点：

（1）促进商品的销售特别是新商品、季节性商品、自有商品的销售，扩大营业额并提高毛利润。

（2）提高企业品牌知名度与美誉度，树立企业良好的形象。

（3）吸引顾客，增加客流量。据统计，一般情况下，消费者计划性消费仅占 30% ~40%，而冲动性消费则占到 60% ~70%，通过促销，便可聚集人气，吸引客流，提高销售额。

（4）有效抵制竞争对手，促进自身发展。当竞争对手开展大规模的促销活动时，企业如不及时采用针锋相对的促销措施，往往会将好不容易获得的顾客拱手让给对手，使自己处于不利的竞争地位。如果竞争对手制定了一个有效的促销计划，企业就要策划出一个保持现有顾客为目的的促销计划，来抵消对方促销活动的效果。因此，促销又是企业在市场竞争中抵制竞争对手促销的有效武器。比如，采取减价优惠或附送赠品的方式，可以增强企业对顾客的吸引力，抵制竞争者的侵蚀。

（三）选择促销方式

1. 训练内容。各组根据上一步骤制定的主题促销活动要达到的目标，在集体认真讨论的基础上设计并确定这次大型主题促销活动所采用的促销形式。

> **星星点灯**
> - 光有好的出发点是不够的，还要选择好的方式方法。
> - 目的明确，方法得当，方能“事半功倍”。

2. 训练要求。先要熟悉各种促销方式；要选择适合促销商品的、目标消费群比较喜欢的促销方式；促销方式要有效保证目标的实现；要对比几种方式的优劣后选出最优方案。

3. 训练测评。

测 评 依 据

★ 讨论充分　　★ 方式适当
★ 表述清晰　　★ 理由充分

4. 背景知识。

不同的促销方式对不同的商品会产生不同的效果。如对日用消费品来说，首先是销售促进，其次是人员营销，最后是公关宣传。而对家电类商品来说，最重要的促销方式是广告。

超市促销方式有很多，超市在拟订一次具体的促销活动方案时，要根据促销活动的具体目的，从树立企业形象、建立客户关系出发，选择恰当的促销方式组合起来，以避免将促销活动沦为单纯的价格竞争的促销。

促销方式是促销活动的外在形式，对顾客有着强烈的暗示作用，应精心设计。促销方式主要有营业推广、人员推销、广告促销、POP 店头广告和公关宣传。

(1) 营业推广。是运用较为短期的刺激工具，刺激目标客户迅速或较多地购买某一特定商品或服务的方式，是卖场促销最主要的手段。营业推广的形式主要有降价、有奖销售、赠品、提供样品免费试吃、试用等。

(2) 人员推销。就是企业利用现场销售人员与顾客进行口头沟通，进而达成销售的促销方式。TCL 在人员推销方面比较前卫，它把一个地级市划分了不同区域，交给不同的代理商，有的县里也会设若干个业务员。目前，仅陕西省在 TCL 正式编制内的市场人员就有 160～180 人，另据保守估计，其全省的促销人员在 400 人以上，这还不包括促销活动期间临时聘请的人员。

(3) 广告促销。是指企业运用各种广告媒体向消费者传递消费信息，以促进销售的一种促销方式。POP 广告是英文 Point of Purchase 的缩写，意为店头广告，就是在卖场的入口、消费现场以及陈列商品的场所运用展示牌做现场促销的宣传。POP 广告在超市促销活动中运用极为普遍，是超市主要的销售手段之一。

(4) 公关宣传。是超市运用各种传播手段进行宣传报道，在公众中树立良好形象和信誉，以促进产品销售的方式。许多富有创意的公关宣传促销活动，在极大促进销售的同时，使超市的形象获得良好、适当的诠释。凡是著名的超市公司，都非常善于利用公关促销方式制造公关事件，扩大企业的知名度。

一般来说，促销目的与其相对应的促销手段可参考表 9－3 所示。

表 9－3　促销目的与其相对应的促销手段

促销目的	相对应的促销手段
维护或提升品牌形象	路演、有奖问答、娱乐促销等
推广新产品	赠品、专业咨询、促销小姐、产品演示、有奖问答等
提高市场占有率	降价、打折、超值增量、买几送几、捆绑销售、堆头、礼券、积分卡、购物抽奖等
对抗竞争品牌	降价、打折、超值增量、买几送几、赠品等
消化库存	捆绑销售、降价、打折、超值增量、买几送几、赠品等

(四) 编制促销预算

1. 训练内容。各组根据主题促销活动的目标及所采用的促销形式，根据超市自身的规模、促销期长短，预估销量，配备相应的促销品（广告宣传品、礼品），并编制相应的促销预算。可参考表 9－4 所示。

表 9－4　某促销费用明细表

序号	项目名称	规格	单位	数量	金额
1	宣传横幅、条幅	12m×0.75m	条	1	100 元
2	充气拱门	跨度为 10 米	个	1	400 元
3	升空气球		个	3	280 元
4	赠品	5 元	个	30	150 元
5	赠品	1～3 元	个	80	160 元
6	小气球		个	300	30 元
7	彩旗		面	50	50 元
8	海报	8P、80G 铜版纸	张	5 000	1 600 元
9	专业演出		场	1	2 000 元
10	活动现场用水	600ml	支	80	80 元
11	其他				150 元
合计金额			5 000 元		

星星点灯

- 每花一分钱，就要发挥一块钱的功效。
- 有原则不乱；有计划不忙；有预算不穷；有实践不败。

2. 训练要求。要列出促销预算明细表；要集体讨论并考虑细致周全；要留有一定的余地。

3. 训练测评。

测 评 依 据

★ 讨论充分　　★ 细致周全

★ 条理清晰　　★ 计划合理

4. 背景知识。

一个好的促销活动，仅靠一个好的促销主题是不够的。还应对促销活动的费用作出预算。确定促销预算的方法主要有两种：

一是营业额百分比法。即以年度营业目标为一定比例来确定一年总的促销预算，然后再根据一年中计划举办多少次促销活动进行分摊。此类方法容易确定、易控制，但缺乏弹性，可能会影响促销效果。

二是目标任务法。它是根据促销活动的目的、促销任务来确定促销预算。这种方法以促销活动为主导，能充分表现促销诉求重点；但是难以控制促销费用，如果促销没有达到相应效果，就会影响经营效益。

当然，现在许多商家的促销活动，其费用已不是仅由商家自己承担，供应商也会积极配合，分担一部分费用。因此，超市在拟订促销活动方案时，要注意将厂商的促销活动纳入自己的促销活动中，以尽量节省促销费用。

（五）拟定促销方案

1. 训练内容。在完成前面工作步骤的基础上，分小组拟定一份本次主题促销活动的详尽方案。可参照如下案例完成。

案例分析：

某超市五周年庆促销活动方案

以周年庆典为契机，在超市开展各类大力度的促销活动，一方面庆贺超市辉煌五周年，提升超市的社会知名度，达到宣传超市品牌、推广超市优质服务的目的；另一方面借机促销商品、回馈顾客，以铺天盖地的活动促销、超低惊爆的商品价格力挫竞争对手，赢取市场。具体方案如下：

一、促销活动主题：动人心弦5周年

二、促销活动时间：××年6月24日~6月30日

三、活动规划安排：

1. 动人心弦，大奖连连（××年6月24日~6月30日）。

2. 真情回馈——买100送80元现金券（××年6月24日~6月25日）。

3. 今天是我的生日（××年6月28日店庆当天）。

4. 激情四射、舞动心弦文艺晚会（××年6月28日晚）。

四、宣传标语：

1. 热烈庆祝某超市开业五周年。

2. 动人心弦5周年。

3. 衷心感谢社会各界对某超市的支持与厚爱。

4. 某辉煌周年庆，因为有你更精彩。

5. 相聚某超市，分享缤纷生日情。

五、活动宣传：

1. 场外巨幅海报，尺寸为10M×5M（内容为：某超市五周年庆信息、主题、时间及活动内容），布置于超市正门外墙。

2. DM快讯：规格为8P、80G铜版纸。

（1）海报拍照时间截止为6月15日。

（2）海报8个P。商品组合如下：食品26个、非食品29个、生鲜14个、5元专版（食品、非食品各5个）、会员专版（食品、非食品各七个）。

（3）印制5 000份。

3. 广告条幅、横幅。

4. 充气拱门跨度为10米、升空气球3个、小气球300个、彩旗50面。

5. POP场内外广告宣传。

6. 超市广播、舞台宣传。

7. 店庆日当晚，安排专业演出一场。

六、系列活动具体内容

（一）动人心弦，大奖连连

1. 活动时间：××年6月24日~6月30日

2. 活动内容：活动期间，在超市购物满38元的顾客，均可凭当日有效电脑小票到顾客服务中心领取抽奖券一张，并在副券上填写本人的联系电话和身份证号码，然后将副券投入到抽奖箱即可。（按金额类推，单张电脑小票最多限领3张抽奖券。）

3. 开奖地点：超市门前舞台。

4. 奖项设置：

特等奖	1名	豪华摩托车一辆	一等奖	1名	豪华电冰箱一台
二等奖	2名	25英寸彩电一台	三等奖	3名	名牌DVD一台
四等奖	5名	迷你自行车一辆	五等奖	10名	时尚手表一只
参与奖	50名	某太阳伞一把			

5. 部门配合。

（1）行政部负责在6月22号前将奖品落实配送到位。

（2）企划部负责活动的宣传，抽奖现场的规划、安排、现场气氛的布置营造以及中奖者的拍照等工作。

（3）财务部负责奖券的派发并做好抽奖现场的登记以及兑奖者的身份验证。

（4）前台部负责分时段滚动式广播宣传以及抽奖现场的礼仪工作。

（5）防损部负责每日奖品展示的安全工作以及抽奖现场活动秩序的维持和监督。

（6）此活动公司员工、促销员以及各专柜员工均不可参加。

（注：①开奖方式原则上采取现场兑奖，若实属现场无人兑奖此类情况，亦可将所抽出奖券号码以及身份证号码公布在商场大门口，三日内兑奖有效；②凡兑奖者必须凭本人身份证兑奖方有效；③开奖当晚，所有抽奖券统一置于超市舞台开奖。）

（二）真情回报——日用品买100送80元现金券

1. 活动时间：××年6月24日—××年6月25日

2. 活动内容：活动期间凡在超市日用区一次性购物单张小票满100元即送80元现金券，单张小票满200元送160元现金券，以此类推，整百返利，多买多送。

3. 活动细则：

（1）购物小票当日有效，小票金额不累加，丢失不重打，整百返利不计零头。

（2）营业员开单时必须按照商品的实际价格开单，不准私自抬高价格，如有营业员违规操作，将按公司有关规定处理。

（3）现金券统一由策划部设计印制，财务部盖章方可生效。所有送出的现金券使用有效期为：××年6月26日至××年6月30日；使用方法：每次在日用区购物单张小票满100元方可使用40元现金券，单张小票购物满200元方可使用80元现金券，以此类推。

（4）供应商在活动期间不能抬高商品售价，必须保持原价。

（5）财务人员做好现金券发放和电脑小票回收工作，做好数据统计和电脑小票的保管入账，次日上交财务主管审核对账，如发现数据不对，由责任人承担全部责任。

（6）此次活动现金券严格按活动要求发放，杜绝滥发现象，严格遵守公司相关规章制度。

（7）此次活动相关部门要熟悉流程，出错部门和个人将承担相应责任。

（8）此活动公司员工、促销员以及各专柜员工均不可参加。

4. 活动操作流程：

顾客持收银小票到活动区领取现金券

↓

工作人员检验电脑小票，盖“已参加活动”章

↓

工作人员登记电脑小票号码和购物金额，小票交还给顾客

↓

工作人员按本商场现金券发放流程发给顾客相对应数额并做好登记，顾客签名

↓

工作人员交班时，必须核对单据，财务人员和防损员监控盘点现金券、表格统计数据，店总值班签名确认

↓

现场工作人员凭发放金额登记表格到财务结算

5. 部门配合。

（1）业务部负责与经营商洽谈配合。

（2）财务部安排2名人员负责整个现金券发放活动的开展，并做好登记工作。

（3）企划部负责活动场地的规划、安排、现场气氛的布置和活动的宣传；

（4）前台部负责滚动式广播宣传。

（5）防损部负责现场活动秩序的维持和监督。

（三）今天是我的生日

1. 活动时间：××年6月28日

2. 活动内容：

（1）店庆当日来超市购物的顾客，凡生日是6月28日的顾客均可获赠生日礼物一份，并可在服务台登记参加当晚的“激情四射、舞动心弦”文艺晚会（以身份证为凭）。

（2）店庆当晚，现场为顾客派发大量的礼品，并邀请现场的顾客一起品尝百磅生日大蛋糕，共同见证超市5周年辉煌历史。

3. 部门配合。

（1）业务部负责礼品的洽谈及准备（价值5元的礼品30份，用于赠送生日礼物；价值1~3元的礼物100份，用于现场派发），负责与专柜供应商洽谈生日蛋糕的提供赞助。

（2）企划部负责活动的规划、安排及活动的宣传。

（3）前台负责礼品的派发登记，广播宣传。

(4) 此活动内容员工、促销员及各专柜员工均可参加。

4. 费用预算：500 元。

(四) 激情四射、舞动心弦文艺晚会

1. 活动时间：××年 6 月 28 日晚

2. 活动内容：6 月 28 日店庆当晚，特邀专业演出团在广场文化舞台举行大型文艺表演。

3. 部门配合：

由策划部联系演出团体，并负责舞台的布置及音响设备的调放。

4. 费用预算：2 000 元。

七、部门配合

(一) 策划部

1. 6 月 22 日前完成场外巨幅、彩旗、条幅的设计制作。

2. 6 月 22 日前完成对 DM 快讯拍照、设计制作以及抽奖券的设计制作。

3. 负责各项活动的细化分工、组织落实、现场布置、广告宣传等工作。

(二) 采购部

1. 负责快讯商品明细的规划洽谈。

2. 负责赠送礼品的洽谈落实。

(三) 财务部

负责现金券的派发及数据账目的统计汇总。

(四) 防损部

负责奖品的现场看护和每日展示，负责活动的实施监督以及活动现场的秩序维持。

(五) 行政部

负责奖品的采购落实。

八、活动费用预算：5000 元。

星星点灯

- 方案的制订比方案本身更为重要。
- 明天的成功属于那些在今天辛勤做出决策方案的人们。

2. 训练要求。学生在拟定促销方案时，要考虑影响促销方案的要素；要注意促销方案的格式；要通盘考虑做好整个工作的人财物安排。

3. 训练测评。

测 评 依 据

★ 讨论充分	★ 格式规范
★ 条理分明	★ 安排周到

4. 背景知识。

促销方案包括前言和正文两部分。

前言包括活动背景与促销策略，超市为什么要举办这次促销活动，是新品上市？节日促销？还是超市周年庆典？促销思路是什么？要达到什么样的目的？采取什么样的方法？这些都是说服公司同意支持促销活动的依据。

正文主要包括两部分内容：

（1）促销活动主题。促销活动的主题应简明扼要，通俗易懂，让顾客明白促销什么，同时也可以作为活动口号广泛使用。

（2）活动内容。包括：活动举办的时间；地点；执行人；宣传方式与商品陈列方式，如POP的数量及张贴位置；促销活动各岗位、各部门的分工配合及奖罚制度；效果评估；费用预算等促销时间、促销地点、促销方式、促销媒体、促销预算等。

四、技能巩固

1. 以4～5人为一组，联系一家服装店，为其策划一份以扩大销售为目的的促销主题活动方案。

2. 某百货公司为答谢广大顾客的厚爱和扩大销售额，决定在六月份中旬举办一次为期三天的大型折扣促销活动，请你为该百货公司设计一张在促销活动中使用的POP广告。

提高篇

项目任务十　商务信息搜集实训

一、实训说明

实训目标	培养学生搜集商务信息的实际技能
实训重点	传统信息搜集技巧，网络信息搜集技巧，调查问卷设计技巧
实训要求	课前预习，课后尝试运用形成习惯
场地器具	具备上网功能的电脑室
实训评价	按照同步测评标准给每位学生评分，此专题占本课程总分的6%
实训课时	建议4课时

二、实训任务

小王的父母准备在自己家乡开办一家家用电器商店，很希望小王能利用自己所学的营销知识帮助他们及时掌握电器的行业信息及价格变化趋势，并寻找合适的货源。

小王刚接到父母的任务时很高兴，在职业学校学了近两年的营销知识，终于有了大显身手的机会，但真正静下心后又觉得不知从何下手，不由得感慨：纸上得来终觉浅，绝知此事要躬行。

那么，小王究竟应如何着手完成这项任务呢？

画龙点睛

- 信息灵通，生意兴隆；信息是宝，采集须巧；信息纷扰，分类理好。
- 决策的重要依据靠信息，信息的来源之一在调查，调查的主要形式是问卷。
- Internet 提供了巨大的知识库，不会上网搜索信息，就是新时代的文盲。

三、实 训 步 骤

（一）商务信息的类别和采集途径

1. 训练内容。

背景：小王的老家在一个县城，虽然不像小王读书所在的省城那样经济发达，但近年的经济发展也较快，液晶电视、空调、电脑等正在以较快的速度进入居民的家庭，小王的父母原来是做服装生意的，经过多年的奋斗，在生意场上有了一些经验，由于服装生意竞争激烈，毛利越来越低，为此，小王父母决心转行做家电生意。但苦恼的是，他们对家电产品并不是太了解，希望能尽量多获得一些相关的信息。

任务：将全班同学分成4~5人一组，每组进行讨论，分别替小王出谋划策，看看需要收集哪些信息？有哪些途径去搜集这些信息？20分钟后各组展示自己的方案，比比谁做得最好。

星星点灯

- 掌握了充分有效的商务信息，在成功的路上就占据了主动权。
- 信息爆炸的年代，收集适度、准确、经济、及时的信息需要科学的方法。

2. 训练要求。要结合背景资料来进行；先分析要搜集哪些信息并简要说明理由；然后再分析搜集所需要信息的方法或途径，但要注意经济、及时、有效原则。

3. 训练测评。

测 评 依 据

★ 积极认真	★ 讨论踊跃
★ 分类适当	★ 合理全面
★ 方法可靠	★ 经济有效

4. 背景知识。

商务信息的类别和采集途径

（1）商务信息搜集类别和主要内容。在商务活动中，职位不同的员工所需要的信息有所不同，但站在企业营销的高度来说，企业究竟应该采集哪些信息呢？这是讨论信息采集方法首先需要解决的问题。虽然信息采集范围各个公司可以根据实际情况作出不尽相同的规定，但信息采集指标一定要明确。只有明确具体，才可以有效操作。

概括起来，企业需要采集的商务信息主要有以下几个方面：

A. 顾客信息（性别、年龄、收入、生日、爱好、性格类型、社会阶层、生活方式、交往情况、消费特征、购买方式、个人影响力、信用等级等）

B. 产品信息（品牌、包装、替代品、性能、生命周期、使用方法、价格等）

C. 服务信息（客户对服务方式、业务方式的需求和意见，客户满意度及忠诚度等）

D. 销售信息（客户要货信息、销货信息、库存信息、谈判信息、渠道状况等）

E. 市场信息（政治法律、科技趋势、人口状况、宏观经济、公众舆论等）

> **小资料：**
> 麦肯锡全球调查发现，那些了解自己竞争对手的真实反应的企业能获得竞争优势。

F. 竞争者信息（竞争者的产品、价格、促销、目标、库存、生产、优劣势、发展方向等）

G. 企业经营信息（经营目标，销售、生产、财务、人员状况等）

（2）信息采集途径

A. 通过预订、邮购、直接选购和委托代购来获得各种专业杂志、报纸、手册和图书资料。报纸、杂志反映的信息比较及时，尤其是其上面的广告记录着时下的趋势；图书资料、手册是经过浓缩的信息，系统性强，便于阅读、积累。

B. 向有关情报机构、信息预测部门、信息咨询机构索取资料。这些资料有的是免费获得，有的则需要付费。

C. 通过各种会议搜集信息。这种途径获得的信息属于第一手信息，不是很完整，但该途径针对性强，比较准确且实用性高。比如从行业性展会获取的资料等。

D. 与有关单位进行资料交换，以获取所需要的信息。如从合作单位、行业协会、供应商、零售商处通过各种合作方式获得信息。

E. 利用检索工具搜集信息。这是目前最为便捷的一种途径，具有信息密度大、有效度高、节约时间等特点。如通过常规、行业搜索引擎搜索；如通过图书馆、统计年鉴、情报室搜索工具搜索的文献等。

F. 通过专题调查搜集信息。可以是自己也可以委托专门的市场调查公司开展专项的市场调查以采集、获取信息，调查的方式有访问、实验、观察等方法，此种方法针对性强，但往往成本较高。

G. 通过关键人物获取信息。有一些关键人物，如政府主管部门人员、专业研究人员、挖过来对方公司的关键职位人员（注意不要违法）、中介、行业资深营销人员、经济侦探、行业记者等往往能掌握到较多的有用信息，有时可以从他们那里搜集到一些关键的信息。

> **小资料：**
> 商业间谍能借重高科技技术窃取更多的情报，因此造成的商业损失高达每年 1 000 亿美元，全球 1 000 强的大公司，每家平均每年发生 2.45 次的商业间谍事件。

在通过各种途径采集信息时，要善于运用各种具体的方法，确保信息采集的真实性、准确性、有效性、经济性和及时性。

（二）问卷调查方法

1. 训练内容。

背景：小王想要了解家乡县城老百姓对电脑的消费特征信息，以便有针对性地进货，为此，他除了要父母平时注意观察和对街坊邻居进行访谈外，还特意设计了一份调查问卷让父母扩大范围进行调查，争取获得更多完整的信息，以增加决策的科学性。

任务：每二位同学为一组，围绕上述问题为小王设计一份调查问卷，主要内容应包括以下几个方面：

(1) 是否初次购买电脑？

(2) 喜欢台式电脑、一体机，还是笔记本电脑？

(3) 喜欢组装还是喜欢品牌机？

(4) 对各品牌电脑的偏爱程度？

(5) 购买时着重考虑的因素？

(6) 买电脑的用途？

(7) 喜欢去什么地方购买？

(8) 何人作购买决策？

(9) 购买价格范围？

三十分钟后每组同学展示自己的方案，比比谁做得最好。

星星点灯

- 不明确要解决的问题的调查是无用的调查。
- 目标过多的调查是空洞的调查。
- 不考虑被调查对象的特点而进行的调查是低档的调查。
- 只想少投入的调查可能是最费钱的调查。

2. 训练要求。仔细阅读背景知识部分内容，按照所教的操作方法，明确目标、确定对象、推敲每个问题，仔细设计调查问卷。

3. 训练测评。

测　评　依　据

★ 调查目标明确　　★ 调查对象具体

★ 问题设计合理　　★ 有效解决问题

4. 背景知识。

科学设计调查问卷

虽然撰写问卷很简单，但撰写优秀问卷却不容易。以下是撰写问卷的要点：

要点一：每道题目要围绕调查目标中的某个调查要点而设立。

要点二：每道题目确保被调查对象易懂愿答。请您以购买新车时考虑因素的重要性将以下 20 项排序……换成是你，会配合别人做调查吗？

要点三：第一道题最好能引起被调查者的兴趣。

要点四：题目应该先易后难，由浅入深。

要点五：不要像出考试卷一样洋洋大观，时时要想到被调查者没有义务接受你的调查。如笔者所遇到的一份调查问卷包括六张满满的A4纸，共一百多题，还有五道主观题。当时有调查对象一接到问卷就马上丢进了垃圾桶，这样的调查效果可想而知。

要点六：封闭式题目放在前面，开放式题目放在最后。

要点七：一份小型调查问卷一般不超过一道开放式题目。

要点八：排列答案顺序时要按一定规律。如某基金满意度调查：（1）非常满意（2）满意（3）比较满意（4）不满意（5）非常不满意，这是按满意程度从高到低排列。

要点九：封闭式题目答案应涵盖全部的可能性。如你的年龄：A. 20岁以下 B. 20～40岁 C. 40～60岁 D. 60岁以上，就将所有年龄的人都涵盖。

【开放式问题】是一种应答者可以自由地用自己的语言来回答和解释有关想法的问题类型。

【封闭式问题】是一种需要应答者从一系列应答项做出选择的问题。

要点十：题目中应避免应答者可能不知道的专业名词或术语。如你对本公司CIS的评价是：A. 很好 B. 较好 C. 一般 D. 不太好 E. 很不好，因为许多人不懂CIS（形象识别系统）是什么意思，他们将很难作答。

要点十一：一道题目只调查一个主题。如你对该产品价格和服务的评价是……这个题目含有“价格”和“服务”两个主题，不宜放在一道题目中调查，可以分成两个问题进行调查。

要点十二：题目要具体。如您的家庭收入是多少？当应答者给出此问题的数字答案时，其答案是各式各样的，如税前收入、税后收入、年收入、月收入等。

要点十三：题目中不要过多假设。如您对总统关于枪支控制的立场倾向于同意还是反对？这一问题就假设了应答者知道总统对枪支控制有一个立场并知道立场是什么。

要点十四：不涉及太敏感隐私的问题。如您和您太太的收入谁高？这一问题就不受人欢迎，容易被人拒绝作答。

要点十五：不问诱导性的问题。如，为什么你觉得本产品比其他的产品要好？这个问题一开始就已经将被调查者有可能认为不好或相当的可能性给剥夺了，叫人只能往你的圈套里面钻，那还有什么好答的呢？

【诱导性问题】又称“暗示询问”，是指询问者为了获得某一回答而在所提问题中添加有暗示被询问者如何回答的内容的提问。

（三）商务信息网络搜索方法

1. 训练内容。

背景：小王了解到在家乡县城，中档的主流配置的品牌电脑比较好销，现在的任务是想要搜集一份目前主流品牌电脑的销售排行榜情况和大致的零售价格，以便父母能在定价时相对比较合理，为此，小王一下课就猫在电脑室，利用自己学到的网络知识搜集想要得到的信息。

任务：在网络实验室，每位同学利用电脑在互联网上搜集以下信息：

（1）搜索国内主流电脑品牌近几年销售排行榜；

（2）搜索联想和惠普的主流配置电脑的销售价格范围；

(3) 搜索网民对联想、惠普、宏基家庭用台式机的主要评价。

一节课后每位同学展示自己的方案，比比谁做得最好。

星星点灯

- 通过分类搜索寻找和登录大型专业网站已成为获取信息的一个主要渠道。
- 全文搜索引擎（以百度和谷歌为代表）给了你一把通往信息海洋的钥匙。
- 元搜索引擎可以同时利用几个全文搜索引擎进行搜索，威力强大。

2. 训练要求。仔细阅读背景知识部分内容，按照所教的操作方法，仔细耐心寻找所需信息。

3. 训练测评。

测 评 依 据

★ 方法得当　　★ 技巧熟练

★ 结果明晰　　★ 快速准确

4. 背景知识。

利用搜索引擎采集商务信息

1. 搜索引擎的概念。我们通常所说的搜索引擎大部分是指运行特殊程序的、以 Web 站点存在并帮助用户提供网址、网页、文章搜索及综合服务的 Search Engine，它的主要功能是为人们搜索 Internet 网上信息（如其他 Web 站点中的信息）并提供获得所需信息的途径。简单说，搜索引擎就像图书馆的目录卡片，它能告诉你图书馆里共有多少馆藏、有多少种文献类型、你要的文章在图书馆的什么位置等并用超链接方式连接上它。

2. 搜索引擎的分类。按照搜集方法和服务提供方式的不同，常用的搜索引擎主要分为以下三大类：

(1) 分类目录（Directory）式搜索引擎（网站级）。这类搜索引擎提供了一份按类别编排的国际 Internet 网站目录，各类目录下边排列着属于这一类别网站的站名和网址链接，有些还提供了网站的内容提要。这类网站往往伴有网站查询功能，所以也称之为网站检索，即提供一个文字输入框和一个按钮。我们可以在文字输入框中输入要查找的字、词或短语，然后单击按钮，搜索引擎就会查找相关的站点、网址和内容提要，并将查到的内容送过来。按钮的名称一般是“查询”，有的也称为“查找”、“搜索”、“开始”等。

分类搜索引擎的优点是借鉴图书馆编排书目的方法，借用人工将信息系统地分门别类，符合传统的信息查找方式，因而导航质量高。缺点是维护量大、信息更新慢、信息库存有限。常用的分类搜索引擎如表 10－1 所示。

(2) 全文搜索引擎（网页级）。这类搜索引擎也提供了一个文字输入框和按钮，使用方式与分类目录式搜索引擎相同，而且有些还提供有分类目录，但两者在本质上是有区别的：分类目录搜索引擎的资料库中，搜集保存的是各网站的站名、网址和内容提要；而全文搜索引擎的资料库中，搜集保存的则是各网站的每一个网页的全部内容，范围要大得多。

全文搜索引擎的优点是信息库存大、更新及时、查询全面而充分。但其缺点是可供选择的信息太多，而且提供的查询结果重复链接较多。常用的全文搜索引擎如表 10－2 所示。

表 10－1　常用中文分类搜索引擎

网站名称	网　址
百度网址大全	http：//site. baidu. com/
Google 网页目录	http：//www. google. com/
搜狗分类目录	http：//123. sogou. com/
265 导航	http：//www. 265. com/
Hao123 网址之家	www. hao123. com

表 10－2　常用中文全文搜索引擎

网站名称	网　址
Google	www. google. com
百度	www. baidu. com
有道	http：//www. yodao. com/
雅虎全能搜索	http：//www. yahoo. cn/
Bing（必应）	http：//cn. bing. com/
SOSO 搜搜	http：//www. soso. com/
搜狗	www. sogou. com

（3）元搜索引擎。这是一种“建在搜索引擎基础上的搜索引擎”，它在接受用户查询请求时，同时在其他多个引擎上进行搜索，并将结果返回给用户，其服务方式为面向网页的全文检索。

这类搜索引擎的优点是返回结果的信息量更大、更全，缺点是用户需做更多的筛选，而且比较大的搜索引擎一般不愿成为其他元搜索引擎的合作对象。比较有代表性的元搜索引擎如表 10－3 所示。

表 10－3　常用中文元搜索引擎

网站名称	网　址
Xisoso	http：//www. xisoso. com/
Seekle	http：//www. seekle. cn/
metaFisher	http：//coo. hsfz. net/fish/

3. 近来，还出现了很多专门化搜索引擎，如专门搜索新闻、图片、商机、知识、旅游、职位等的搜索引擎，给我们寻找信息带来了方便，要寻找这些搜索引擎，可以上“中文搜索引擎指南网”（http：//www. sowang. com/）查找。

方法为：在 IE 的地址栏中输入 http：//www. sowang. com/后按回车，就进入到“中文搜索引擎指南网”的主页，点击“搜索引擎目录”栏目，该栏目将搜索引擎分为 44 个大类，如图 10－1 所示。

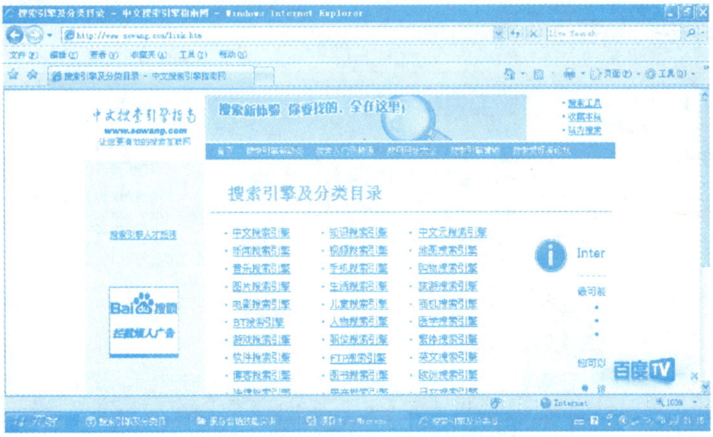

图 10－1　中文搜索引擎指南网——搜索引擎目录

4. 利用搜索引擎搜集商务信息的操作方法。

(1) 目录分类检索。下面以在“搜狗分类目录”中查找在商务活动中寻找商机的网站为例，讲述一下搜索的全过程。

①在 IE 的地址栏中输入 http：//123. sogou. com/后按回车，就进入到“搜狗分类目录”的主页，对照分类类别，判断寻找商机的网站应属于“其他分类”—“招商”类较合适。如图 10－2 所示。

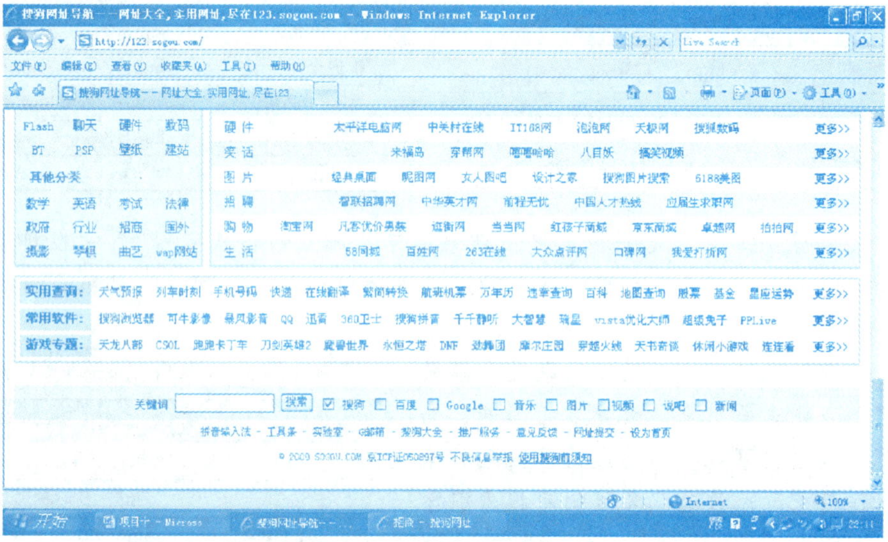

图 10－2　搜狗分类目录主页

②单击“招商”后，就可以找到一系列有关商机的网站，可以上其中的“中国政府采购网”去寻找，如图 10－3 所示。

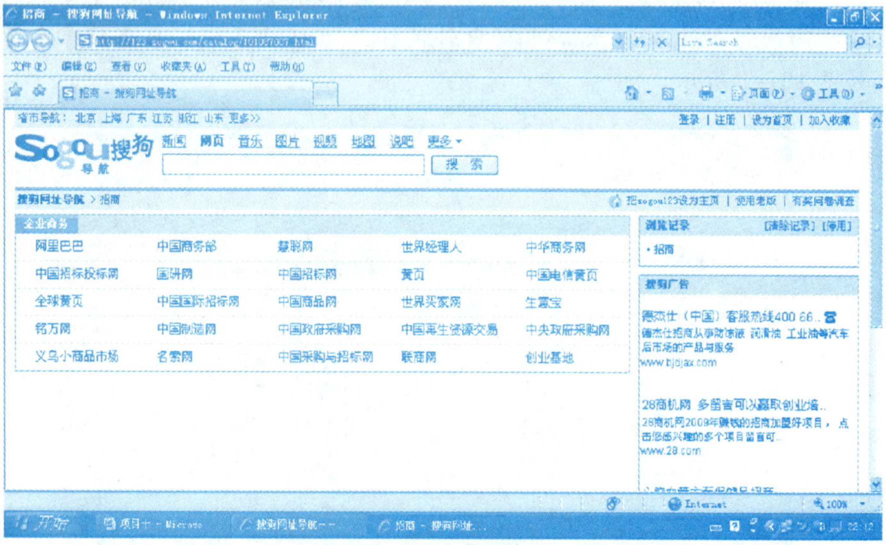

图 10－3　招商类搜索页面

③单击“中国政府采购网”后，就可以链接上其主页，如图 10－4 所示。

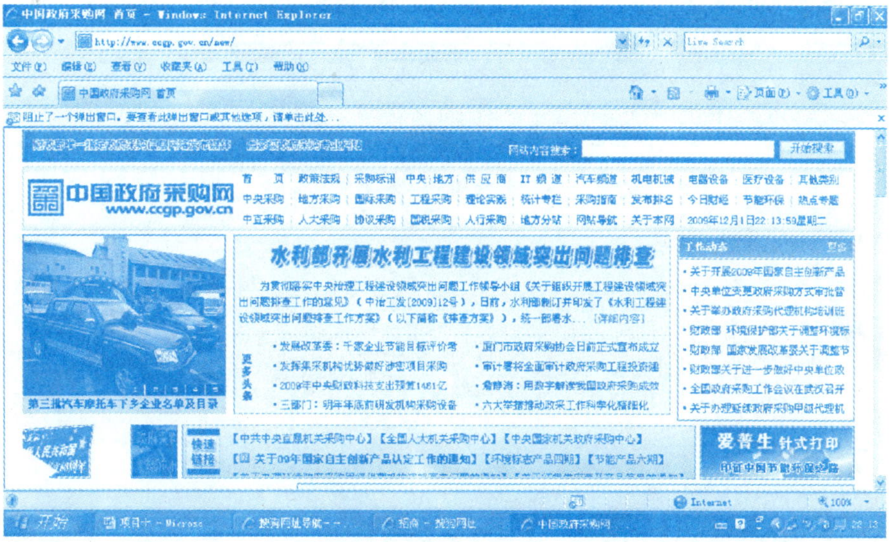

图 10－4　中国政府采购网主页

(2) 全文搜索引擎检索。利用全文搜索引擎进行检索要求用户提供一个所要查找信息的关键字、词组、词组组合或句子。

下面以在全球第一搜索引擎 Google 上查找有关“中国出口贸易”方面信息为例来说明其操作步骤。

①在 IE 的地址栏中输入 www. google. com，然后按回车键，就可以进入 Google 的中文主页，在其查找文本框中输入“中国出口贸易”，如图 10－5 所示。

图 10－5　Google 搜索引擎主页

②点击“Google 搜索”，系统将自动搜索出一系列相关网页，如图 10－6 所示。选择感兴趣的链接单击即可进入所选网页，将光标拉至底部还可选择页面进行翻页。

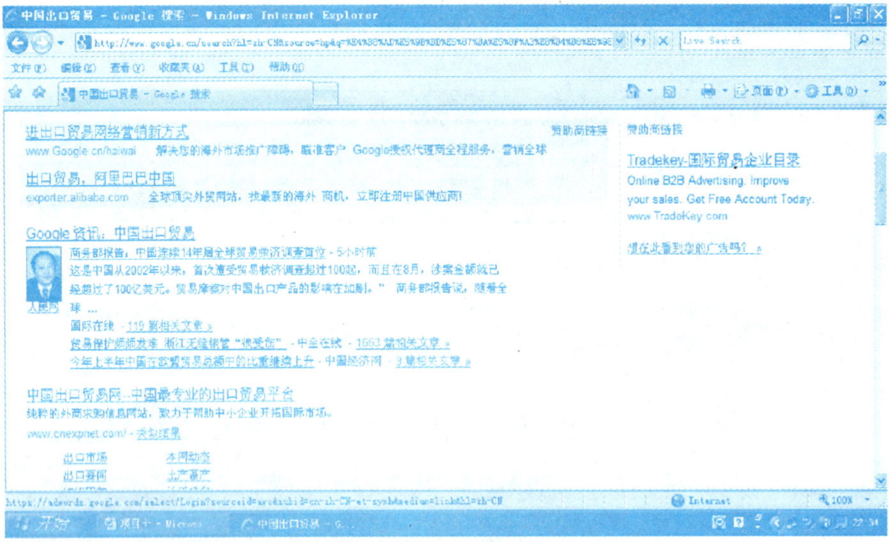

图 10－6　Google 搜索“中国出口贸易”页面

③点击“中国出口贸易网”，就进入中国出口贸易网网站，通过该网站既可以搜集出口方面的新闻，还可以采集到许多的商品出口需求信息，扩大企业的商业机会。如图 10－7 所示。

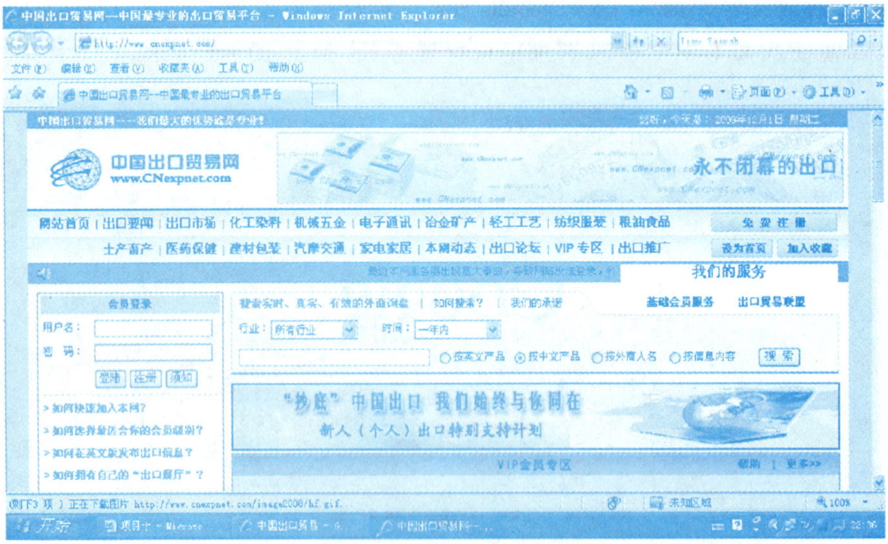

图 10－7　中国出口贸易网主页

（3）中文元搜索引擎检索。利用中文元搜索引擎进行检索要求用户提供一个所要查找信息的关键字、词组、词组组合或句子，然后同时在几个搜索引擎上进行搜索。

下面以在 http：//www. xisoso. com/上查找有关“电子产品报价”方面信息为例来说明其操作步骤。

①在 IE 的地址栏中输入 http：//www. xisoso. com，然后按回车键，就可以进入其中文主页，在其查找文本框中输入“电子产品报价”，选择“Google + Baidu”搜索模式，如图 10 - 8 所示。

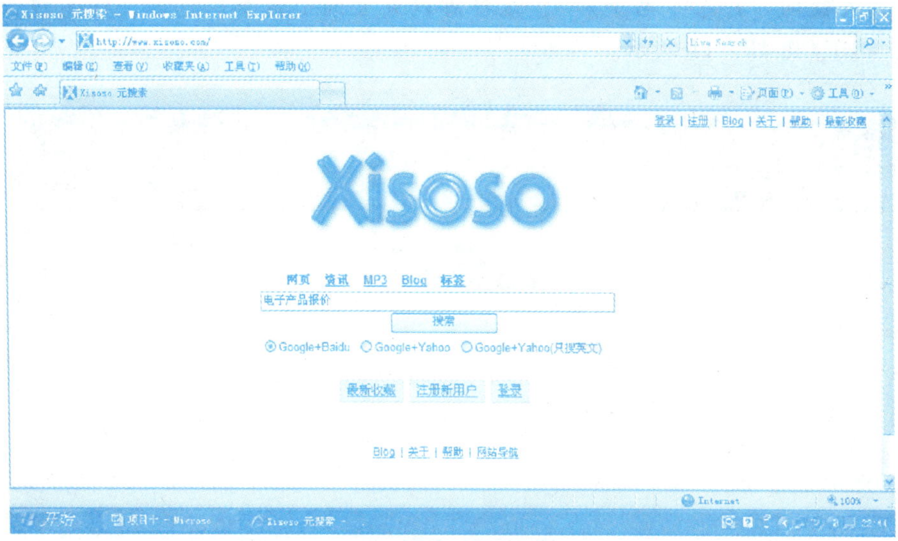

图 10 - 8 xisoso 元搜索主页

②点击“搜索”，系统将自动搜索出一系列相关网页，如图 10 - 9 所示。选择感兴趣的链接单击即可进入所选网页，将光标拉至底部还可选择页面进行翻页。

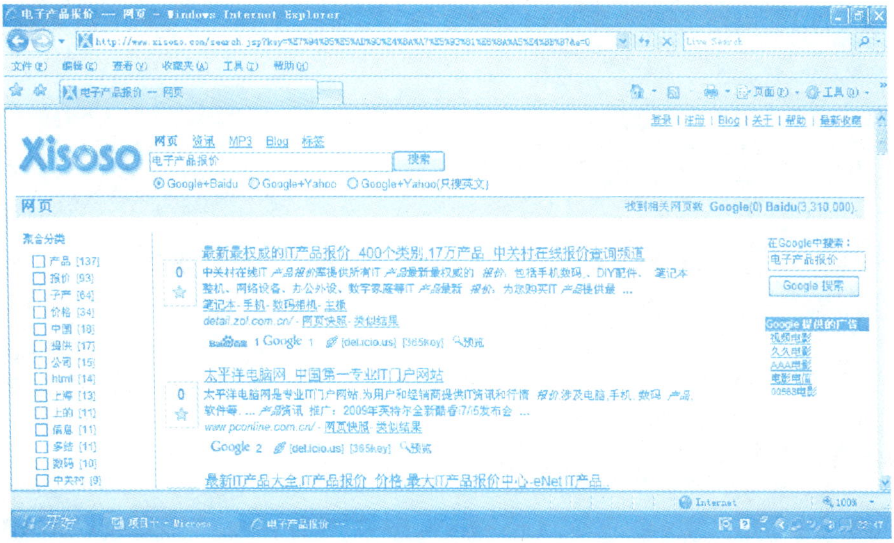

图 10 - 9 xisoso 搜索“电子产品报价”页面

5. 搜索引擎检索注意事项。

(1) 关键字要能准确地反映检索主题。

(2) 通过词组或布尔运算符对检索范围适当加以界定，可以提高搜索的效率。

如：要在百度上搜索一些在广东的电子厂家，先在 IE 的地址栏中输入 www.baidu.com，然后按回车键，就可以进入百度的中文主页，运用布尔运算符的“与”，用关键词“广东＋电子厂”，这样可以大大缩小搜索的范围，提高搜索的效率。如图 10－10、图 10－11 所示。

图 10－10　百度搜索引擎主页

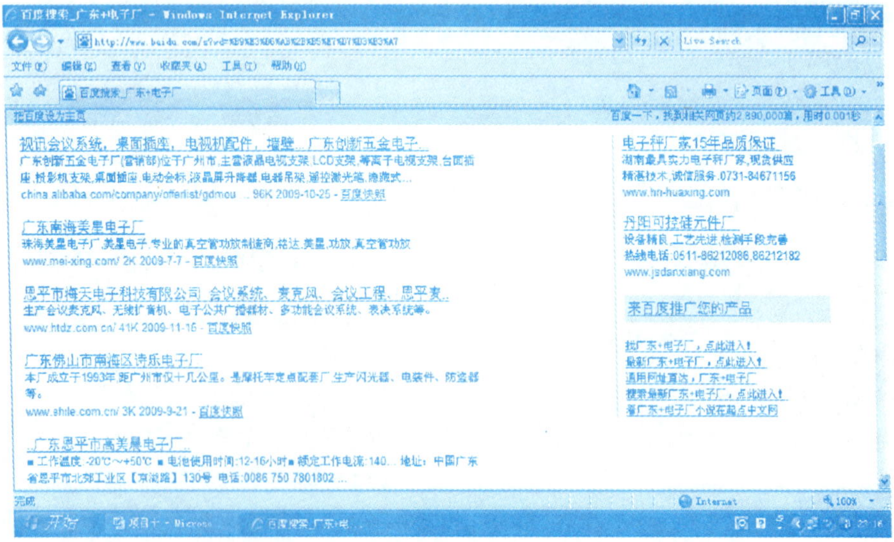

图 10－11　百度搜索“广东＋电子厂”页面

常用布尔运算符如表 10－4 所示。

表 10－4　　布尔表达式操作符

名称	符号	操作方法
与	&、+	查找包含所有指定单词和短语的 Web 页。例如，输入“中国 AND 电子商务”，则搜索同时包含中国和电子商务的 Web 页。
或	|、or	查找至少包含一个指定单词或者短语的 WEB 页。例如，输入“中国 OR 电子商务”，则搜索或包含中国或包含电子商务的 Web 页。
非	－、not	排除包含指定单词或者短语的 Web 页。该布尔操作符不能独立使用，必须与其他操作符一起使用。例如，输入“中国 NOT 电子商务”则搜索所有包含中国但不包含电子商务的网页。
位置	～、near/n	查找同时包含指定的两个单词和短语的 Web 页，两个单词和短语的数目不超过 n 个，n 的缺省值为 0。例如，输入“中国 NEAR/10 电子商务”，则查找同时包含中国和电子商务的 Web 页，且中国和电子商务在文档中所间隔的单词数目不超过 10 个。
截词	?、*、#	用截词符号代替字符串，该符号可置前、置中或置后。例如，输入“organi * ation”，则可查出包含 organization 和 organisation 的 Web 页。

（3）各个搜索引擎对关键字输入的要求和对布尔运算符的具体规定可能略有不同，在使用搜索引擎时需查看其使用说明。

（4）灵活熟练的话，你所碰到的绝大多数工作、学习、生活中的各种疑问都可以通过搜索引擎解决。

如：你要去采购一批红酒，但你先前从来没有过采购红酒的经验，你也不知道如何辨别红酒的质量高低，你只要在百度网上搜索“红酒知识”即可找到相关的网页获取足够的资讯。

又如：你在一本职场小说上看到一些不懂的专业词汇：VP、AM、客户 AE、客户 AD 等，如何找到答案呢？你只要在百度网上搜索“客户 AE”“VP”等关键词即可找到相关的网页获取答案。

再如：你要从广州医学院去广东外语外贸大学，但你不知道怎样坐公交车去，怎么办呢？你只要在百度网的主页上找到文本框下的“更多”并点击，就可进入如图10－12 所示的页面。

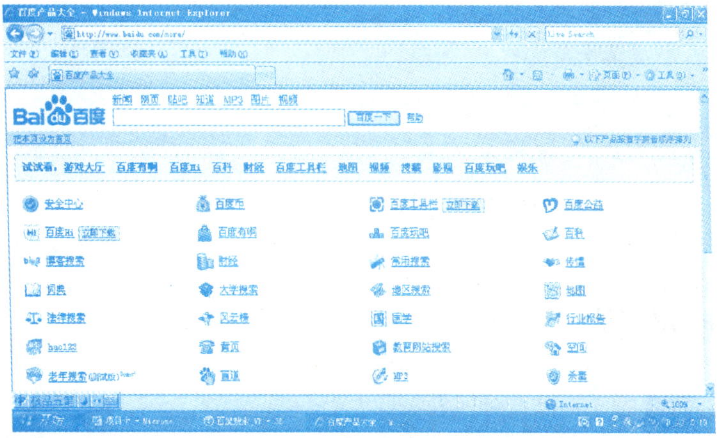

图 10－12　百度产品大全页面

在上述页面上点击“地图”，然后选择“公交”，在二个文本框中分别输入“广州医学院”和“广东外语外贸大学”，你就可以找到适合的公交车，如图 10－13 所示。

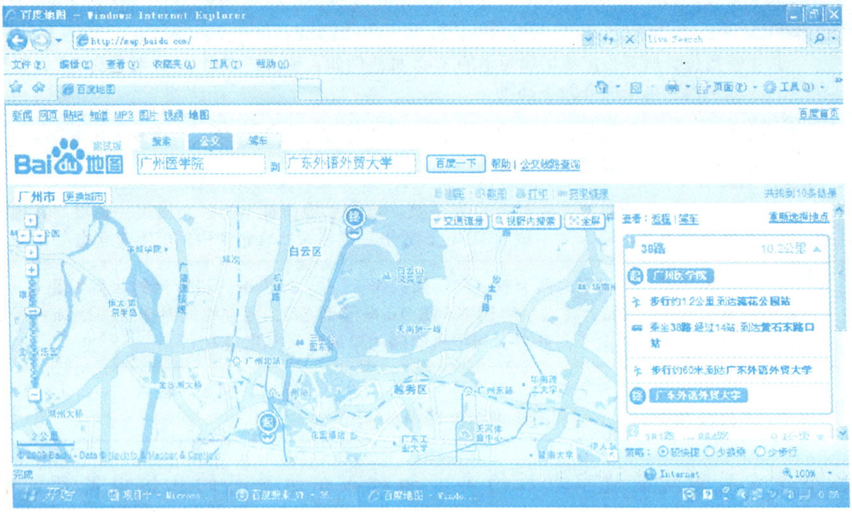

图 10－13　百度地图搜索页面

当然，你还可以在这地图上找到很多你需要的信息，如在广州医学院附近找“银行”或“宾馆”等等，如图 10－14 所示。

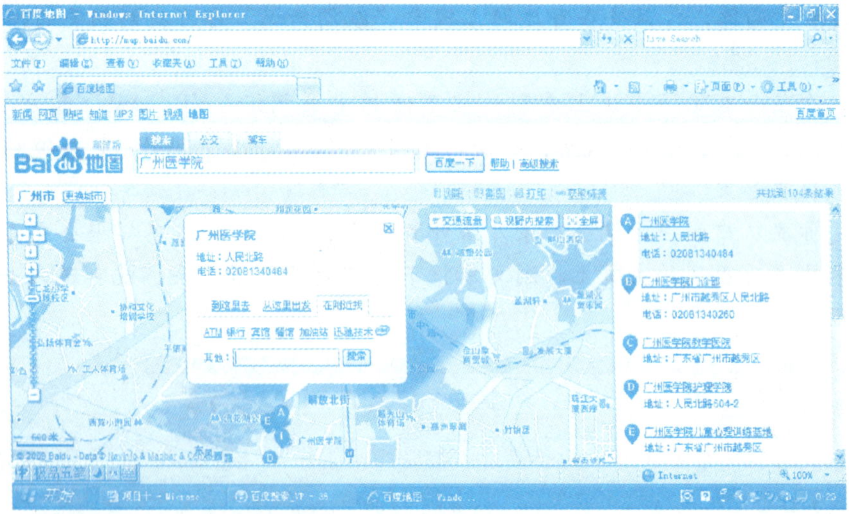

图 10－14　百度地图搜索信息页面

四、技能巩固

1. 你哥哥在一家大型电子商品城做管理工作，熟悉各种电子产品的进货渠道。你一想培养自己的实际营销技能，二也想勤工俭学，因而打算在学校同学们当中推销手机、耳机、MP3 和 MP4 等电子产品，为此，你想先做个市场调查获得足够的信息，以便自己去进一些合适的产品来卖。请你设计一份合适的调查问卷。

2. 你是北京某企业的市场人员，现准备随经理出差到深圳，请通过网络预先查询几家四星级酒店房间的有关信息（地址、电话、价位、主要设施等），以便向经理汇报。

3. 你是做钢材生意的，现想了解国内螺纹钢价格变动趋势情况，请你通过网络采集你想要的信息。

4. 由于业务关系，你要去新加坡出差，由于从未去过新加坡，对那里的风土人情和交通状况都不知晓，请你通过网络获取相关信息。

5. 你公司从事五金刀具国际出口业务，请你分别在“中国进出口贸易网”和“中国出口贸易网”查找出 1 ~2 条外国公司求购五金刀具的信息。

6. 假如你是某服装品牌的业务人员，现欲在国内寻找一批服装生产商作为 OEM（贴牌生产，即一家公司生产出服装后用另一家公司的品牌）合作伙伴，请你通过网络初步找出 10 家服装生产商，并记录下他们的厂名、所在地、联系电话、主要产品类型等，以便进一步联系。

项目任务十一　讨价还价技巧实训

一、实训说明

实训目标	培养学生价格谈判的实际技能
实训重点	讨价技巧，还价技巧
实训要求	平时注意观察，课前查阅资料，课后尝试运用形成习惯
场地器具	多功能课室
实训评价	按照同步测评标准给每位学生评分，此专题占本课程总分的8%
实训课时	建议4课时

二、实训任务

小张性格开朗好动且又能言善辩，加之喜欢交朋结友，所以他选择了就读某职业院校的市场营销专业，他入读以来孜孜以求的目标，是毕业后找一份销售工作实现自己挑战致富的梦想。

小张深知，要做好销售工作，每天与顾客之间、与供货商之间的讨价还价那是家常便饭，销售人员赚的钱来源于货品卖出和进货间的差价，要提高自己的销售利润，关键之一在于想办法压低进货成交价和抬高卖货成交价，可顾客和供货商也不是那么好对付的，看来，强化自己的讨价还价技巧是应该提上关键日程了，那究竟该从何做起呢？

画龙点睛

- 在生意谈判场上的“慷慨大方”只会收获对手的轻蔑。
- 讨价还价的底气来源于对信息的充分掌握。
- 讨价还价的过程是买卖双方智力和心理的较量。

三、实训步骤

（一）讨价

1. 训练内容。

背景：B外商要在珠江三角洲采购一批皮鞋，已与好几家皮鞋厂家联系。由于B外商的采购量很大，A公司很想得到这笔生意，该皮鞋产品的市场价格为每双30美元（各厂家的正常利润价格），成本为26美元。小张是A公司的主要谈判代表，由于刚获得提拔，急需证明自己的能力：既要想尽办法得到这笔生意，又不能以牺牲正常的利润空间为代价。

为了引起外商的兴趣和抢得生意先机，小张故意把市场价格每双30美元的皮鞋报价为每双28美元，而这一报价策略果然有效，一下就引起了B外商的极大兴趣，于是外商放弃了其他卖主，把重点放在与A公司的谈判上来。小张在初步意图达成后，第二步便是要想办法在谈判中通过各种策略间接把产品价格再抬上去，为此，要想方设法再进行“讨价”。

任务：将全班同学分成4～5人一组，每组进行讨论，分别替小张出谋划策，看看有哪些能再“讨价”的策略，20分钟后各组展示自己的方案，比比谁做得最好。

星星点灯

- 报价有学问，合适的报价是生意成功的第一步。
- 商家善用讨价还价策略，既能赚得理想的利润，还能收获顾客的满意。

2. 训练要求。预习教材后面的内容，尽量创造各种各样的理由进行讨价；每个讨价理由都要预计到对方会作出何种可能的应对，因而要准备充分的论据。

3. 训练测评。

测评依据

★ 积极认真	★ 讨论踊跃
★ 策略适当	★ 合情合理
★ 方法多样	★ 实用性高

4. 背景知识。

讨价技巧

小案例：

A：“欢迎光临，随便看看。”

B：“老板，这裤子怎么卖？”

A：“您先试试吧，试好了咱再说价。”

B：“好”

试好后……

A：“看您穿得这么合适，多漂亮啊，我做生意实在，您说个价吧。”

B：“40块吧！”（心里价位是60，报价打了点埋伏。）

A：“哎呀哥们，你看看我这裤子质量行吗，40块钱一条腿都不够，你让我挣点行不，这样，我也是实在人，一口价120吧。”

B：“别啊大哥，您看您这店，一天几千块的挣着，在乎我口袋里这点钱吗，少挣点吧。”

A：“我看你挺实在的，这样吧，你往上涨点，今天刚开张，图个吉利，不挣钱了。”

B：“大哥您这不是难为我吗？我看您这么实在，都不好意思砍价了，可是您说我一上班的，天天要精打细算的，比不上您当老板的，这样吧，我加十块钱，50吧。”

A：“嘿，兄弟别这样啊，这条裤子我进货都要80，50元你有多少我要多少！”

B：“兄弟你这就是骗我了，旁边那个档都只要50，我只是好马不吃回头草罢了。”

A：“旁边那个档的哪有我的质量好啊，你看看这布料、这做工！”

B：“那我可没辙了，大哥，真买不起了，裤子给您放这了。”（做出走的架势）

A：“你要是真有心买，最低也要60。”

B：“那你得给我修好裤脚！”

A：“看你是个爽快人，算交个朋友了，下次多点帮衬呀！”

讨价还价是衡量一家企业在市场交往中综合能力的最生动体现。一桩买卖、一个项目、一单交易能够赚得多少，取决于买卖双方讨价还价的空间和余地，一家企业的利润多少，也是在一次次的讨价还价当中产生。

技巧一：先发制人，堵住客户讨价之口。

在业务洽谈之前你可以向客户言明，供货价格已经“定死”，并且因为种种原因不能下调，希望对方能理解。把“丑话说在先”，堵住客户讨价还价之口，使之想还价却不能还，收到一种先发制人的效果。

在大的商场、专卖店以及其他一些营业场所，经常会看到这样一些告示性标语“平价销售，还价免言”。如果有人在购买时想还价，营业员会很有礼貌地说：“对不起，我们这里不还价。”这样就轻松地避免了与顾客讨价还价的口舌之战。

当然，实施先发制人必须有一个前提，那就是产品本身质量过硬，或品牌很响亮，或很独特，或很时兴，或很走俏，或销势很好，不会因为价格高低而直接影响到顾客的最终购买，否则，会拒顾客于千里之外。

技巧二：审时度势，掌握报价技巧。

要想有效地规避客户的讨价还价，巧妙报价十分关键。

第一，分清客户类型，针对性报价。对那些漫无目的的不知价格行情的客户，可高报价，留出一定的砍价空间；对不知具体某一品种价格情况，但知该行业销售各环节定价规律的客户，应适度报价，在情在理；而对那些知道具体价格，并能从其他渠道购到同一品种的客户，则应在不亏本的前提下，尽量放低价格，先吸引住客户。总而言之，就是针对不同类型的客户，报不同的价格，“到什么山上唱什么歌”。

第二，讲究报价方式。在报价方式上，应注意三点：

(1) 化整为零。例如，香烟一条是100元，那么说每盒10元会让买家听起来格外舒服；每斤茶叶200元钱，往往会被说成“20元钱可买1两”。

(2) 化大为小。比如房子，一间80万元，很多人会觉得难于承受，如果标明月供多少，就会让消费者觉得容易接受。

(3) 尾数报价。报价时保留价格尾数上的零头，而不进位成整数，一来价格越具体越容易让顾客相信定价的精确性；二来可以在顾客讨价还价的过程中，将零头作为一个筹码，“让利”给对方。

第三，因时因地因人报价。

(1) 向处于不同时间的客户报不同的价格。客户正忙得不可开交时，可以报一模糊价格，让其对产品有大概的价格印象，详细情况可另行约定时间再议；客户有明确的购买意向时，应抓时机报出具体价格，让其对产品价格有一较为具体的了解；在同行业务人员较多、竞争激烈时不宜报价，此时报价，客户繁忙记不住，却让竞争对手掌握了自己的价格，成为攻击你的一个突破口；在招标中宜报比竞争对手稍低的价格，以获得生意机会。

(2) 在恰当的地点报价。价格是一种比较严肃的事情，应选择在办公室等比较正规的场所进行，要不然会给客户一种随随便便、草草了事的感觉。再则，在办公室以外地方谈报价的事情，占用私人的时间容易引起客户反感。

(3) 把握好向谁报价。价格是商业交往中比较敏感的话题尤其对实行招标、议标的项目来说，价格更是一个秘密，所以在报价时要尽量找准能有拍板权的关键人物。和一般人“且说三分话”，遇业务一把手时才可“全抛一片心”。向做不了主的人报价，不但徒劳无益，有时甚至使结果适得其反。

技巧三：突出优势，掌握说服艺术。

与客户的讨价还价其实是一种说服艺术。在“游说”的过程中，必须把握两点：首先就是“斗而不破”的原则，要注意在情感上不搞对立面，不轻易让谈判破局；然后就是要让顾客由衷地产生一种“仅此一家，别无分店”、“花这种钱值得”的感觉，否则将是说而不服。

(1) 突出产品优势或特色。比如说，产品有一流的加工制造工艺水平，质量有保障，有独特的卖点等。

(2) 突出得力的后续支持。主要表明产品的相关广告宣传攻势强，从上到下各种媒体均有覆盖，促销政策到位，礼品配送及时等。

(3) 突出周全的配套服务项目。比如建立了免费咨询服务、送货上门、安装调试、终身保修等一套比较完善的售后服务机制等。

技巧四：摸清其意，有针对性的报价。

一般顾客问价主要源于两个目的：第一，是真心想买，问价是想了解一个还价的基数；第二，可买可不买，借询问价格之机了解有关该产品的价格行情，也就是“探虚实”。此外，还有一种情况，就是一些老客户为了拒绝或终止继续合作，会以讨价还价为借口，讨还出一个根本无法接受的价格。

针对这种情况，我们首先应该注意观察顾客的言行，明察秋毫，留意顾客所提的每个要求，抓住要害，加以分析，快速地做出判断，明确顾客询价问价以及讨价还价的真正目的，决定自己该不该对其报价，报什么价。

其次，开展一些摸底调查工作，弄明白顾客能接受多大的空间，有针对性地报出既有讨还余地，又对客户有一定吸引力的价格。

最后，即使自己非常清楚自己的现在价格确实要高出其他同类商品价格，也不能立即向顾客答应降低价格，可以自己不知详情为借口，对其承诺等向上级请示后再予以答复。如立即降低价格，会让顾客产生一种被欺骗的感觉：明明可以降低价格销售，却偏偏如此高价，这样一来会影响买卖的成交和以后的进一步合作。

技巧五：如报价较理想，在小事上要慷慨。

在讨价还价过程中，买卖双方都要作出一定让步。如何让步是关系到整个洽谈成败的关键。就常理而言，虽然每一个人都愿意在讨价还价中得到好处，但并非每个人都是贪得无厌的，多数人是只要经过努力能得到一点点好处，就会感到满足。正是基于这种分析，在洽谈中要在小事上做出十分慷慨的样子，使买家感到已得到优惠或让步。比如，增加或者替换一些小零件时不要向买家收费，否则会因小失大，引起买家反感，并且使买家马上对价格敏感起来，影响了下一步的洽谈。反之，免费向买家提供一些廉价的、微不足道的小零件或包装品则可以增进双方的友谊。

技巧六：敢于和善于比较。

为了消除价格障碍，在洽谈中可以多采用比较法，往往能收到良好的效果。比较的做法通常是拿所销售的商品与另外一种商品相比，以说明价格的合理性。在运用这种方法时，如果能找到一个很好的角度来引导买家，效果会非常好，如把商品的价格与日常支付的费用进行比较等。由于买家往往不知道在一定时间内日常费用加起来有多大，相比之下觉得开支有限，自然就容易购买商品了。比如，一件商品的价格是2 000元，但使用期是10年，这就是说，你每年只花200元，每月只花16元左右，每天还不到6角钱。考虑到它为你节约的工作时间，6角钱算什么呢？

技巧七：让步要步步为营。

和买家讨价还价要有耐心，不轻易作出让步，即使要让步，也要像挤牙膏似的一点一滴地讨价还价，并同时要求对方作出让步，而不能一下子降得太多，而且每降一次要装出一副一筹莫展、束手无策的无奈模样。有的买家故意用夸大其词甚至威胁的口气，并装出要告辞的样子吓唬你。比如，他说：“价格贵得过分了，没有必要再谈下去了。”这时你千万不要上当，一下子把价格压得太低。你可显出很棘手的样子，说：“先生，你可真厉害呀！”故意花上几十秒钟时间苦思冥想一番之后咬牙作出决定：“实在没办法，那就……”比原来的报价稍微低一点，切忌降得太猛了。当然对方仍不会就此罢休，不过，你可要稳住阵脚，并装作郑重其事、很严肃的样子宣布：“再降无论如何也不成了。”在这种情况下，买家将错觉为这是最低限度，有可能就此达成协议。也有的“铁公鸡”买家还会再压一次，尽管幅度不是很大：“如果这个价我就买了，否则咱们拜拜。”这时卖家可用手往桌子一拍，“豁出去了！就这么着吧”，立刻把价格敲定。

技巧八：满足顾客还价心理需要。

讨价还价不是可有可无，而是有必要，并且要很认真地对待。首先，买家会相信你说的都是实在话，以为确实买了便宜货；同时也让买家相信卖方的态度是很认真的，不是产品质量不好才让价，而是被逼得没办法才被迫压价，这样一来，会使买家产生买到货真价实产品的感觉；卖方千方百计地与对方讨价还价，不仅仅是尽量卖个好价钱，同时也使对方觉得战胜了对手，获得了便宜，从而产生一种满足感。假使让买家轻而易举地就把价格压下来，其满足感则很淡薄，而且还会有进一步压价的危险。

技巧九：预留足够价格空间。

在买家当中，确实有一种人胡搅蛮缠，没完没了地讨价还价。这类买家与其说想占便宜不如说成心捉弄人。即使你告诉他最低价格，他仍要求降价。对付这类买家，一开始必须狠心把报价抬得高高的，在讨价还价过程中要多花点时间，每次只降一点，而且降一点就说一次“又亏了”。就这样，降个五六次，他也就满足了。有的商品是有标价的，因标有价格所以降价的幅度十分有限，每一次降得就要更少一点。

技巧十：制造竞争对手或紧张氛围。

在顾客提出还价要求时，先不急于与其还价，而是利用各种手段让顾客切实感觉到货物的紧俏，也可以让内部人员分别扮演“红脸”和“黑脸”，通过有人表达强硬态度制造紧张气氛，让顾客感到价格松动的难度，然后通过你在一脸诚意下的无奈，让顾客淡化价格意识，使其心态转到不要错过成交机会上来。

需要着重指出的是，还有一些讨价策略和还价策略在本质上是相通的，如“最后通牒”、“五五让步”、“哀兵策略”、“权力有限”等，这些内容将在还价部分叙述。

经过一番激烈的讨价还价，价格一旦“敲定”之后，必须马上签订协议将其“套牢”，不给对方一丝反悔和变卦的机会。总之，无论是生产商与中间商，还是中间商与最终消费者，讨价还价无时无处不在，对于买卖双方来说，只有掌握一定技巧和策略，在这场口舌之战中才能各得其所，最终促成交易的完成。而“讨价还价”的艺术，也将随着这场口舌之战的继续而逐步丰富，逐步完善。

（二）还价

1. 训练内容。

背景：小张准备买一台电脑，并大致确定了配置，还从网上查到了相应的价格：CPU880 元、内存 360 元、主板 760 元、硬盘 600 元、显示器 1 000 元、机箱 300 元、外接音响 300 元、键盘鼠标 80 元。同样配置的一线品牌电脑的价格为 5 188 元，二线品牌电脑价格为 4 888 元。

在电脑城，小张来到了第一家装机店前：“老板，你看这个配置需要多少钱?”小张递过去想配置电脑的部件详单。

“请这边坐。喝口水。”老板把小张带到了一个小桌旁边坐下。递过一杯水后，拿出了计算器及纸和笔，根据小张的配置写下了 CPU880 元、内存 480 元、主板 880 元、硬盘 600 元、显示器 1 100 元、机箱 340 元、音响 320 元、键盘鼠标 98 元。总计为 4 698 元。老板把他写的报价单递给小张说："你看看。"

小张拿起报价单很认真地看了一遍。"老板，你这个内存是不是报得太贵了点，网上的报价没这么高。"

"这段时间内存一直都在涨价，一天一个行情，网上的数据更新得太慢，而且网上假货太多。"老板很内行地答道。

任务： 将全班同学分成 4 ~5 人一组，每组进行讨论，分别替小张出谋划策，看看有哪些能帮助"还价"的方法，20 分钟后各组展示自己的方案，比比谁做得最好。

星星点灯

- 还价就像海绵里的水，只要愿挤，总还是有的。
- 你还价一分，卖家就要少赚一分，因而注定了还价是个艰难的过程。

2. 训练要求。预习教材后面的内容，尽量运用各种策略和创造各种各样的理由进行还价；每个还价理由都要预计到对方会作出何种可能的应对，因而要做好充分的论据准备。

3. 训练测评。

测 评 依 据

★ 积极认真	★ 讨论踊跃
★ 策略适当	★ 合情合理
★ 方法多样	★ 实用性高

4. 背景知识。

还 价 技 巧

> **小提示：** 讨价还价得来的商品就像捡到钱包。

在市场上，买卖双方的讨价还价就像一支美丽而又令人心碎的交响曲。从集贸市场上几毛钱的小菜生意，到工商企业间大手笔的巨额交易，买卖双方为价格而进行的唇枪舌剑无时无处不在，双方总难免为成交价格纠缠不休：买方在货比三家后总是要求物美价廉，卖方则唇干舌燥地宣称物超所值，自己亏本；买方动辄以价高为借口"移情别恋"，向卖方说"再见"，卖方为挽留客户"芳心"，最终还是要忍痛割"利"。

技巧一：掌控信息。

要想在讨价还价中取得主动地位，就必须掌握充分的信息。要想方设法了解对手的底价、产品性能、应用环境、信誉情况，在他们的弱点方面下工夫，通过攻击对手的弱点，逼迫对手让步。还要想办法调查到其他顾客的成交价格，以及谈判对手的竞争者的价格及产品优点，通过清晰的利弊和价格对照，努力促成你希望的价格。

比如，你是买方，就告诉卖方他的竞争者的情况：产品质量比他高的卖方，价格比他低的卖方，可以提供比他更优越的条件的卖方。还有你的朋友买这件产品的价格，许多卖主在等着供应你的所需，等等，逼他作出让步。

技巧二：欲擒故纵。

不要轻易暴露自己的真实购买底线和意图，即使你很喜欢产品也很想成交，或者你需要的产品时间很紧，也要控制好自己的情绪，装出一副只是闲逛，买不买无所谓，并且显得对产品不是很满意也不急于成交的样子。否则就会被对手掌握主动，占据心理上的优势，坚持自己的要求不肯作出让步，最后逼迫你作出让步。

比如，夫妻俩一起去逛服装店，一进店门，妻子就两眼放光，快步走到一款服装前拿起来，兴奋地对丈夫说："你看，这就是昨天在网上看到的那件，这不是有吗!?"看来，这件服装的成交价格会比较"昂贵"了。

技巧三：无动于衷。

不理会对方的报价，使对方对自己的报价产生怀疑而继续报价。这是一种无声的讨价和还价，与具体讨价还价的区别在于：对于对方的每一次报价作一次这样的回应"你的报价太离谱了，我懒得理你，看来你还得报个新的价格给我"。

技巧四：货比三家。

"货比三家不上当"乃是人们购买到物美价廉商品的具体做法和经验总结。购买商品时不要看一家就决定去买，要多看几家比较一下，一"比"下来就容易买到实值商品。

技巧五：砍价要狠。

在商品买卖中，由于多数情况下存在"信息不对称"情况，也就是说卖方对商品的利润空间知根知底，而买方一般不容易知道，因而处于劣势地位。有些商家的卖价要高于进价的1~2倍以上，甚至漫天要价，其表现主要在服装、日用百货等商品上，对于买家来说，只有试探出对手的价格底线才不会吃亏，坚持"挥动大刀狠狠砍价"和货比三家原则相结合是对付这种要价的要诀。

技巧六：声东击西。

比如，欲买红色皮鞋，而卖方柜台上只有红、黑和黄三种款式，那么你就去问卖主有无白色皮鞋。卖主因无白色而"内疚"，便会对你"勉强"买红色皮鞋而让价，因为卖主怕你去别处买。

技巧七：吹毛求疵。

任何产品都不可能十全十美，卖方向你推销时，总是挑产品优点说，而你经过认真挑选后，应该针锋相对地指出产品的不足之处，揭露产品的缺点，指出的产品缺点越多越严重，对方销售人员对所开高价就越容易失去信心，就越能迫使卖主让价。

技巧八：细水长流。

在讨价还价中，还价要有耐心，不要急于成交，要一点一点地挤压对方的利润空间：先尽量杀价，如实在不能在价格上再谈下去，这时便可谈赠品，谈完赠品又可谈交易条件（如付款、送货条件），谈完交易条件再谈售后服务（培训、广告支持、安装维修条件等）。但要注意的是，尽量不要让对手看出你在谈上一个条件时还会有下一步条件。

技巧九：疲劳战术。

在挑选商品时，可以反复地让卖方为你挑选、比试，当你出的价格与卖方开价的差距相差很大时，卖方会因为你费了许多体力精力和时间，不成交不合算而向你妥协。

技巧十：哀兵策略。

在谈判陷入胶着状态时可以采用哀兵策略，尽量给对方摆自己的种种难处博取同情，比如说自己的业绩压力、工作困境、资金不足等，甚至干脆跟对方磨磨洋工，总之让对方感觉到，你的困难很多很大，自己只能捞到那么多了，见好就收吧。

技巧十一：权力有限。

在讨价还价过程中，为了达到降低对方条件、迫使对方让步或修改承诺条文的目的，采取转移矛盾，假借上司或委托人等第三者之名，故意将谈判工作搁浅，让对方心中无数地等待，这往往使对方大伤脑筋，迫使对方只能根据我方所拥有的权限来考虑问题。如果对方急于求成，虽然明知会有某种损失，也不得不妥协拍板。否则，就会冒谈判失败的风险。

如“成交价格超过每件 100 元，须请示上级”，这种权力限制实际上是给对方的谈判者规定了一个最低限度目标——成交价格最多不能超过每件 100 元。

技巧十二：红脸白脸。

红白脸策略，也被称为演双簧。当讨价还价的气氛明显充满敌意时，对方因为要坚持自己的观点和利益，死守一点也不肯让步时，己方的“白脸人”就要出场了。他可以表现得很生气，或者大发雷霆，指责和诋毁对手，最主要的目的就是把气氛搞得十分紧张。而其余的成员则一言不发或不知所措。然后是己方的“红脸人”出场，他的任务是出来缓和气氛。他在劝阻自己同伴的同时也会平静而又明确地指出，这种场面完全是由对方的态度所造成的。当“白脸人”发怒以后，对方一般会被激怒，而后又会感到自己的做法有失情理，在这种心理下，对方就会自然地对自己一直坚持的条件作出让步，在不知不觉中使使用策略的一方实现了预期的目的。

技巧十三：引入竞争。

在讨价还价进入攻坚阶段陷入僵局时，此时如果能让对方知道你在做“二选一”，也就是你在两个竞争对手之间要作最终抉择，这时对方为了获得生意机会，往往会亮出优惠条件的底牌。

技巧十四：最后通牒。

当你处于极为有利的地位，但讨价还价到最后，所有的谈判技巧都已使用过均无法改变对方的立场，这时可态度强硬，语言明确，讲清正反两方面的关系，诚恳地摊底，提出最后决定条件或最后时限，逼迫对方答复。

例如，卖主一件衣服要 100 元，你可以这样说：“卖 120 元也不算贵，可我只剩下 70 元，不卖就算了。”同时，你要表现出去意。这时卖主如果认为有利可图，他是不会放过你的。

技巧十五：五五让步。

在讨价还价的最后，如果双方还有条件经过努力而谈不拢，这时可当机立断射出临门一脚，要求双方各让一步，并配合最后通牒方式进行，这时往往能在最后关键时刻达成目标。

四、技能巩固

（一）操作题

1. 你在电脑城一家店做电脑售货员，对于一款中档配置的电脑，价格底线是3 600元，在下列情况下你会如何报价？要求简述理由。

（1）一个背着电脑包戴着近视眼镜的二十多岁的年轻人慢悠悠地踱过来，手里拿着一份最新的《电脑报》。

（2）一个六十多岁的老人带着一个十岁左右的孙子走过来，孙子一脸兴奋的样子。

（3）一位四十多岁衣着考究的像个老板模样的男子行色匆匆快步走过来。

（4）一对三十多岁的夫妻不紧不慢地走过来，妻子手里面拿着一堆各式各样的电脑报价单。

2. 由于新屋装修，你家集体开会讨论后打算在新居客厅墙壁上挂一幅大型的镜框画。在工艺品一条街，你看中了一幅适合的画，并且认真观察过，在整条街有五六家商铺有这幅画卖，但均未明码标价，因而你对于这幅画的价格心中一点底也没有。

由于你学的是营销专业，老爸让你负责去讨价还价，现在你必须认真思考如何对这幅画讨价还价了，请用情景剧的形式写出你讨价还价的全过程（可以 2 ~ 3 人为一组完成这道作业题）。

3. 你、中间商、客户三方就某一个标的而合作。你在甲地，中间商和客户在乙地，你和他们相距 2 000 公里以上。你的优势在于产品的品牌知名度很高，客户也非常希望你成为他的供应商。中间商以前没有和你联系过，他和客户较熟，他希望这一单能多赚一些钱。中间商让你给他尽快报价、做方案，以便他加价后尽快提交方案给客户。你把方案做得很好，同时给他报了一个口头的幅度价格，并且就价格空间向他作出了详细说明，随后补发了书面说明给中间商。中间商将你做的方案呈现后，客户非常满意，当即定下了送货时间（客户急需你的产品做配套，所以时间已开始倒计时）。签约阶段到了，你再次向中间商强调最后合作价格，但中间商表示很为难，一再找各种理由压迫你降低价格。时间很紧了，你也很看好这张订单。

你打算怎么做？

（二）案例题

1. 意大利某电子公司欲向中国某进出口公司出售半导体生产用的设备，派人来北京与中方洽谈。其设备性能良好，适合中方用户。双方很快就设备性能指标达成协议，随即进入价格谈判。中方讲：“设备性能可以，但价格不行，要降价。”意方说：“货好，价也高，这很自然，不能降。”中方说：“不降不行。”意方说：“东方人真爱讨价还价，我们意大利人讲义气，就降 0.5%。”中方说：“谢谢贵方的义气之举，但贵方价格系不合理价。”意方问：“怎么不合理？”中方答：“贵方以中等性能要高等价，而不是适配价。”意方又问：“贵方不是对我方设备很满意吗?”中方答:“是的,这是因为它适合我们的需要,但并不意味这是最先进的设备。如用贵方报的价,我们可以买到比贵方设备更好的设备。”意方说:“这话倒使我无法回答了,我需要考虑后再说。”休息一会儿,双方再谈。意方报了一个改善3%的价格。中方认为还没有到成交线,要求意方再降。意方坚决不同意,要求中方还价,中方给出再降15%的条件。

意方听到中方条件,沉默了一会儿。从包里翻出了一张机票说:“贵方的条件太苛刻,我方难以承受。为了表示交易诚意,我再降2%。贵方若同意,我就与贵方签合同;贵方若不同意,这是我明天下午2:00回国的机票,按时走人。”说完,站起来就要走。临走又留下一句话:“我住在友谊宾馆×楼×号房间,贵方有了决定,请在明天中午12:00以前给我电话。”

中方在会后认真研究成交方案认为5.5%的降价仍不能接受,至少应降7%,也就是还差1.5%。如何能再谈判呢?于是先调查明天下午2:00是否有飞意大利的航班或欧洲的航班,以探其虚实,结果是没有。第二天早上10:00左右,中方让翻译给意方宾馆房间打电话,告诉他:“昨天贵方改善的条件反映了贵方交易的诚意,我方表示赞赏。作为一种响应,我方也可以改变原立场,只要求贵方降10%。”意方看到中方一步让了5%,而10%与其内定价格相差一些,但相对于15%而言,可以谈判了,于是,希望马上与中方见面。中方赶到宾馆,到其房间谈起来。没有太多的寒暄,开门见山,双方认为还有差距,但均愿意成交。只有一条路——互相让步,你多我少,还是我多你少?双方推断,在此之前双方各让了5%,对等,最后一搏是否也应对等?最终双方将5%的差距(意方5%与中方的10%比)各担一半,即以降价7.5%成交。

问题: 本案例中买卖双方各采用了什么样的讨价还价策略?你有何启发?

2. 上午来过的一对小夫妻,手里拿着名片又找回来了,这是好征兆。

女顾客一进门就说:“累死我了,我可不想再走了。”我一看,机会不容错过。他们第二次过来,说明还是比较看好我们的产品;而女孩子已经很累了却还要过来,购买信号十分强烈。

他们上午过来时,在这里看好了两款产品,只是嫌价位高,两个人轮番跟我“磨价”,没能谈拢。男顾客说是要给丈母娘家里装修,以表孝心,所以要买质量好又美观的瓷砖,但是价位不能太贵,“刚结婚,手头不太宽裕”。

这次他们一进来就冲着上午看好的那两款产品直奔而去,我只能跟在他们后面,刚堆积起的微笑表情也没来得及发挥作用。

男顾客一开口还是和我谈价位的事情,其实我真想给他们再稍微降一点,但他们上午已经把价位降到最低了,没有了再降的空间。所以,我决定不再跟他们谈价格,而是把他们请到休闲区,对他们说:“你们先休息一下。我先查一下库存,确保有货我们再谈好不好?”

我走到前台,随手翻了一下库存,对前台的同事挤了一下眼睛,说:“这一款不是还有200多箱吗?怎么没有了呢?”

前台的同事说:“20分钟以前有一位顾客叮嘱让我们留货,在留货单上可以看到。”

男顾客显然听到了我们的谈话,他一下子站起来了:“不会吧?”

这时候,前台的同事告诉我:“刚才那个客人让留货200箱,但是他没有交定金,另外,他说要回去拿平面图,我估计他用不了那么多的。”

男顾客插话说："既然没交定金，那就不算订货，我这里有平面图，你看看需要多少砖，我现在就交定金。"

前台的同事看看我，脸上显出为难的样子。

我没接她的钱，继续问我前台的同事："公司下批订货是什么时候？"

同事告诉我，他刚写了单子，新货估计要10天可以到。

"这样应该可以，"我一边接过来女顾客的定金，一边对同事说："能不能先给他们开，新货来的时候，再给那个客户，毕竟还没交定金嘛！"

小夫妻的眼睛都盯着我的同事，同事有点难为情，我说："就这样定吧，到时候我负责给那个客户解释，再说了，现在还不知道面积，他10天之内肯定铺不上砖的。"

看着他们远去的背影，我跟同事都笑了。

问题：本案例中卖方采用了什么样的讨价还价策略？

项目任务十二　订货合同实训

一、实 训 说 明

实训目标	培养学生签订符合法律要求的订货合同的实际技能
实训重点	拟定完整的订货合同
实训要求	条理清晰，措辞准确严密，符合法律规定
场地器具	多功能教室
实训评价	按照同步测评标准给每位学生评分，此专题占本课程总分的8%
实训课时	建议4课时

二、实 训 任 务

假如你是单位的业务员，单位要求你和供货单位签订一订货合同，你需要在合同中明确哪些条款才能使供货单位按时保质保量地交货呢？如果你是卖方，又需要在合同中明确哪些条款才能使货款及时收回呢？

合同一旦签订生效，就具有法律效力，如果合同签订得完整，每一项都明确，无论哪一方不按照合同执行，就是违反约定，就要负相应的法律责任，也就是要给对方相应的赔偿。这就对供需双方都有一个法律约束。

但如果合同签订的条款不明确，就给对方带来了机会，给自己单位带来了损失。

那么订货合同中哪些内容必须具备，哪些内容必须明确呢？如何拟定订货合同呢？

画龙点睛

- 熟练掌握《合同法》第十二条的规定，掌握订货合同的签订内容及格式。
- 根据给出的内容拟定订货合同。

三、实训步骤

1. 训练内容。全班同学随机抽签分为两组，一组为供货方，一组为需求方，根据提供的以下案例各自站在自己的角度来分析这样的合同中哪些条款对自己有约束力，哪些条款对自己不利，哪些条款自己能占到便宜，可能的后果是什么？

案例分析：

甲、乙双方于2007年7月12日签订了一份简单的订货合同，约定乙方向甲方购买10 000斤苹果，由于当时货物的价格变化较大，不便将价格在合同中定死，双方一致同意合同价格只写明以市价而定，且比市场价格低3角/斤。同时双方约定交货时间为2007年秋天，除上述简单约定合同中便无其他条款。

提示问题：

(1) 甲交给乙什么苹果？
(2) 甲交货时价格应该是多少？
(3) 甲方交付的苹果个头会有多大？
(4) 甲方应该在什么地点、什么时间交货？
(5) 乙方应该什么时候交付甲方苹果款？
(6) 苹果的包装方式如何？
(7) 甲乙双方如一方出现违约怎么办？
(8) 出现争议怎么解决呢？
(9) 还可能会出现什么问题？

星星点灯

- 《合同法》第十二条规定：合同的内容由当事人约定，一般包括以下条款：(1) 当事人的名称或者姓名和住所；(2) 标的；(3) 数量；(4) 质量；(5) 价款或者报酬；(6) 履行期限、地点和方式；(7) 违约责任；(8) 解决争议的方法。
- 当事人可以参照各类合同的示范文本订立合同。

2. 训练要求。每组阅读分析时间限15分钟；根据案例及提示准确找出对自己不利的和占便宜的条款，分析可能的后果；每个同学都要发言。

3. 训练测评。

测 评 依 据

★ 案例分析准确　　★ 后果预测清楚
★ 语言表达流畅　　★ 逻辑思维严密

4. 背景知识。

之一：合同风险分析

就本案而言，双方产生纠纷是必然的。为什么呢？究其原因就是双方对合同条款约定的模糊和合同条款不完备，而合同条款的模糊及缺乏重要的条款会给该合同未来的履行带来一定的纠纷风险；因此，对合同纠纷进行事前防范显得尤为重要，如合同当事人在签订合同前对合同的条款及事项进行严格审查，完全可以减少甚至避免未来合同履行期间产生不必要的纠纷。就本案例而言，该订货合同存在的漏洞、风险主要如下：

(1) 标的物约定不明确。标的是合同权利义务指向的对象，在这个合同中就是双方买卖的货物。这是一切合同都要具备的条款，否则也就失去了订立合同的必要性。在本案中双方在合同中只约定了标的物是苹果 10 000 斤，但品种没有作具体详细的约定，这样甲方向乙方交付货物时就出现了问题，可能就会产生甲方交付的苹果不是乙方想要的。同时这样的约定也使得甲方不好履行。

(2) 价格约定不明确。合同关系是当事人为了确定权利和义务而进行的经济活动，既然是经济活动，就必然有经济利益，订货合同必须确定商品的价格，而且要明确。在本合同中，只是约定了“以市价而定，且比市场价格低 3 角/斤”。如果是同一地方，价格还好明确，如果是两地，出现价格差怎么办？以哪个地方为准？如果没有明确是买方所在地或卖方所在地的市场价格，则必然带来纠纷的隐患。即使基于价格波动的考虑，也应约定一个基准价格，并在该基准价范围内约定一个上下波动的幅度，这样可以避免给予对方以合同漏洞为借口，要求以超过卖方可接受的低价购买或以超过买方可接受的高价出售。

标准的、完备的合同应当明确规定价款或报酬数额、计算标准、结算方式和程序等，而不应该留下任何可以让对方找到借口违约的模糊表述。

(3) 质量标准不明确。买卖合同的质量条款可以说是最为重要的合同条款之一。质量标准的明确约定，一方面可以使卖方在组织货源时候有了一个确定的标准，另一方面可以在买方验货期间确定了一个检验标准。本案中因未明确约定质量标准，也未确定产品检验的质量标准要求，在交付苹果时必然会出现纠纷。如甲方交给乙方很小的苹果，乙方嫌小不要怎么办？甲方交付的苹果都是虫子眼，而且有坏掉的，怎么办？

(4) 包装不明确。买卖合同中，标的物的包装也很重要，是合同中的一个重要条款。有了明确的包装，可以避免标的物的损失，也有利于运输。在本案中因未明确包装，就有可能出现几种包装方式，可以散装，可以袋装，可以用筐装，也可以用纸壳箱装等。不同的包装费用不同，对苹果的保护也不同，如果乙方对甲方纸箱运来的苹果愿意接收，又不负担包装费用，或对散装的苹果不接收，说甲方这样运输对苹果有损害等等，怎么办？其实没有约定包装方式，甲方无法运送。

（5）履行期限、地点、方式都没有约定。当事人在订立合同时对履行期限的约定，对于合同的顺利履行有重要意义，避免拖延履行合同。

履行的地点和方式是指交货地点、付款方式等。在异地当事人订立合同时，明确这一点非常重要，避免履行时出现争议。

在该合同中，只知道谁交货，但以何种方式交货、何时交货、在什么地点交货都不明确，乙方什么时候给甲方付款也不清楚。如果有运输的，运费和风险谁承担也不清楚，这都给甲乙双方带来了麻烦。合同的内容不知道如何履行。如果一方以欺诈的形式订立了合同，另一方就会财物两空。

（6）违约责任没有约定。在本合同中，双方的约定非常模糊，如果一方不履行义务，对方没有任何制裁措施，违约方不需要承担任何责任，出现了纠纷没有任何处理依据，也无法督促当事人按时履行合同。

之二：合同风险防范技巧

（1）标准的合同应该明确商品名称。合同中应使用标准学名，用全称，明确商品的商标、品种、规格等，避免给交货方以任何可以偷梁换柱的借口。如本案中双方可以约定国光苹果多少斤、富士苹果多少斤，规格是每斤多少个等。

（2）订货合同必须确定商品的价格，而且要明确。本案中可以约定以交货那天买方地的市场价格为准，或者签合同时明确价格。如国光苹果每公斤 4～5 个的多少钱一斤，每公斤 2～3 个的多少钱一斤等。

（3）检验标准在合同中应该明确。在本案中双方可以约定苹果的质量标准，如个头的大小；如发育情况是发育良好，即果实自然生长发育至成熟应有的形状和个头，果形丰满而带光泽，果肉清脆不过分绵软，口感不发涩。另外苹果没有各项损伤和病、虫等伤害等。

（4）对合同标的物的包装方式在合同中要明确。如可以约定，要用瓦楞纸箱单个苹果包装，每箱 25 千克。或用筐篓包装，每篓 70 斤等。费用由甲方（或乙方负担）。明确之后，在交货验收之时就不会发生纠纷。

（5）明确履行期限、地点、方式。在合同中要明确谁交货、以何种方式交货、何时交货、在什么地点交货，一般情况下，如有运输的，应明确运输方式、运输费用承担、风险承担等条款；对于交货时间应当作出明确、具体的约定；有交货地点的，除写上具体地点的，还应冠以交货地点所在的省、市、区等。该条款的详细约定可以明确合同当事人在交货上的义务、责任。否则，产生的义务、费用、损失将无法确定具体的责任人。

（6）违约责任一定要签订。违约责任是合同的一个重要条款，在订立合同时约定违约责任可以为处理纠纷提供依据，也可以督促当事人履行合同。一旦一方违约，可以按照违约责任承担相应的法律责任。在本案中，双方可以约定，一方不按照合同约定履行，要给对方支付违约金××元等条款。

（7）所有权保留条款。作为对卖方有利的条款，我国法律允许合同当事人自行约定所有权保留条款，防范货物交付后买方不支付货款的风险。

(8) 争议解决条款。与违约责任条款一样，该条款为纠纷的救济方式，合同中如果能明确约定对我方有利的争议解决方式及诉讼管辖地，可以避免在诉讼中的不利地位，特别是对于处于不同区域或不同国家的当事人。即使无法约定对我方绝对有利的管辖地点，也应当约定对双方均公平的第三地作为诉讼管辖地。其外，对于约定仲裁机关的，应写明具体的、实际存在的仲裁机构名称。

之三：注意合同陷阱

合同陷阱是指合同在订立、生效、履行、变更、转让、终止及违约责任的确定过程中，一方当事人故意制造漏洞或缺陷，使另一方当事人陷入其中，可能受到合同利益损害或损失的情形。

常见的合同陷阱包括以下五种类型：

(1) 口头合同。一些合同当事人就责、权、利达成口头约定，并不签订书面合同。在这种情况下，一旦发生违约的行为，当事人在寻求法律帮助时很难找到证据支持。

(2) 格式合同。这种合同应用极其广泛，从表面上看似乎无可挑剔，可是具体条款却表述含糊，甚至有很多种解释，因此在签订格式合同时务必看清楚相关条款，谨防上当。

(3) 单方合同。此类合同中只约定对方当事人有哪些义务，违反约定要承担怎样的责任，毁约要缴纳违约金等。而对对方当事人的权利几乎一字不提。对于这样的合同，签约者一定要看仔细，不得不防。

(4) 两张皮合同。有些合同当事人为对付有关部门的监督检查，往往与当事人签订两份合同，一份合同用来应付有关部门的检查，另一份合同才是双方真正履行的合同。而这份合同是不能暴露在阳光下的，遇到这样的情况，签约前一定要当心，认真对比两份合同的异同。

> **小提醒：**
> 谨慎，不轻易相信对方；细心，找出合同中可能存在的问题；增强防范意识；注重审查合同的真实性、公正性、合法性。

(5) 模糊合同。有些合同当事人在与别人签订合同时，不认真审阅合同的条款是否清楚得当，只想当然地觉得凑合就行，事实上许多合同当事人因为没有认真审阅合同条款，敷衍了事，使自己蒙受了不应有的损失。

之四：订货合同范本

范本：

签订日期：________年____月____日

签约地点：________合同编号：________

供方：________	需方：________
法定代表人或代理人：________	法定代表人或代理人：________
地址：________	地址：________
电话：________	电话：________
开户行、账号：________	开户行、账号：________

一、本合同是依照《中华人民共和国合同法》订立的，经双方签字盖章后，即发生法律效力，双方必须严格履行。

二、合同条款：

1. 签订双方商妥订货产品总值人民币＿＿＿＿＿＿元。其产品名称的规格、质量、数量、单价、总值、交货付款等详如附表（略）。

2. 产品及原材料检验方法：＿＿＿＿＿＿；

3. 产品价格规定：＿＿＿＿＿＿；

4. 产品的包装方法及费用负担：＿＿＿＿＿＿；

5. 产品交货方法及费用负担：＿＿＿＿＿＿；

6. 货款及费用等结算方法：＿＿＿＿＿＿；

7. 补充条款：＿＿＿＿＿＿。

三、经济责任：

1. 供方如未能履行合同，须负下列责任：

（1）产品花色、品种、规格、质量不符合同规定：需方同意利用的，按质论价；不能利用的，应负责保修、保退、保换。由于延误交货时间，每天应偿付需方＿＿＿＿＿＿的罚款。

（2）产品数量不符合规定：少交需方仍有需要的照数补交；因延期而不要的，可以退货，并承担因此而造成的损失；不能交货的，应偿付需方以不能交货的货款总值＿＿＿＿＿＿的罚金。

（3）产品包装不符合同规定：应负责返修或重新包装，并承担支付的费用；需方不要求返修或重新包装，应偿付不符合同规定包装价值＿＿＿＿＿＿的罚金。

2. 需方未能履行合同时，须负以下责任：

（1）中途变更产品花色、品种、规格、质量或包装的规格，应偿付变更部分货款或包装价值总值＿＿＿＿＿＿罚金。

（2）中途退货，由双方根据实际情况商定，同意退货的偿付退货部分货款总值＿＿＿＿＿＿的罚金。

（3）未按规定的时间和要求交原材料或技术、资金、包装物，除交货日期得以顺延外，应偿付顺延交货产品总值每日＿＿＿＿＿＿的罚金；不能提供时，视同中途退货处理。

（4）自提产品未按规定日期提货，每延期一天，应偿付供方以延期提货部分货款总额＿＿＿＿＿＿罚金。

（5）未按规定日期付款，每延期一天，应偿付以延期付款总额＿＿＿＿＿的罚金。

（6）实行送货或代运的产品拒绝接货，应承担由此而造成的损失和运输费用及罚金。

3. 产品价格：如需要调整，必须经双方协商方能变更。

4. 任何一方要求全部或部分解除合同，必须提出充分理由，经双方协商，并报请鉴证机关备案。

5. 如因生产原料、生产设备、生产工艺或市场发生重大变化，需要变更产品品种、花色、规格、质量、包装时，应提前__________天与对方协商修订调整，并报鉴证机关备案，任何一方不得擅自变更合同。一方变更合同，对方有权拒绝收购，因此而不能执行合同应偿付对方__________的罚金。

6. 确因自然灾害等原因，影响执行合同或延期交货，需提前__________天通知对方，经有关机构证明，可酌情减免罚金。

四、执行合同中，发生争议和纠纷，签约双方协商不成，均可向法院提出诉讼或向仲裁机关申请仲裁（只能两者选一）。

五、本合同及附件一式六份，供需双方各执正本一份，副本四份，双方主管部门和工商行政管理局各一份。

供方单位（盖章）：______　　需方单位（盖章）：______

法定代表人或代理人（签字）：______　　法定代表人或代理人（签字）：______

当事人可以根据合同样本明确在签订合同时双方签订的条款。具体内容可以删改，但具体项目不能缺少。

有的合同需要鉴证部门鉴证，但大多数合同不需要鉴证，视具体情况定。

四、技能巩固

（一）操作题

1. 结合上面分析的模糊案例，按照合同样本，重新签订一份比较完整的、具有法律效力的合同。具体条款自拟。

根据同学们拟定的合同再分组讨论分析有什么问题。

2. 根据给出的案例拟定一份合同。

案例：

辽宁省沈阳市的大地商贸公司（乙方）拟向上海春花羊毛衫厂（甲方）订购一批羊毛衫，具体要求如下：

（1）样品1号（100%羊毛），每件120元，共80件。尺寸和数量如下：

男款：尺寸	L	XL	XXL	
数量：（件）	10	10	20	
女款：尺寸	M	L	XL	XXL
数量：（件）	10	10	10	10

（2）样品2号（丝光羊毛70%，抗起球纤维30%），每件78元，共70件。尺寸和数量如下：

男款：尺寸	L	XL	XXL	
数量：（件）	10	10	20	
女款：尺寸	M	L	XL	XXL
数量：（件）	5	5	10	10

要求每件单独用塑料袋包装，外配纸壳包装袋。用纸壳箱大包装，到沈阳的运费由买方承担。2009年11月20日前把货发送到沈阳，由乙方自行提货。

2009年11月5日前乙方先交总价款的50%预付款，其余50%在2009年11月30日前付清。

其他事项自己补全。

（二）案例题

请阅读以下两则案例分析，然后回答问题。

之一：2008年4月，甲某与乙某签订一份西瓜买卖协议，约定在2008年7月中旬的时候，乙某向甲某交付西瓜1万斤。由于2008年较往年热，西瓜的成熟季节稍微提前七八天，为了不使自己的西瓜腐烂，乙某比协议时间提前一周把西瓜运到甲某处。甲某以没有地方存放为由拒绝接受西瓜，事实上甲某有足够的地方存放这些西瓜。

请问：

（1）乙某可以不按照合同的约定提前交货吗？

（2）在上述情况下，甲某可以拒绝西瓜吗？

专家解答：本案例涉及是否可以提前履约的问题。根据《合同法》第71条的规定，债务人提前履行合同，会给债权人造成利益损失的，债权人可以拒绝。但在本案中，乙某提前交付西瓜并不会给债权人带来损失，因此甲某无权拒绝接收西瓜。假如乙提前交付西瓜会增加甲某的储存费用，甲某可以要求乙某负担。

之二：甲建筑公司与乙水泥厂于2008年3月9日签订水泥购销合同。合同约定：甲建筑公司向乙水泥厂订购优质水泥400吨。2008年3月15日甲建筑公司向乙水泥厂先付50%的货款，2008年3月20日乙水泥厂向甲建筑公司发100吨优质水泥，余下的50%货款在货到后的5天内全部付清。甲建筑公司在签订合同的第二天就发现乙水泥厂欠某化工厂500万元债务尚未偿还，而水泥厂年营业额不足千万，目前该笔债务在法院强制执行程序中。甲建筑公司认为若继续履行合同，将有造成水泥厂不能给付水泥的危险，因此决定中止履行合同。并函告乙水泥厂准备好400吨水泥，或者提供相应的担保才能继续履行合同。

乙水泥厂认为，甲建筑公司有先履行的义务，其单方面中止合同违反了双方的合同约定，于是向法院提起诉讼。

请问：法院会支持水泥厂的诉讼请求吗？

专家解答：本案的关键在于原告水泥厂是否存在不能履行合同的危险，被告甲建筑公司中止履行合同是否有法律依据。根据《合同法》第68条的规定：先履行债务的当事人，有确切证据证明对方有下列情形之一的，可以中止履行合同：（1）经营状况严重恶化；(2) 转移财产、抽逃资金，以逃避债务的；(3) 丧失商业信誉；(4) 有丧失或可能丧失履行债务能力的其他情形。当事人没有确切证据中止履行合同的，应当承担违约责任。

在本案中，乙水泥厂欠某化工厂的500万元债务已经进入法院执行程序，有丧失履行能力的可能，因此甲建筑公司在这种情况下中止履行合同符合法律的规定。法院不会支持乙水泥厂的请求。

问题： 根据以上案例，结合本章内容请你谈谈在今后工作中应注意什么问题？

项目任务十三　投诉服务实训

一、实训说明

实训目标	对投诉进行有效的处理。
实训重点	掌握投诉处理的流程，投诉处理技巧的应用。
实训要求	端正态度，投诉无小事。
场地器具	多功能课室或实训室。
实训评价	按照同步测评标准给每位学生评分，此专题占本课程总分的6%。
实训课时	建议4课时。

二、实训任务

活泼开朗的李敏最近刚刚从公司的人力资源部调到客户服务部，她认为工作岗位的调动对她而言，更加符合自己的个性，可以更好地为公司的顾客服务。然而，几天工作下来，她发现客户服务部并不是她心中认为的情形：原先公司的客户服务部工作特别忙碌，每天要处理很多顾客的电话或者是接待顾客到店咨询、保养和维修工作。可是现在几天过去了，却总共才接待了几位顾客，而且咨询和投诉电话也很少，难道是公司生产的很受市场欢迎的产品已经不再畅销了吗？问题出在哪里了？

画龙点睛

- 认真接待客户服务部的每个来电和每位客户。
- 真诚对待每位客户。
- 及时解决客户的问题。
- 热情周到贴心的服务。

三、实训步骤

（一）投诉处理流程

1. 训练内容。全班同学两人为一组，其中一位同学扮演学生 A，另一位学生扮演服务中心工作人员 B。

背景：学生 A 的宿舍热水器一个多月前坏了，并及时地报修了，但学校总务后勤部门一直没有安排人员维修。近期因天气变冷，学生 A 因无热水只好用冷水洗澡而导致生病。学生 A 再次报修，可是一个多星期过去了，仍然没有维修。学生 A 因非常气愤，怒气冲冲地来到 B 的办公室投诉，并要求 B 的部门为其支付因感冒产生的医药费用。请 A 和 B 按照投诉处理的流程扮演相关角色，然后两位同学互换角色再做一遍。

星星点灯

- 客户的不满意就容易引起投诉行为的发生。
- 客户是企业的生命，企业不能没有客户。

2. 训练要求。每组同学在角色扮演中要完整地体现出投诉处理的流程。

3. 训练测评。

测 评 依 据

★ 态度端正　　★ 声音清晰
★ 形象生动　　★ 角色明确
★ 言语适当　　★ 流畅完整

4. 背景知识。顾客投诉是企业生存之源。没有投诉的企业是不可能发展的。将顾客投诉转变为企业效益的条件是正确处理顾客投诉，并从中挖掘出对企业的价值。因此，掌握顾客投诉处理的流程就变得尤为重要。

通常情况下，投诉处理流程可分为以下六个步骤：

第一步：聆听顾客投诉。顾客在投诉之初总会带有很大的情绪，因此在语言及行为上会有一些过火的表现。服务人员要控制自己的情绪，保持冷静、平和，可先让顾客将不满情绪适度的发泄出来，缓和顾客的情绪是处理投诉的第一步。

顾客不满的时候，他只想做两件事：表达他此时的心情和迅速解决问题。服务人员需要做的就是鼓励顾客发泄。在鼓励顾客发泄的过程中，服务人员要注意以下几点，以免顾客愤怒升级：请顾客到环境适宜的地方。嘈杂、简陋的环境不利于顾客发泄，甚至可能增加顾客的烦心，所以，把顾客请到一个安静舒适的地方有助于其缓解紧张的情绪。长期的顾客服务经验表明，顾客坐下来时怒火会明显降低，如果再聪明地递上一杯冰水，顾客的情绪会发生很大的转变。在听顾客表达的过程中，要有回应。如点头、交流等。这让顾客觉得服务人员的确是在急他们之所急。永远记住一点：顾客只有在发泄完，才会听服务人员说。在顾客发泄的过程中，服务人员需要细心聆听，发现对解决问题有效的信息。也许此时顾客更多表达的是自己的感受和观点，但同样对解决问题有一定的参考价值。另外，还需要控制自己的脾气，顾客此时发泄，并不是针对谁，只是想一吐心中的不快，所以，服务人员千万不要一时控制不住自己，心里生出同顾客的对抗情绪。最后，还要注意语言的使用。

第二步：道歉及感谢顾客。有些人认为向顾客道歉，会使自己的企业蒙羞，令自己承担责任。事实上，这种想法是不合逻辑的。服务人员的道歉表明了公司对顾客的诚意，使顾客感到自身的价值和重要性，这只会让顾客更加认同该企业。接待的人可能不是制造错误的人，但即便如此，也应该道歉，因为这个顾客由你接待，而你代表着公司的形象。不要在顾客面前责备其他同事，或为自己找借口，顾客需要的是解决问题，错误在谁并不会让他有多大兴趣。找借口或者责备其他同事可能会令顾客产生被推诿的感觉。道歉不是认错，道歉是让顾客知道，企业对他的遭遇表示遗憾，企业很在意他的烦恼，并且会想办法尽快改正。与此同时，要向顾客致谢。感谢顾客提出了有利于企业在管理或服务方面亟待改善的问题。顾客的位置发生了变化，不单是一个企业产品、服务的使用者，同时也是监督者。顾客会满意这种变化，怒火会相应降低。可用这样的话表示感谢："很抱歉我们让你感到失望了。""抱歉给您带来了不便。""你的话提醒了我们……谢谢！"。

第三步：提问——了解问题所在。听过了顾客的抱怨，表示了歉意和感谢，但这只不过是给了顾客一个空的礼品盒，真正的问题还没有得到解决。这时，就需要通过提问进一步搜集信息，解决顾客的问题。尽管顾客在发泄阶段说了很多话，但可能会忽略一些重要的信息，他们以为那不重要，或者忘了说出来，而这也许正是问题解决的关键。因此提问可以搜集到更完整的信息，了解顾客真实的需要，正确地解决问题。在国内众多行业里，在处理顾客投诉上，通讯行业做得是比较好的，而移动又是这一领域里做得比较出色的。他们的服务人员在提问上表现得尤为专业。除了可以搜集到更多的信息外，提问还可以使顾客跟着服务人员的思路走，避免漫无边际的抱怨。有的服务人员担心提问会打断顾客的话，给顾客压力。其实，如果不通过提问搜集足够的信息，最终给出的解决办法很可能是错误的，如果那样，后果会更严重。怎样提问，问些什么问题，才能帮助我们尽快准确地了解问题、处理问题呢？可以事先制成表格，在聆听顾客的解答时，要注意重复，以检验顾客说的和自己理解的是一致的。同时还要做好记录，便于思考和保存。

第四步：承担责任，提出解决方案。在明确了顾客的问题之后，很显然，下一步是要做的就是拿出一个双方均可接受的解决问题的方案。注意，解决方案中不应包含不在自己权限或者公司不允许的内容，这将令最后承诺无法兑现时顾客更加愤怒，顾客很可能再也不回来了。

常见的解决方案包括：

（1）退款。如果最后的解决方法是退款，要得体地把款项退回给顾客，而不要像是在施舍顾客一样，把钱扔给顾客或者带着轻蔑的眼神。如果公司规定要经过上级部门或者财务部门批准后才能给顾客退款，也就是顾客无法立即拿到退款，那么就要向顾客详细解释这个规定，并告诉顾客什么时候可以拿到退款。最后，虽然没做成这笔生意，也要多谢顾客的惠顾，并欢迎他下次光临。

（2）修理或更换货品。顾客看中一件商品后，即使出现问题，也不会轻易要求退货，所以，当商品出现问题时，他们可能会提出修理或者更换的要求。不过，不要以为货品送去修理或者等待更换货品，问题就已经解决了，应该了解事情是否正在迅速办理。可能因为某种原因，修理的事情被耽误了，或者没人催促就被认为不紧急而慢慢修理，这样只会让事情变得更坏。如果真的要延误，就要通知顾客，让顾客知道事情的进展，避免再引发不满。如果货品已送回顾客那里，那么在送货过后不久就应该打电话过去，询问修理后或者更换后的货品是否让顾客觉得满意了。

（3）道歉。当服务人员的服务态度或服务技巧欠佳时也会引起顾客的投诉，此时顾客需要的也许仅仅是道歉。补偿性关照，当错误看起来无法通过退换货进行改正，或通过道歉弥补时，就要给予一定的补偿性关照。包括：送赠品，如礼物、商品或服务；公司承担额外的成本，如送货费用；个人交往，表示歉意和关心；打折。补偿性关照是在感情上给予顾客一定的安抚和补偿，它不能替代服务。

第五步：让顾客参与解决方案的制定。尽管从专业的角度服务人员提出了相应的解决方案，但是可能顾客还是不满意，这时最好征询顾客的意见。“您希望我们怎么做?”这样顾客感到了尊重，心里会很满意。但是，顾客的要求可能会出乎服务人员的意料或是无法满足，或者问题是由顾客造成的，又该怎么办呢？当不满的顾客提出要求时，首先尽量满足他们的要求，人们对于自己得不到的东西，可能会很失望，有挫折感或者不安，甚至不满。而服务人员不计对错地满足顾客的需求，就会发现顾客的不满减少，满意增加。要知道，结交一位新顾客的成本是保持一位老顾客成本的 6 倍！也许有的服务人员会认为这种方式会助长顾客的占便宜心理。其实没这个必要，顾客大都是理智的，不会为了占便宜而要求退钱或是换货。况且，从满意的顾客口中传播出去的免费广告给企业带来的利润，会远远胜于一小部分别有用心的顾客造成的损失。作为普通服务人员，有时可能没有足够大的权限去满足顾客的要求，这时应快速找到一个有权限处理的人。如果顾客的要求实在是超出公司规定的范围时，可以考虑向他道歉，并表明自己的确是想帮他，顾客在这种诚意之下，也许就放弃了自己的固执。或者可以向顾客提供其他的选择，把顾客的注意力转移到另一处。

第六步：跟踪服务。在某些品牌公司的售后服务中，当顾客买了他们的产品之后，他们会在之后的几天里给顾客打一个电话，询问产品的使用情况，顾客对此举非常喜欢。即使在没有出现问题的情况下都需要追踪顾客的感受，那么在顾客投诉之后，就更需要追踪顾客的感受了。跟踪服务的形式有打电话、发电子邮件或发信函。通过追踪服务，向顾客了解解决方案是否得到执行，是否有用，是否还有其他问题。如果服务人员与顾客联系后发现顾客对解决方案不满意，就需要继续寻求一个更可行的解决方案。在对顾客的追踪服务中，无论是打电话、还是发邮件和信件，都应遵循一定的格式。格式如下：追踪服务可以强调公司对顾客的诚意、打动顾客和给顾客留下深刻印象，所以，要善于运用追踪服务，而不仅仅是在投诉中。

> **小提醒**：管理大师彼得·德鲁克告诫我们：“衡量一个企业是否兴旺发达，只要回头看看其身后的顾客队伍有多长就一清二楚了。”

跟踪服务阶段作为最后的一个环节，还应重视两个问题：一是对处理结果的合理解释，应跳出投诉事件本身与顾客沟通，特别是对顾客心中预期的理想型概念产品与公司提供的实际产品之差进行解释，使顾客在今后使用实际产品时，对其功能、品种、质量、价格有一个重新的理解和判断；二是应重视在处理投诉过程的最后阶段与顾客建立友谊。在处理投诉的最后阶段，应把顾客当作自己的朋友，与顾客建立一种情感，使顾客有一种归属感。顾客与企业情感的建立是通过企业员工与顾客之间的真诚和坦率的沟通形成的。

（二）投诉处理技巧

1. 训练内容。先看下面案例。

小案例：

某购物广场顾客服务中心接到一起顾客投诉，顾客说从商场购买的“晨光”酸牛奶中喝出了苍蝇。投诉称，顾客李小姐从商场购买了“晨光”酸牛奶后，马上去一家餐馆吃饭，吃完饭李小姐随手拿出酸牛奶让自己的孩子喝，自己则在一旁聊天，忽然听见孩子大叫：“妈妈，这里有苍蝇。”李小姐看见小孩喝的酸牛奶盒里（当时酸奶盒已被孩子用手撕开）有只苍蝇，李小姐一看火冒三丈，带着小孩来商场投诉。正在这时，有位值班经理看见便走过来说：“你既然说有问题，那就带小孩去医院，有问题我负责。”李小姐听到后，更是火上加油，大声喊：“你负责？好，现在我让你去吃10只苍蝇，我带你去医院检查，我来负责好不好？”边说边在商场大声吵闹，口口声声说要去消费协会投诉，引起了许多顾客围观。

该购物广场顾客服务中心负责人听到后马上前来处理，赶快让那位值班经理离开，又把顾客请到办公室交谈，一边道歉一边了解事情的经过。

他询问的重点是：

（1）发现苍蝇的地点（确定餐厅卫生情况）。

（2）确认当时酸牛奶的盒子是撕开状态而不是只插了吸管。

（3）确认当时发现苍蝇是小孩先发现的，大人不在场。

（4）询问在以前购买“晨光”牛奶有无相似情况。

在了解情况后，商场方提出协商解决办法，但由于顾客对值班经理“有问题去医院检查，我们负责”的话一直耿耿于怀，不愿接受商场的道歉，使交谈僵持了两个多小时没有结果。最后商场负责人只好让顾客留下联系电话，提出换个时间与其再进行协商。

第二天，商场负责人给顾客打了电话，表示商场已与“晨光”牛奶公司取得联系，希望能邀请顾客去“晨光”牛奶公司参观其无菌封闭的流水生产线，并提出如果顾客要求，可以联系相关检验部门对苍蝇的死亡时间进行鉴定与确认。顾客接到电话时已经过了气头，冷静下来了，而且觉得商场对此事的处理方法很认真严谨，顾客的态度一下缓和了许多。这时商场负责人又对值班经理的讲话作了道歉，并对当时顾客发现苍蝇的地点、时间及大人不在现场，酸奶盒没封闭，已被孩子撕开等情况做了分析，让顾客知道这一系列情况都有可能使苍蝇飞到装酸牛奶的盒子里，而非酸牛奶本身的质量问题。

通过商场负责人的不断沟通，顾客终于不再生气了，最后告诉商场负责人：他们其实最生气的是那位值班经理说的话，既然商场这么重视并认真负责处理，所以他们也不会再追究了，他们相信苍蝇有可能是小孩喝牛奶时从空中掉进去的。顾客说：“既然你们认真处理这件事，我们也不会再计较，不会对这件小事再纠缠了！”

把全班同学分成四个小组，按小组进行案例讨论，讨论结束后请小组派代表上讲台回答下列问题：

①值班经理、客户中心负责人和商场负责人分别是如何处理顾客投诉的？

②他们在处理顾客投诉时分别使用到了哪些投诉处理技巧？恰当吗？如不恰当，如何进行改进？你还有什么可以补充的技巧？

③每个小组派出两个代表分别扮演顾客和商场服务人员进行改进后的操作示范。

2. 训练要求。要求认真阅读案例；每位成员要积极发言；每个小组限时 5 ~8 分钟。

3. 训练测评。

测 评 依 据

★ 找问题准确	★ 提建议合理
★ 新观点突出	★ 条理要清晰
★ 改进要科学	★ 扮演要逼真

4. 背景知识。

之一：顾客投诉处理的 20 个技巧

技巧一：充分了解现状及形成的原因。充分了解顾客的现状和投诉形成的原因后，要判定顾客投诉的理由是否充分，投诉要求是否合理。如果投诉不能成立，即可以婉转的方式答复顾客，取得顾客的谅解，消除误会。

技巧二：善用对比原则。

技巧三：寻求第三方支持。

技巧四：学会真诚而准确的赞扬。

技巧五：善用语言技巧。

技巧六：善于用势。

技巧七：必要时借助外力。

技巧八：学会获取非语言信息的能力。

顾客的心理活动情况是通过一些外在的特征表现出来的，除了语言信息所表达的情绪外，还有相当一部分是通过非语言信息传递出来的，如面部表情，肢体动作等，所以服务人员要有善于捕捉非语言信息的能力，更好地处理顾客的投诉。

技巧九：本着圆满的方向处理。

技巧十：顾客的感受比事实更重要。客户在投诉时会表现出烦恼、失望、泄气、发怒等各种情感。你不应当把这些表现当做是对你个人的不满。特别是当客户发怒时，你可能心里会想："凭什么对着我发火？我的态度这么好。"要知道愤怒的情感通常都会潜意识中通过一个载体来发泄。客户仅是把你当成了倾听对象。

客户不满情绪是完全有理由的，是理应得到极大的重视和最迅速、合理的解决的。所以让客户知道你非常理解他的心情，关心他的问题："先生，对不起让您感到不愉快了，我非常理解您此时的感受。"无论客户是否是对的，至少在客户的世界里，他的情绪与要求是真实的，我们只有与客户的世界同步，才有可能真正了解他的问题，找到最合适的方式与他交流，从而为投诉的成功处理奠定基础。我们有时候会在说道歉时很不舒服，因为这似乎老是在承认自己有错。说声“对不起”，“很抱歉”并不一定表明你或公司犯了错误，这主要表明你对客户不愉快经历的遗憾与同情。不用担心客户会因得到你的认可而越发的强硬，顾客消除了怨气，心理平衡后事情就容易解决了。

技巧十一：任何时候都要照顾好客人的面子。有些投诉是因为顾客不会使用或者操作不当引起的，面对这样的顾客投诉，服务人员首先要向对方表示道歉，并热情指导顾客如何正确的使用商品，切不可去取笑挖苦对方，使对方难堪，最大限度的照顾好顾客的面子。

技巧十二：要充分重视后遗症问题。有机构作了大量的调查后总结顾客投诉的三大定律，其中之一就是顾客投诉扩散比（12 倍）定律：一个不满意的顾客会把自己不满意的感受向周围至少 12 个人诉说。

技巧十三：掌控情绪，操之在我。面对情绪激动的顾客，服务人员要保持心平气和，同时也要掌握一些技巧。当顾客怒气冲冲的大声发泄时，我们应该闭口不言，保持沉默。千万不要说：“请你静一静”，“你别叫……”，“你别激动……”。应该学会倾听的技巧，让顾客感受到你很尊重他；要不断地点头，眼神关注顾客，逐步平息稳定顾客的情绪。

技巧十四：因人而异。顾客的类型有很多种，有趾高气扬型、挑三拣四型、急躁易怒型、沉默寡言型、过于自信型等。比如挑三拣四型，这一类型顾客经常不断地挑剔你的公司或产品，提出种种不合理的要求。应对策略：探询对方不满意的原因所在，一一予以详解，用事实来支持自己的论点，并且少谈题外话，以免节外生枝。所以服务人员针对不同类型的投诉顾客要灵活地使用处理方法。

技巧 15：用职业感判断意图。

技巧 16：不可忽略员工感受。

技巧 17：说得好不如做得好。顾客只有在利益受到损害时才会投诉，所以在处理投诉时顾客非常在意自己的利益是否能得到挽回，这成为解决问题的关键。虽然处理时客服人员态度很重要，但如果顾客的问题没有得到实质性的解决，顾客还是不会满意的，问题出现后要用积极的态度去处理，不应只是赔礼道歉。在处理顾客投诉过程中，让他了解每一步进程，争取圆满解决并使最终结果超出顾客的预期，让顾客满意，从而达到在解决投诉的同时抓住下一次商机。

技巧 18：争辩是最愚蠢的行为。争辩往往不能解决顾客的抱怨，反而会激化对方的情绪，不利于问题的解决，而且容易让对方产生推卸责任的感受。

技巧 19：掌握一些基本的法律规范。如：《中华人民共和国产品质量法》，《消费者权益保护法》，《中华人民共和国合同法》等。

技巧 20：不断学习，自我总结经验。

之二：处理投诉过程中的忌讳

（1）缺少专业知识。对本身业务知识不熟悉将会对正处于怒火中的顾客起到火上浇油的作用。因此任何一个顾客服务人员首先必须熟悉本专业的业务，这是顾客服务工作的基础，也是顺利处理投诉的前提。

（2）怠慢顾客。你能想像一个怒气冲冲的人找你投诉，却遭到怠慢或不理睬是什么结果吗？怠慢顾客是处理投诉的大忌，任何人员对待投诉的顾客必须笑面相迎，温言以对，绝对不能有所怠慢。

（3）缺乏耐心，急于打发顾客。某些顾客服务人员会在自己心情不好时对顾客比较冷淡，缺乏耐心听取顾客的投诉，这样不但没法帮助顾客解决好投诉事项，甚至连顾客的需要都没办法了解到。

（4）急于为自己开脱。发生了顾客的投诉，我们不应过多强调到底对方是否有充分的理由投诉。只要是顾客投诉，我们都应该首先分析自己工作中存在的不足和缺陷。切忌只顾为自己开脱责任而不注重顾客的服务态度，本来可以一次解决的反而造成顾客升级投诉。

四、技 能 巩 固

（一）操作题

顾客打电话表明身份是记者，要投诉刚才接待他的某位员工，称其态度恶劣，并声称要将此事登报发表。作为客服部门你该怎么办？

（二）案例题

1. 英国航空公司（BA）被喻为“世界上最受喜爱的航空公司”。它的成功很大一部分是取决于总经理以新的方式倾听顾客心声和处理顾客抱怨：在希恩罗机场设立了一个小录像间，不满的顾客可以马上在机场进入录像间，直接向他抱怨。用总经理的话来说：“我热切地相信顾客的抱怨对我们是珍贵的机会，这既可保住顾客，防止他们把业务带到别处，又可从中获悉哪些问题需要改进。”

最初，英航确实进行了研究，了解不满意或碰上麻烦的顾客在业务上的影响。研究发现那些没有向英航抱怨其所遇到问题的顾客有 50% 转到了竞争对手那里，而那些告诉英航他们所遇到的麻烦的顾客有 87% 留在了英航。显然，抱怨应该被鼓励！考虑到一位商业旅行乘客的平均生命价值为 15 万美元，鼓励抱怨和留住业务就显得非常重要。

英航通过建立一种“使顾客感到很好”的模式做出反应。新系统的目标是：（1）更有效地使用顾客反馈来改进服务质量；（2）通过团队合作努力预防未来的服务失误；（3）按顾客的而不是公司的要求来赔偿；（4）用实际行动而不仅仅是用宣言来保留顾客。最基本的目标：防止顾客离去。

为实现这个目标，英航设置了一套四步骤的过程，该过程基于它们所了解的有关顾客希望其抱怨被怎样处理的知识。过程的第一步是向顾客道歉，并接受这个问题——不是要责备某人，而是成为顾客的代言人；第二步必不可少的是反应迅速，处理问题绝对不超过 72 小时，并且最好是立即解决；第三步是让顾客相信问题正在得到处理；最后，尽可能通过电话处理抱怨。

刚刚描述的过程需要在系统和人员方面进行大量投资。英航发现，它们在抱怨管理方面的所有努力都物有所值，在保留顾客方面所做的每一英镑花费，都获得了两英镑的回报。英航一直以提供高水平的顾客服务而自豪。

问题：结合本章知识，谈谈你从本案例所得到的启发。

2. 刘先生到电子商城购买上网的设备路由器和交换机。可是在设备使用3天中发现经常自动掉线，经咨询后得知是由于路由器的质量不稳定造成的。于是刘先生电话投诉电子商城：

刘先生："这里是＊＊电子商城的客服部吗？"

小姐A："是呀，你有什么事？"

刘先生："我上周四在你们那里购买的路由器经常掉线，我请了一个专家现场看过了，他说是路由器的质量问题，我要求你们换货。"

小姐A："先生说一下是什么现象呢？"

刘先生："就是经常掉线，重启后又好用了，可是过半小时后就不行了。"

小姐A："噢，先生，这件事不归我管，我帮您把电话转给另一个人问问。"

小姐B："先生你有什么事情？"

刘先生又把同样的话复述了一遍。

小姐B："这件事情是技术问题，我解决不了，我帮您转告其他人问问吧？"

小姐C："路由器怎么了？"

刘先生又把同样的话复述了一遍……

小姐C："您要换货的话，主管不在，现在没办法办理。"

刘先生这时在电话里大发雷霆，痛斥这家电子商城的服务太差。

小姐C："您发脾气没有用，我没有办法帮您换，您等主管回来再说吧。"

经过这次电话沟通，刘先生非常生气，带着路由器去电子商城直接找到总经理，情绪非常激动地诉说整个事情的经过。

问题：结合本章知识，谈谈你认为总经理应如何处理？

3. 技术开发中心的工程师小费因为月度奖金问题，与他的主管发生了多次争执。最后发展为争吵，谁也不服谁。于是，他的主管欲炒掉小费，并出了一份书面的通知给小费，让小费立即到公司的人力资源部，办理辞退的相关手续。

小费非常恼火：既然你扣我的奖金，就应该主动向我说清楚，这样有利于我在今后的工作中改正，同时我有知情权。你为什么暗箱操作，等拿到工资后才知道我被扣奖金？

最后，小费满怀愤怒地来到公司的人力资源部投诉，并声称："我一定要搞明白，为什么偷扣我的奖金而没给我一个信服的说法？我将向劳动部门申请劳动仲裁。"处理员工投诉的主管听小费讲完后，一脸无奈地说："我也没有办法，既然部门已经决定，你肯定存在问题，扣就扣了吧，下一次你改进就行了。该上班还要上班，我们不会辞退你的。如果你一定要去劳动仲裁，我们也不会怕的。"

听完人力资源主管的话，小费越加失望，转身走了。

半个月后，小费还是把公司告到了劳动仲裁部门。

问题：你认为人力资源主管的做法妥当吗？如不妥当，应如何做？

项目任务十四　客户管理实训

一、实训说明

实训目标	培养学生搜集和分析客户信息资料的实际技能。
实训重点	搜集客户信息，分析客户信息，深层次地挖掘合适客户和重要客户的方法。
实训要求	具有较好的亲和力，能很好地搜集到客户信息资料；具有一定的统计知识，能及时把搜集的客户信息资料进行整理和汇总；具有一定的客户管理知识，能有效建立客户档案并能评价客户价值。
场地器具	功能室、操场、校内卖场、义卖活动。
实训评价	按照同步测评标准给每位学生评分，此专题占本课程总分的6%。
实训课时	建议6课时。

二、实训任务

小樱今年暑假在中国人寿保险公司参加了为期45天的暑期工实习，因为在职校所学的是市场营销专业，因此她在暑期工作中参与了客户资料的搜集和整理，虽然时间不长可收获却很大。她不仅能与很多客户面对面的交流，而且还要把搜集到的客户资料进行整理，把客户分类并作出针对性的营销策略说明。

因为实习时间有限，小樱觉得自己没能很好地把握客户的资料，在搜集整理客户资料时不能更准确地分析，所作的客户价值评估与客户实际购买潜力判断不够精确，而且觉得自己力不从心，所掌握的有关客户关系管理方面的知识受限制，因此担心自己作出的客户营销策略说明没有实际效果。所以想利用在校实训期间提高自己这方面的实际技能，对客户的资料进行科学的管理，提高搜集客户资料的技巧，能更准确地分析挖掘客户的潜在购买力，小樱应该做好哪些方面呢？

画龙点睛

- 搜集客户组织背景资料，掌握是什么样的客户；
- 搜集自己的竞争对手资料，有针对性地引导客户需求；
- 搜集客户购买项目资料，了解客户是否买，什么时候买；
- 搜集客户个人资料，真正挖掘客户的实际内在的需求。

三、实训步骤

（一）搜集客户资料

1. 训练内容。全班同学每 6 人为一个小组，选出小组长一名，每小组是以人寿保险公司业务员的身份去搜集客户资料，所以事前要熟悉所推销产品的主要特点，并以此确定寻找客户的方法（方法要在 3 种以上）。首先，各组同学利用在校时间搜集本校教职工和学生的资料，本校教职工和学生人数可由老师事前按班级分出的组数分成几个大组，每一小组负责一个大组内教职工和学生资料的搜集；其次，每小组的成员利用身边的通讯工具和回家时间搜集家人、朋友、家人的朋友、朋友的家人等的信息。各小组将搜集的相关资料填入“个人信息卡”，如表 14－1 和表 14－2 所示。

表 14－1　　个人信息卡（本校）

客户编号：　　　　年　　月　　日　　　　记录人：

<table>
<tr><td>姓名</td><td colspan="2"></td><td>推销产品</td><td colspan="2"></td></tr>
<tr><td>性别</td><td colspan="2"></td><td>兴趣爱好</td><td colspan="2"></td></tr>
<tr><td>年龄</td><td colspan="2"></td><td rowspan="3">主要经历</td><td colspan="2"></td></tr>
<tr><td>学历</td><td colspan="2"></td><td colspan="2"></td></tr>
<tr><td>职业</td><td colspan="2"></td><td colspan="2"></td></tr>
<tr><td>职务</td><td colspan="2"></td><td>参保需求</td><td colspan="2"></td></tr>
<tr><td>职称</td><td colspan="2"></td><td rowspan="2">以往参保情况</td><td>三险一金</td><td></td></tr>
<tr><td>住房</td><td colspan="2"></td><td>其他</td><td></td></tr>
<tr><td>收入</td><td colspan="2"></td><td colspan="2">理财投资方向</td><td></td></tr>
<tr><td>电话</td><td colspan="2"></td><td colspan="2">对保险的期望</td><td></td></tr>
<tr><td rowspan="3">家庭成员情况</td><td>父母</td><td></td><td colspan="3" rowspan="3">备注：</td></tr>
<tr><td>配偶</td><td></td></tr>
<tr><td>子女</td><td></td></tr>
</table>

表 14－2 **个人信息卡（校外）**

客户编号： 年 月 日 记录人：

客户个人			客户公司		
姓名			公司名称		
性别			公司地址		
年龄			推销产品		
学历			单位负责人	姓名	
职业				电话	
职务			员工人数		
职称			年生产力		
收入			年销售额		
家庭成员情况	父母		财务状况		
	配偶		企业参保情况	三险一金	
	子女			其他	
兴趣爱好			公司期望		
电话			备注：		

星星点灯

- 客户需求，潜藏难寻；亲近客户，才能了解。
- 一个成功的决策，等于 90% 的信息加上 10% 的直觉。

2. 训练要求。每组搜集客户资料时间限制在一周之内，要求对校内的教职工和学生的资料回收率在 100%（即分到组内的教职工和学生全部资料的搜集），对校外客户资料的搜集数量不得少于校内的 70%。

3. 训练测评。

（1）每小组推荐一名成员汇报小组搜集客户资料情况，如表 14－3 所示。

表 14－3 ________________**小组搜集客户资料情况登记表**

资料卡分类	发放表格量（张）	收回表格量（张）	有效表格量（张）	有效回收率（%）
校内信息卡				
校外信息卡				
合　计				
搜集客户资料的情况与效果（搜集资料过程中值得推荐的经历，遇到的困难及解决困难的方法，小组的经验总结等）				

填表日期： 填表人：

说明：交此表同时把所填写的客户个人信息原始卡一并交上。

（2）评委组成。实训老师及各小组组长。

（3）评分表。由各考评员考评并写出考评分析，汇总得出小组平均成绩，再根据个人考勤和小组内评价意见给出个人成绩，如表 14－4 所示。

表 14－4 ______________小组评分表

评分项目	标准分	得分	考评员评语
推销产品特点的把握	10		
根据产品特点确定目标客户	10		
搜集客户信息量	20		
客户信息真实性和有效性	20		
寻找客户的方法与技巧	20		
客户资料情况与效果的结论分析	10		
团队解决问题能力	10		考评员（签名）：
合　计	100		年　月　日

4. 背景知识。

> “我们所做的每一件事，目的要么是争取顾客，要么是维系顾客。”
> ——通用电器韦尔奇

寻找客户是一个推销人员销售活动的开始，一个成功的推销人员要具备发现和识别潜在客户的能力，能通过自己工作的方法和技巧来提高寻找客户的成效。

寻找顾客的方法很多，各种方法有利有弊，作为推销人员来说如何灵活应用，并能把这些常用的方法创造性的开发使用至关重要。常用的寻找客户的方法：

方法一：普遍寻找法。这种方法也称逐户寻找法或者地毯式寻找法。其方法的要点是：在推销人员特定的市场区域范围内，针对特定的群体，用上门、邮件或者电话、电子邮件等方式对该范围内的组织、家庭或者个人无遗漏地进行寻找与确认的方法。比如，把本市某个居民小区的每位住户作为普遍寻找的对象，将市区内所有的酒店、饭店作为地毯式寻找的目标等。

普遍寻找法的优点：

①地毯式的铺开不会遗漏任何有价值的客户。

②寻找过程中接触面广、信息量大、各种意见和需求、客户对产品的反应都可能搜集到，是分析市场的一种有效方法。

③让更多的人了解到自己企业的产品。

④了解客户、了解市场、了解社会，锻炼自己。

缺点：

①成本高、费时费力。

②容易导致客户的抵触情绪。

③带有较大的盲目性，效果也不十分理想。

方法二：广告寻找法。这种方法要求推销人员向目标客户群发送广告，吸引客户上门开展业务活动或接受反馈而开展业务活动。例如，通过媒体发送或播放该种产品的广告，介绍其功能、购买方式、地点、代理和经销办法等，然后在目标区域内展开活动。

广告寻找法的优点：

①传播信息速度快、覆盖面广、重复性较好。

②相对普遍寻找法会更加省时省力。

缺点：需要承担广告费用的成本，针对性和及时反馈性也不强。

方法三：资料查阅寻找法。这种方法是通过查询各种资料来寻找客户的方法。推销人员经常可以利用的资料包括：有关政府部门提供的资料、有关行业和协会的资料、国家和地区的统计资料、企业黄页、工商企业目录和产品目录、电视、报纸、杂志、互联网等大众媒体、客户发布的消息、产品介绍、企业内刊等。

资料查阅寻找法的优点：

①能保证寻找客户的一定可靠性，也减小工作量、提高工作效率。

②可以最大限度减少业务工作的盲目性和客户的抵触情绪。

③可以展开先期的客户研究，在接近客户之前可以先行了解客户的特点、状况，提早做好应对策略。

缺点：

①要求推销人员能有较强的信息处理能力。

②客户资料往往受到时效性和可靠性限制。

方法四：介绍寻找法。这种方法是推销人员通过他人的介绍或者所提供的信息寻找客户，可以通过熟人、朋友、企业合作伙伴的社会关系，或者老客户介绍新客户的办法。主要方式有电话介绍、口头介绍、信函介绍、名片介绍、口碑效应等，鼓励推销人员通过自身的家人朋友或是现有客户来开拓更大的客户资源市场。

介绍寻找法的关键是推销人员必须注意培养和积累各种关系。为现有客户提供满意的服务和可能的帮助，并且要虚心地请求他人的帮助。口碑好、业务印象好、乐于助人、与客户关系好、被客户信任的推销人员一般都能取得有效的突破，成功的可能性非常大，同时也可以降低销售费用，减小成交障碍，而且客户群会越来越大，因此很值得推销人员重视和珍惜这些人际关系。

方法五：委托助手寻找法。这种方法在国外用得比较多。亦称推销助手法或推销信息员法，就是推销人员委托有关人员寻找客户的方法。一般是推销人员在自己的业务地区或者客户群中，通过有偿的方式委托特定的人员为自己搜集信息，了解客户市场和地区情报资料等。例如，利用“线民”、老推销人员委托新推销人员寻找、或者专门找特定行业、特定职业的工作人员为其寻找潜在顾客。

方法六：会议活动寻找法。这种方法是推销人员利用参加各种会议的机会来寻找客户的方法。如广交会、高交会、中小企业博览会、展评会等都是一个个绝好的商机，要充分利用。交易会不仅能实现交易，更重要的是能寻找客户、联络感情、沟通了解。推销人员还可以通过企业的公共关系活动、市场调研活动、促销活动、技术支持和售后服务等活动来寻找客户。

方法七：市场咨询寻找法。这种方法是指推销人员通过向信息服务公司、国家有关部门、相关专家进行咨询，获得有关资料，从而寻找客户的方法。例如，一些行业组织、技术服务组织、咨询单位等，他们手中往往集中了大量的客户资料和资源以及相关行业的市场信息，通过咨询的方式寻找客户不仅是一条有效的途径，有时还能够获得这些组织的服务帮助和评价意见。

有效地寻找客户的方法远远不止这些，可以说多得不胜枚举。而作为推销人员来说不仅要精通各种各样的方法，更重要的是能把这些方法融会成一套或几套最适合自己的方法。成功的推销人员往往都有一套属于自己的最适合的方法，这些成功的方法也都是他们不断探索，不断总结出来的。方法是现成的，应用是灵活的，所以推销人员要学会创造出适合自己的方法才是最成功的。

对于负责保单销售的业务人员来说，寻找目标客户、搜集客户的资料犹如大海捞针，每日去哪里访问客户？应该访问什么样的客户？有时想尽了各种办法还是无计可施，这里介绍几种技巧仅供参考。

小资料：

乔·吉拉德的衣服上通常会佩戴一个金色的“1”。有人问他：因为你是世界上最伟大的推销员吗？他给出的答案是否定的，他说：“我是我生命中最伟大的！没有人跟我一样。”上帝造了你后，就把模具毁掉了，这就是你的标志。就算没有指纹，也能在众多人中识别你；你的声音与众不同，通过声音可以找到你；你的气息也区别于他人……千万不要自怜：挖一个洞，钻进去，说，“可怜我吧！”“如果看到一个优秀的人，就要挖掘他的优秀品质，移植到你自己身上。”

技巧一：加入社会团体。例如，加入健身俱乐部。首先取得该社团成员的名单资料，在其不经意间渗透保险意识给他们，取得他们的信任后再名正言顺地介绍保险产品。但应该注意尺度的掌握，以免导致相反的效果。

技巧二：成为俱乐部会员。付费成为各种俱乐部的会员。各种名目的俱乐部，都会有组织地进行联谊活动，这可是给销售业务人员们大展身手的好机会。通过各种联谊活动就可以毫不费力地接近客户，利用交流活动首先将自己推销出去，然后派发你的名片，留给客户必要的产品资料，搜集客户的通讯资料。不过要注意遵守俱乐部的相关规定，要事先取得主办单位的许可，以免招致诚信上的质疑。

技巧三：填资料换礼品。用小礼品来换取准客户资料的方法虽然时常被用来用去，但是这种方法的效果也是不容忽视。不过要注意所赠送的小礼品要与销售的产品相关联，可以在介绍小礼品的同时将产品介绍出去；也可以不急于推销产品，利用赠送小礼品的时机搜集客户的信息资料，以备事后正式接近客户时再推销产品。

技巧四：专业期刊或网络查询。利用信息网上庞大的数据库。网络上有免费或小额付费即可进去浏览的客户信息，如查询企业黄页、登录公司网站、搜寻名人信息、搜索引擎查找，也可以通过电信黄页和专业的杂志之类去寻找客户等。这里的网络资料和专业资料一般都已经经过相关的分类，稍加筛选后即可得到有效的信息。

技巧五：从分类广告找。如果你的客户对象会在分类广告上刊登招聘启事或是发布企业信息，去找一找最近数个月的报纸分类广告，上面会有客户准确的名称、地址、联络电话、企业经营性质等信息，幸运的话，还可找到具体的联络人。这样来搜集客户的资料有效、快速又便宜。

（二）客户信息分析和挖掘

1. 训练内容。

第一步，客户资格审核评分。每一小组把搜集到的客户个人信息卡（校内和校外）按25岁以下、26～34岁、35～44岁、45～54岁、55岁以上年龄分组，分组后对每一位客户的资格进行审核评分，如表14－5所示。

表14－5　　客户资料审核分析表　　第　页

客户情况		标准分 \ 客户姓名 \ 序列号	1	2	3	4	5	6	7	8	9	10
年龄	25岁以下	1										
	26～34岁	3										
	35～44岁	4										
	45～54岁	3										
	55岁以上	1										
婚姻	单身	1										
	已婚（无子女）	2										
	已婚（有子女）	3										
月收入	800元以下	1										
	800～1500元	4										
	1500～3000元	5										
	3000～5000元	5										
	5000元以上	6										
职业	销售人员	3										
	一般公务人员	3										
	中层负责人员	5										
	高层管理人员	5										
	家庭主妇	2										
	学生	1										
	退休人员	1										
	其他	1										
接近难易	相当容易	3										
	容易	2										
	困难	1										
	非常困难	C*										
介绍人能力	很好	3										
	好	2										
	还好	1										
	不好	0										
总　分												
等　级												

填表日期：　　　　　　填表人：

注明：C*——接近难易程度为“非常困难”者，无论其得分高低均列为C级。

每年龄组的客户按分数的高低分成A级客户、B级客户和C级客户。（A级：60分以上；B级：59分~40分；C级：40分以下。）

第二步，建立客户档案。将已经审核过的客户（个人）情况登记入客户档案表，如表14-6所示。企业信息不评分，整理后登记入客户信息登记表，如表14-7所示。

表14-6 ________小组客户（个人信息）档案表

年龄段（　　岁至　　岁）

第　　页

序号	姓名	性别	学历	职业	年收入（万元）	婚姻	抚养家属	住宅情况	健康状况	客户级别
1										
2										
3										
4										
5										
6										
7										
8										
9										
10										
11										
12										
13										
14										
15										

填表日期：　　　　　　填表人：

表14-7 ________小组客户（企业信息）登记表　　第　　页

序号	企业名称	员工人数（人）	年生产能力（万件）	年销售额（万元）	三险一金
1					
2					
3					
4					
5					
6					
7					
8					
9					
10					
11					
12					
13					
14					
15					

填表日期：　　　　　　填表人：

星星点灯

- 猜测客户需求，不如询问客户需求。
- 询问客户需求，挖掘客户需求，制造客户需求。

2. 训练要求。每个小组充分利用表 14－5、表 14－6 和表 14－7，把搜集到的客户信息卡的零星资料进行有效地整理。首先，是按照年龄分组把客户分成不同的组别，将他们的个人信息按表格提示项目填列入表 14－5；其次，审查各个年龄段的客户，通过评分机制将客户分为 A 级客户、B 级客户和 C 级客户，目的是找出合适的客户和重要客户；再次，建立客户档案，把不同级别的客户分类登记建档填列入表 14－6，对于企业客户的资料填列入表 14－7，以便对这些客户进一步分析，制定出针对性的营销策略；最后，结合本节知识点和实训中的做法，写出客户信息分析和挖掘的书面总结。

3. 训练测评。

（1）每小组在规定的时间内完成客户资料的整理，按照要求填列好表 14－8，并能准确将客户信息审查评分，要求分类出 A 级客户、B 级客户和 C 级客户。审核评价后的客户按等级级别建立客户档案，填列表 14－6 和表 14－7，分类装订成册。

（2）评委组成。实训老师及各小组组长。

（3）评分表。由各考评员考评并写出考评分析，汇总得出小组平均成绩，再根据个人考勤和小组内评价意见给出个人成绩，如表 14－8 所示。

表 14－8 ____________________小组评分表

评分项目	标准分	得分	考评员评语
表格内容填列完成情况	10		
客户信息审核分析	10		
确定 ABC 级客户	20		
客户信息建档情况	20		
分析的方法与技巧	20		
客户分析资料的整理	10		
客户信息分析和挖掘书面总结	10		考评员（签名）：
合　计	100		年　月　日

4. 背景知识。

当我们搜集到客户的资料后，该如何将客户资料转化为对客户的了解，使得这些信息可以有针对性地为制定营销策略服务呢？通常情况下推销人员手执搜集到的资料会一筹莫展，会遇到以下问题：

问题一：如何有效地分析客户资料？

问题二：客户分析需要分析客户哪些资料？

问题三：如何对客户资料进行分析与挖掘？

（1）客户需求分析的原则。我们经常会听到推销人员在抱怨“我们的客户可能不需要”、“我们的客户也许没有钱”、“客户会说再等一等”……这样的推销人员是因为根本不了解客户的真实需求，一味地向客户介绍或者演示产品，结果只能是徒劳，白费口舌。成功的推销不是如何去说服客户，而是对客户的需求作出最精确的把握，再根据每位客户的真正的需求选择性地介绍产品，提供给客户最适合的产品。当客户的需求和产品的结合程度越高，产品推销成功的几率才会越高。

现实生活中，大多数客户的需求往往是多方面的、不确定的，这就需要推销人员去分析和引导客户，开发他们的潜在需求，通过与客户的沟通来挖掘客户的可能需求。把客户对产品的欲望、用途、功能和性价比进行逐项分析挖掘，将客户心里模糊的认识用精准的专业方式描述出来，那样，你不成功谁成功！

小案例：1 美分垒起的亿万富翁

20 世纪 90 年代的美国，斯坦福大学一名普通的学生默巴克，他的成绩非常优异，他的父母是普通职员，经济上有些拮据。默巴克为减轻父母的压力，帮学校修剪草坪、收发报纸、打扫卫生以赚取学费。在他第一次打扫学生公寓时扫出了 1 美分的硬币，随后他经常发现在墙角床下有很多两美分、五美分的硬币。默巴克把它们如数地还给宿舍的同学。但是，同学们怕麻烦都不肯收回硬币，默巴克就给当地的财政部写了封信说明情况。

财政部回信说：全国每年有 300 亿硬币流通，其中有 105 亿都被人扔掉了。默巴克陷入了沉思。

默巴克心里开始琢磨着那些被扔掉的硬币。他查阅了相关的资料，发现硬币使用的寿命可以长达 30 年，而那些散落在各地的硬币就有 1 700 多亿美金之多。他想到了"硬币兑换机"，于是他就注册了一家"硬币之星"的公司，这个公司专门定制自动换币机。从超市出来顾客只要把手里的硬币扔进这个机器里，机器就会自动点数，然后打出一张收条，顾客凭收条就可以到服务台兑换了。

这种自动换币机在各大超市备受欢迎，默巴克从中提成。仅 5 年时间"硬币之星"就在美国 9 000 家超市设置了 10 000 台换币机，人们都说他是 1 美分垒起的大富翁。

在进行客户需求分析时要注意以下几个原则：

原则一：全面性原则。对于任何一位客户，我们都要全面的分析其所有的需求，全面掌握客户在生活中对于各种产品的需求强度和满足状况。之所以要全面了解，是引导客户把其生活中的各种需要完整地展现在你的面前，而你可以根据客户的全面需要分析其生活习惯、消费偏好、购买能力等相关因素。同时在全面分析过程中能让客户相信——你是真心关心他。如果客户对你有好感，成交希望的几率就增加了。

原则二：突出性原则。推销人员的任何沟通都是为了销售公司的产品，帮助客户满足需求。所以在进行客户需求分析时，要突出产品和客户需求的结合点，准确地将客户的需求与本产品结合得出结论为"量身完美打造"，你的客户就会非买不可了。

原则三：深入性原则。推销人员对客户需求的分析不能肤浅，不能把客户的需求简单地认为就是购买欲望，或者是单纯的购买过程。要深入地了解客户的生活、工作、交往的各个环节，你会发现他对每一种产品都拥有真正需求。乔·吉拉德说"如果你想要把东西卖给某人，你就应该尽自己的力量去搜集他与你生意有关的情报……不论你推销的是什么东西，如果你每天肯花一点时间来了解自己的顾客，做好准备，铺平道路，那么，你就不愁没有自己的顾客”。

原则四：广泛性原则。广泛性原则不是针对某一个特定客户的需求，而是要求推销人员与客户沟通时要了解所有接触过的客户的需求状况，将所有客户的情况进行对比分析，再针对性地准备自己的备战工具和说服客户的方法。

原则五：建议性原则。推销人员要记住客户不是我们的下属，所以命令他们是不会接受的，再说也是不可以这么做的。推销人员在与客户分析需求的时候，客户所认同的观念跟我们或多或少都存在着差异，所以应尽可能地采用“我们认为您的需求是……”或“您认同吗?”等建设性的语句。

(2) 客户需求分析的三要素。推销活动中，推销人员首先面临的主要问题就是把产品“卖给谁?”当推销人员在确定了“谁——即准客户”之后，就要对其进行购买鉴定，要审查分析看该客户是否具备购买的资格和条件，即审查客户有无当家做主的购买决策权、审查客户是否有足够的购买支付能力或筹措资金的能力。如果具备，就可以将其列入正式的准客户名单中，并对其建立相应的客户档案，可以正式地作为推销的目标对象。如果不具备资格和条件，就不能算一个合格的准顾客，也就不能将其列为推销的目标对象中。

小资料：

准客户是这样的人 M－A－N：

Money－购买能力

Authority－购买决策权

Need－购买需求

决定推销活动能否成功的因素主要表现在三个基本方面，即顾客是否有购买力（Money），是否有购买决策权（Authority），是否有需求（Need）。只有三要素均具备者才是合格的客户。客户资格鉴定是进行客户信息研究的关键，鉴定的目的在于发现真正的推销对象，避免徒劳无功的推销活动，确保推销工作落实到实处，从而提高整个推销工作效率。

要素一：是否需要（Need）。客户的购买需求是多种多样，也是千变万化的，推销人员要想准确地把握每个客户的购买需求，并非轻而易举之事。这不仅需要推销人员有着丰富的推销经验，还需要推销人员具备洞察秋毫的分辨能力。同时还要时刻记住客户的需求是可以培育和创造的，随着现代科学技术的发展和新产品层出不穷的问世，使得客户中存在着大量尚未被意识到的需求，或者因为某种原因客户暂时不准备购买，这两种情况都是客户的潜在需求。因而，潜在需求更加要求推销人员能大胆探求和创造机会去挖掘，也更加需要推销人员想办法去帮助客户改善生产或生活条件，进一步推进客户潜在需求成为真正的需求。

小案例：

美国有位叫卡特的商人曾做过这样一个实验：他把自己半新的钱包拴在小汽车后面，在地上拖着钱包到处跑，不几天，钱包便破烂不堪。于是，他便在破旧的钱包里装上钞票、信用卡、驾驶证等，他先后到过五家绅士专用品商店购买领带。在这五家商店里，领带与钱包是在一起摆放的，卡特每次掏钱买领带时，钱包总是“不小心”地掉在了地上，而每次这五家商店的营业员都无一例外地帮他捡起了那只破烂不堪的钱包，并且很礼貌地递还给他，并看着他离开商店，从来无人建议他换个新钱包。

在这个案例中，这五家商店的营业员在思想上缺乏推销钱包的强烈意识，没有抓住客户的需求信息，当机会就在眼前时，却任其白白失去而毫无察觉。

要素二：是否有钱购买（Money）。简单地说，从商品的需求分析来看，人类的需求几乎是无所不需。但是，任何需求只有具备了支付能力之后，才能成为现实的需求。客户是否有钱，是否具有购买所需求产品的经济能力（现在或将来），亦即客户有没有购买的支付能力或筹措资金的能力。推销人员只有通过事先的审查分析，把那些对产品有需求又有足够支付能力的客户作为推销的目标对象，才能提高推销的实际效率。

小案例：

一位业务经理人说，有次被朋友拉去与人打麻将的过程中，知道其中的一位男士就是向自己企业订购大批产品的某公司的张经理，于是他立即通知本企业不要发货。不久，那位张经理因涉嫌多项罪名被逮捕，原来那家公司早已负债累累了。当其他债权人追债无门时，都纷纷称赞这位业务经理人有先见之明。这位业务经理人却说道理很明白，因为在打麻将时看到这位张经理手上带着大粒钻石戒指，脖子上佩戴手指粗的金项链，全身穿的都是名牌，花钱很大方，并在谈话间得知这位张经理整天与人打麻将度日。所以他断定这位公司经理根本没有时间与精力做生意，也不可能对公司精心管理。那么，他为什么还会有那么多钱呢？这不明摆着有问题吗？

在这个案例中，告诉我们推销人员只要处处留心，事事留意，总能发现客户支付能力的各种信息。

要素三：是否能做主购买（Authority）。如果说客户具备了有对产品的需求，也有足够的支付能力是否就能定论该客户就是我们的准客户，或者说在一定程度上推销就算成功了呢？潜在的客户就是对推销的产品具有某种需求，也有了支付能力，但他如果没有购买的决策权，那等于白搭，他不可能成为真正的客户。原因很简单，他有需求也有支付能力但他不能当家做主，最终是很难促成交易的。

小案例：

推销员小张是一位计算机推销员，在他老师的引荐下去见本市某研究院的院长。因为初出道，准备工作做得还算充足，但心里紧张费了很长时间才找到院长办公室。硬着头皮敲开了门，进去后见沙发上坐着几个人正在谈话，观察片刻后他直接走到一张办公桌前，对着面前那位身宽体胖正看着什么资料的人就自我介绍，还很谦虚地递上名片和产品说明书。那人抬起手，指着沙发上正讲话的一位中年人说："这位是我们研究院的王院长。"结果也就可想而知了。

在这个案例中，如果推销人员直接上门进行的推销活动，一定要事先掌握客户的决策权人，否则只会前功尽弃。一般而言，企业都有着严格的购买决策分级审批制度，不同级别的负责人有着不同的购买决策权限。推销人员必须掌握其内部主管人员之间的相对权限，向具有购买决策权或对购买决策具有一定影响力的当事人进行推销，才能实现有效的推销。

小资料：

根据消费品在家庭中的购买决策重心不同，可将其分为三类：

（1）丈夫对购买决策有较大影响力的商品，如汽车、摩托车、烟酒等。

（2）妻子对购买决策有较大影响力的商品，如服饰、饰品、家具、化妆品、洗衣机、吸尘器、餐具等。

（3）夫妻共同决策的商品，如住房、旅游等。

四、技能巩固

（一）操作题

任务：现场搜集客户资料。

要求：方法运用得当，能根据推销产品的特点，设计“客户信息资料搜集卡”，资料卡的设计要求内容精确、项目齐全、使搜集资料真实有效。

步骤：

（1）将全班学生分成若干个6人小组。

（2）各个小组自行虚拟一种产品，结合拟推销产品的特点，自制“客户信息资料搜集卡”。

（3）以小组为单位，2名学生扮演推销人员，其他4名学生扮演客户（事先拟订好他们的社会角色），利用课堂训练，进行现场搜集客户资料。

（4）轮换角色训练，每位学生都进行了推销人员和客户角色的扮演后，先进行组内分析，讨论客户资料卡设计的实际使用效果，在搜集过程中有哪些需要改进和提高的方面，把每个小组成员的做法进行开放式探讨总结。

（5）由每个小组的组长把小组的讨论分析意见写成书面总结，并在班上发言，让全班同学一起分享搜集客户资料中的点点滴滴感受。

任务：寻找和确定目标顾客。

要求：能灵活运用寻找客户的方法和技巧，通过对客户资格三要素的审查确定出目标顾客，所写方案和书面分析报告的叙述过程逻辑性要好，结论要合理，具有可行性。

步骤：

（1）将全班学生分成若干个6人小组。

（2）由各个小组首先设计寻找客户的方法（至少3种）。

（3）各个小组自行准备商品：化妆品、工具书或其他小商品等。

（4）结合拟推销商品的特点和寻找客户的方法，写出寻找客户的可行方案。

（5）结合客户资格审查的三要素，进行客户资格的审查并确定目标顾客，写出详细的书面分析。

（6）以上所有的小组活动内容均由各小组组织讨论，专人写出书面资料。

（二）案例题

如果你是推销重大疾病保险产品的业务员，请对以下表格中的客户资料进行分析，要求结合客户资格审查的三要素的内容进行分析。

回答问题：

（1）请你把全部客户的审查结果进行排序。

（2）你认为其中哪位客户最具备准客户的资格？为什么？

（3）你认为哪些客户应该排除其准客户资格？为什么？

序号	性别	年龄	抚养家庭	职业	年收入（万元）	参保情况	理财方向	健康状况
1	男	29	单身	公司职员	5	有医保	供房供车	优
2	男	40	太太下岗，8 岁儿子	职业股民	6	无医保	投资股市	良
3	女	30	先生白领，无子女	公司财务	12	有医保	供房	优
4	男	45	子女出国，太太主妇	私企老板	30	无医保	无投资	良
5	女	35	先生开出租，10 岁女儿	工厂小职员	8	有医保	供房	良
6	男	50	两孩子 1 个上大学，1 个上中学	机关干部	4.5	有医保	无投资	欠佳
7	女	24	单身	研究生	2	无医保	无投资	优
8	女	43	先生教书，13 岁女儿	中学教师	4	有医保	供房	中
9	男	70	寡居	退休工人	2.8	有医保	无投资	中
10	女	65	老伴退休	退休干部	4.5	有医保	无投资	良

项目任务十五　开店策划实训

一、实训说明

实训目标	培养学生开店创业的实际技能。
实训重点	店铺定位、店铺选址。
实训要求	事先参观访问一些专卖店，获取相关的营销经验。
场地器具	多功能课室和实训店铺。
实训评价	按照同步测评标准给每位学生评分，此专题占本课程总分的8%。
实训课时	建议6课时。

二、实训任务

小王是一名刚毕业的职业院校的学生，她规划毕业后开一间店铺，但是苦于没有经验，也不清楚开店的流程，于是她向有经验的商家和营销策划方面的专业人士求助。通过咨询了解到很多店铺定位、选址和开张方面的知识，也知道要根据自身的经济实力和兴趣爱好选择好自己的经营方向，做好市场调查和市场定位，然后是具体的店铺选址，要学会商圈分析，接着要掌握开店的相关法律知识，办好相关营业执照，同时要招聘员工并进行培训。

听到要做这么多工作，小王都有些迷糊了，究竟应该怎样一步一步去做呢？

画龙点睛

- 做好市场定位是成功的第一步。
- 黄金商铺的关键在于要选对地方。
- 店铺的装潢是吸引顾客眼球的第一景象。
- 造势开业是店铺的最好广告，创造机会赢取顾客。

三、实训步骤

小吴马上就要毕业了，其家里是做小饰品生意的，经过多年来的耳濡目染及假期实践，她自己对小饰品的进货渠道、市场需求、消费者、行业竞争情况等已经有了足够的了解(因而可以省略前期市场调研的工作步骤)，跟家人商议后，她决定毕业后在学校附近开间小饰品专卖店。

(一) 店铺定位

1. 训练内容。小吴开店的第一件事情应当是想好自己的客户是谁，要做谁的生意呢？如何才能确定自己的目标市场呢？

全班按 3 ~ 4 人为一组，运用市场细分帮助小吴确定目标顾客。

星星点灯

- 有所为有所不为，做合适自己的生意。
- 只有确立了目标市场，才能使你的营销活动更具针对性，才能设计出相应的营销策略。

2. 训练要求。先进行市场细分，然后列出每个细分市场的特点；列出每个细分市场的主要竞争对手及其主要营销策略；分析自己的优劣势和服务能力；结合上述分析进行店铺的合理定位；每个小组要认真充分讨论并交出书面报告。

3. 训练测评。

(1) 评委组成：实训老师及各小组组长。

(2) 评分表：如表 15 - 1 所示。

表 15 - 1 ____________小组评分表

评分项目	标准分	得分	考评员评语
市场细分标准科学性	10		
按细分标准列出所有细分市场	10		
各细分市场特点及潜在生意量分析	20		
各细分市场主要竞争对手寻找	10		
各细分市场主要竞争对手优劣势	10		
各细分市场主要竞争对手营销目标和策略	10		
自身优劣势分析	20		
合理定位	10		考评员（签名）： 年 月 日
合 计	100		

4. 背景知识。市场细分是选择目标市场的依据。从理论上来说，对于一个整体市场，可以采用不同的标准和方法将其分为许多细分市场，但其中有些细分市场对企业可

能是没有什么实际价值的。因此，选择目标市场应该具备以下几个条件：

（1）存在着未满足的需求。进入某一市场是期望能够有利可图，如果市场规模狭小或者趋于萎缩状态，进入后难以获得发展，此时，应审慎考虑，不宜轻易进入。

（2）顾客需求相对稳定。该市场中顾客群的需要应在较长一段时间内保持相对稳定，这样才能保证企业有效地开发该市场，以获得预期的收益；反之，如果细分市场的需求变化过于频繁，则会给企业带来较大的经营风险。

（3）具有可进入性。企业的市场营销活动能够到达该市场。具体的做法就是，企业可以使用有效的广告媒体和促销手段与该市场中的消费者沟通，并通过一定的分销渠道，使自己的产品或服务通达该市场的消费者群。

（4）符合企业目标和能力。细分市场虽然有较大吸引力，但不能推动企业实现发展目标，甚至分散企业的精力，使之无法完成其主要目标，这样的市场应考虑放弃。另一方面，还应考虑企业的资源条件是否适合在某一细分市场经营。只有选择那些企业有条件进入、能充分发挥其资源优势的市场作为目标市场，企业才会立于不败之地。

店铺定位的五种方法：

第一，价格。以价格为出击点进行定位，靠价格来打动、吸引顾客。策略如下：

（1）平价政策：以低价带动高价。

小案例：

在一个卖饰品的店铺中，所有商品的价格均为 9 元，定位“9 元超市”。这样客户看上去是不是觉得这家店卖的东西很便宜啊，表面上看是这样的，其实这些商品的利润率却一点都不低，一般都会在 100%，最少也会在 60% 以上。

（2）价格结构：低价格配合高价格进行组合。

小案例：

一条精美时尚的腰带只卖 4 元钱，这个商品会不会引起很多客户的注意呢？真的好便宜，超值噢。也许这件商品是亏本的。但就在这条腰带的旁边放置了一套 128 元的衣服。腰带配在这件衣服上显得特别的合适、漂亮。虽然腰带价格很超值，但很多人却不知道买回家怎么搭配，而这件衣服的标价也还算适中，不高不低。于是就可以考虑一起买下了——虽然腰带是不挣钱了，但是衣服却能挣到不少啊——这样的商品组合可以举一反三！

第二，专业。以优质专业的服务为出击点进行定位，通过自己的专业和耐心来留住顾客。策略：充分在店铺页面展示专业性。

小案例：

有一个在淘宝上卖蜂产品专卖的，可想而知这家店全都是以蜂产品为主了；为了体现专业性，店主就把自己制造蜂蜜的全过程，以图片的形式全部放在店铺中；告诉客户他是最专业的，那么客户就会因为他的专业而信任他的产品。

第三，特色。寻找出商品的特色作为出击点进行定位，激起顾客的购买兴趣。策略：将新、奇、特和专业相结合。

第四，附加值。通过提供商品以外的服务来打动顾客的定位。策略：通过提供服务或附加商品或强调品牌服务来提高商品的价值。

第五，情感。以情感为出击点进行定位，挖掘顾客的情感需求，从而激起顾客的需求。策略：跟商品谈恋爱，挖掘它的情感价值。

【市场定位】 也称做“营销定位”，是市场营销工作者用以在目标市场（此处目标市场指该市场上的客户和潜在客户）的心目中塑造产品、品牌或组织的形象或个性的营销技术。是在目标市场里某产品在“竞争性比较中相对所处的位置”，这种位置——“定位”是目标市场在心目中所感知到的。一个产品的定位是潜在购买者如何看待该产品。

小案例：

很多人由于身在外地，不在亲人或者爱人的身边，每到父母生日或者情人节的时候，就会在网上订购鲜花寄回家，表达自己对家人的思念之情。

（二）店铺选址

1. 训练内容。小吴在大家的帮助下，决定以 10 多岁的学生一族为目标顾客，并将饰品店定位为 8 元店。现在的问题是店铺应选择在什么位置呢？

按照之前的分组，为小吴进行商圈分析和店铺的选址工作。

星星点灯

- 一步差三成：差一步，两个店卖同样的东西业绩可能差三成。
- 门店最重要的是什么，第一是选址，第二是选址，第三还是选址。

2. 训练要求。先进行商圈分析，确定大致初步选址范围；然后对初步选址区域进行周围环境调查，确定店铺初步位置；对初步选出的店铺进行调查，确定店铺位置。每个小组要认真充分讨论并交出书面报告。

3. 训练测评。

（1）评委组成：实训老师及各小组组长。

（2）评分表：如表 15－2 所示。

表 15－2　　　＿＿＿＿＿＿＿＿小组评分表

评分项目	标准分	得分	考评员评语
商圈分析的全面性	20		
商圈分析的合理性	10		
初选区域环境调查的全面性	20		
初选区域环境调查的科学性	10		
初选店铺环境调查的全面性	20		
初选店铺环境调查的科学性	10		
最终选址的合理性	10		考评员（签名）：
合　计	100		年　　月　　日

4. 背景知识。

之一：商圈分析

选址时必须明确商圈范围、构成及特点；了解商圈内人口因素、市场因素以及一些非市场因素的有关资料，并由此评估经营效益，确定大致选址地点。

（1）商圈形态。

①商业区。商业行为的集中区，特色为商圈大、流动人口多、热闹、各种商店林立。消费习性为快速、流动、娱乐、冲动购买及消费金额较高等。商圈效益使得销售额相对较高；投资费用相对较大；竞争性强。较适宜大型综合商店和特色专卖店。

②住宅区。住户数多，至少须有1 000户以上。消费习性为消费群稳定，便利性、亲切感、家庭用品购买率较高，为家庭生活提供服务的公司较受欢迎。

③文教区。消费习性为消费群以学生居多，消费金额普遍不高，休闲食品、文教用品购买率较高，但寒暑假期是淡季。

④办公区。消费习性为便利性、外食人口多、消费水平较高等，消费目的主要是采购生活办公用品、谈生意、进餐等，午间和晚间为营业高峰；周末与节假日生意清淡，适合餐馆和日用品店。

⑤车站区。人流量大，旅客多选购容易携带商品，较适合食品、礼品店等。

⑥市郊。特征为主要为流动顾客提供生活、休息、娱乐和维修车辆等服务。

（2）商圈分析的内容。

①人口规模及特征。人口总量和密度；常住和流动人口；年龄分布；平均教育水平；拥有住房的居民百分比；总的可支配收入；人均可支配收入；职业分布；人口变化趋势；到城市购买商品的邻近农村地区顾客数量和收入水平。

②劳动力保障。管理层的学历、工资水平；管理培训人员的学历、工资水平；普通员工的学历、工资水平。

③供货来源。运输成本；运输与供货时间；制造商和批发商数目；可获得性与可靠性。

④促销。媒体的可获得性与传达频率；成本与经济情况。

⑤经济情况。主导产业；多角化程度；项目增长；免除经济和季节性波动的自由度。

⑥竞争情况。现有竞争者的商业形式、位置、数量、规模、营业额、营业方针、经营风格、经营商品、服务对象；所有竞争者的优势与弱点分析；竞争的短期与长期变动；饱和程度。

⑦商店区位的可获得性。区位的类型与数目；交通运输便利情况、车站的性质、交通联结情况、搬运状况、上下车旅客的数量和质量；自建与租借店铺的机会大小；城市规划；规定开店的主要区域以及哪些区域应避免开店；成本。

⑧法规。税收；执照；营业限制；最低工资法；规划限制。

⑨其他。租金；投资的最高金额；必要的停车条件；附近单位的性质等。

之二：初选区域分析技巧

（1）同行密集的地方是好店址。商业吸引商业、人流吸引人流；但经验也并非是绝对的；只有贵重商品、耐用消费品和装饰性强的商品顾客往往喜欢在比较后才购买，这样的商品适于集中扎堆经营，日常生活用品等使用频率高的商品不宜集中经营。

（2）拐角的位置较理想——“拐角效应”。优点：可以增加橱窗陈列的面积；两条街道的往来人流汇集于此，有较多的过路人光顾；可以通过两个以上的入口以缓和人流的拥挤。但选择哪一面作为自己店铺的正门很重要，通常选择交通流量大的一面作为店铺的正门。

（3）三岔路口是好位置。但注意尽量发挥自己的长处，在店铺正面入口处的装潢、店名招牌、广告招牌、展示橱窗等要精心设计、抓住顾客的消费心理，将过往行人吸引到店铺中来。

（4）坡路上开店大不可取。

（5）开店选址的最基本原则是“顺路”。一条街可分成“阴面”和“阳面”，开店讲的是人气，人气旺财气就旺；店铺最好夹在许多吃喝玩乐店的中间；同时店铺附近最好不要有空地、工地、高架桥，以免人气和财气“上气不接下气”。

“顺路”的另一个指标是“好不好找”，太宽、车流量大的路边不容易聚集人潮、人气，不是开店的好地点。

（6）开店方位的讲究。店铺正门的朝向与当地的气候密切相关，并受风向、日照程度、日照时间等因素的影响（如在南方城市，面向西的铺面会有日晒，在夏季如果没有空调，会因炎热吓跑不少顾客；在北方城市，面向西北的铺面较易受寒风的侵袭，也不利于顾客进店消费）。

（7）竞争分析须考虑因素。现有商店的数量、规模分布；新店开张率；所有商店的优势与弱点；短期和长期变动以及饱和情况等。

（8）选择行业多角化的商圈开业（如果商圈内居民多从事同一行业，则该行业波动会对居民购买力产生相应影响）。

之三：店铺环境分析

（1）早、中、晚都要在预定的店址观察行人及他们经过此地的目的；了解铺面附近各店的情况。

（2）繁华地段虽好，但绝非唯一选择。

（3）选择好店址不要怕高租金。花大钱开个大门市，不如花大钱找个好门市；但须好好盘算投资回报率。

（4）其他问题。

通讯——有没有电话接入？手机信号如何？有没有网络接入？等等。

安全——防盗、防破坏、治安状况、火源、噪音、灰尘等。

广告宣传——把铺面设置在某一著名的建筑物或自然物旁，这些地段都是当地人人皆知、路人易见之处。

租赁房屋及柜台——了解房屋的基本条件及价格、房屋的产权情况；房屋有无破损、楼面的受力以及水电等情况；税收情况；合约要规定租期、价格，是否可以进行装修、税额的负担、面积；其他杂费由谁来负担等。

与房主联营——协议内容可包括：经营项目、投资比例、分红比例，参加联营的人员名单及数量、分配等。

注意城镇的变化——不少城镇人口稠密区和商业繁华区都在不断增多和扩大，必须四面扩张，但不是相等平齐的。

(5) 选址不可忽略的细节（天时、地利、人和）。

①交通便利。主要车站附近；顾客步行不超过20分钟路程的街道（观察马路两边行人的流量，较多的一边较好）；交通设施（火车站、公交总站、主要道路等）是否完善、距离多少？汽车班次、乘客数等。

②接近群众聚集的场所——如剧院、电影院、公园、大型店等娱乐场所附近或工厂、机关的附近；它们的规模、聚集程度、就业人口、远近、交通量等；这些场所易于吸引行人出入也易于记忆。

③人口增加较快的地方。

④较少横街或障碍物的一边。行人为了要过马路而躲避车辆或来往行人，会忽略一旁的店铺。

⑤自发形成某类市场的地段。

⑥根据经营内容选择地址。

⑦“傍大款”。靠近著名公司或大厦。

⑧有广阔空间的店面。

⑨其他。城市规划；住宅区建设规划；新车站、新路线、停车站新建计划；道路拓宽计划；工业区建设、建厂计划；教育设施；大型商店、医院建设计划。

（三）开张准备

1. 训练内容。小吴选好店址后，正在紧锣密鼓地做新店开业的准备工作。

按照之前的分组，为小吴筹备新店开业要做的准备工作：成本预算、申请执照、装修店铺、招聘员工。以小组为单位递交具体方案。

星星点灯

- 好的开始是成功的一半。
- 魔鬼藏在细节中，千头万绪一丝也不能忽视。

2. 训练要求。方案要列出成本预算总额及详细的费用项目，以及说明如何设计店铺、如何申请执照、如何招聘员工、如何进行开业造势等具体做法。

3. 训练测评。

(1) 评委组成：实训老师及各小组组长。

(2) 评分表：如表15-3所示。

表 15－3 ________________小组评分表

评分项目	标准分	得分	考评员评语
成本预算清晰合理	20		
店铺命名的科学性	10		
清楚说明如何申请营业执照和办理税务手续	10		
店铺颜色及招牌设计科学性	10		
店铺布局和陈列设计科学性	20		
清楚说明如何招聘员工	10		
清楚说明如何开业造势	20		考评员（签名）： 年　月　日
合　计	100		

4. 背景知识。

(1) 概算店铺经营费用。

固定费用——房租、员工工资、固定资本折旧费、利息、押金利息等。

流动费用——水电费、电话费、运输费、包装费、商品损失、各种杂费等。

(2) 为开店融资。

资金调度确实，确保可调度资金的数量。资金利息低廉，减少财务费用。确保有余力筹措周转资金，确保自有资金。

(3) 租房。直接租房或接手转租店（要查清楚转租的原因）。

注意问题：

①房屋面积是否确实。

②合同上注明租房金以外的其他一切费用由哪一方交或共同以什么比例分摊。

③注明房租的截止日期和款项的具体缴纳办法。

④在出租方的各种物品交接清单上签字。

⑤注明押金数目。

⑥注明因天灾及不可抗拒的因素造成的损害及合同的中止等情况不需承租方负责。

⑦核实出租方是否为真正的房屋拥有者。

(4) 店铺命名。

①"不怕生错相，就怕起错名"。

②店铺命名的基本原则是"名副其实"。

③注意以下原则，表明店铺的性质和经营范围：表明服务对象；体现服务特色和风格；表明店主身份特征；表明营业时间长短；表明店面的大小与方位；暗示价格的幅度。

(5) 办理工商执照和税务登记证。

①工商营业执照申办手续。在经营所在地的工商所申请，个体工商户开业登记，须本人身体健康，具备相应的经营能力与条件，本人除提出书面申请外，还应提供身份证明、职业状况证明、经营场地证明、从事国家专项规定的行业或经营范围，还应提交有关部门的审批件等材料。

②凭营业执照办理税务登记证。在经营所在地的税务所办理，拿到税务登记证后申请发票，发票申请分两种：第一，定税方法。即每月不管有没有营业额都是每月缴纳相同的税额；第二是根据开具发票的金额每月按税率缴税。

(6) 店铺的设计与装潢。

①店铺形象的构成。店铺的内外观（门面是销售的前奏曲；经过装饰能使人一看便知是什么性质的店铺、出售何种档次的商品或服务；也具有保护内容、显示特色的意义；起到改善购物环境和营造舒适气氛的作用）。店铺的商品陈列（制造舒适轻松气氛；易看易取、自由自在）。店铺的服务质量。有礼貌的店员便于与顾客沟通，并懂得商品知识和市场流行趋势，还乐于排忧解难，这样的服务会对店铺的声誉有良好的影响。

小提醒：

店铺名称如人的名字，店铺的门面如人的脸面，店铺橱窗如人的眼睛，店铺色彩如人的衣裳。

②店铺形态的设计。在店铺设计时要注意制造对顾客的诱导性，尽量让顾客在店内停留的时间增长，并让顾客用充分的时间细心选择商品。门面宽、深度浅的店铺较适合的行业为餐饮服务业、书报店、快速冲印店、西式点心店、日式点心店等。门面窄、深度长的店铺较适合的行业为餐饮服务业、美容美发店、礼品店、化妆品店、首饰店、书店、玩具店、文具店、日常用品店、自助洗衣店等。

③店铺外观的主要构成。

招牌。较流行的有屋顶招牌、标志性招牌、栏架招牌、翼招牌、活动招牌、壁上招牌和其他。招牌的“四易”原则——易见、易读、易明、易记。

橱窗。一个构思新颖、主题鲜明、风格独特、装饰美观、色调和谐的橱窗应注意：橱窗横度线最好与顾客的视平线相等；必须考虑防尘、防热、防淋、防晒、防风、防盗等因素；不影响店面外观造型，设计规模应与店铺整体规模相适应；陈列商品必须是本店销售的且是最畅销或新潮的；如陈列季节性商品必须在季节到来之前一个月预先陈列出来，起到宣传作用；商品陈列前先确定主题，万不可乱堆乱摆，分散了消费者的视线；尽量少用商品做衬托；容易液化变质的商品，以及日光照射下容易损坏的商品，最好用其模型代替或加以适当的包装；保持清洁；陈列勤加更换，如有时间性的宣传和陈列容易变质的商品；橱窗的形式设计要根据店铺的位置、营业项目和营业场所的大小而定。

④店铺的内部装潢。

天花板。设计时首先考虑高度，太高：上部空间太大，使顾客无法感受到亲切的气氛。过低：虽然可给顾客一份亲切感，但压抑感也随之而来。其次是形状，对于顾客心理、陈列效果、店内气氛都有很大影响。最后是应与照明设备相配合。

墙壁。是陈列商品的背景，应与所陈列商品的色彩及内容协调、与店铺的环境和形象适应，设计形式有以下几种：壁面上架设陈列柜，以摆放、陈列商品；面上安置陈列台，作商品展示处；壁面上作简单设备，做装饰用。

地板。图形设计上有刚柔两种：以正方形、矩形、多角形等直线条组合为特征的图案带有阳刚之气，较适合以男性消费者为主的店铺使用；以圆形、椭圆形、扇形和几何曲线等组合为特征的图案带有柔和之气，较适合以女性消费者为主的店铺使用。

内部装饰的材料选择。光滑的材料能反射光线；粗糙的材料可以吸收光线（空间大的店铺应以粗一点的材料为主，而空间小的宜采用光滑质感材料；大面积的墙面可以粗一些，重点装修的墙面则要精细一些，以取得对比的效果）。

⑤店内装饰的技巧。要有广告效应，给消费者以尽量强烈的视觉刺激。结合商品特点加以联想，起导购作用（新颖独特以吸引顾客视线，并想进去看看）。防止人流进店后拥挤。

⑥货柜、货架的设计。使商品醒目，容易选择，取放方便；因地制宜，结合建筑格局布置、安放。设计应以便于保持陈列商品、整齐清洁、美观大方、易取易放，并能充分显示商品特点，保证正常销售需要为原则。

⑦店铺内部灯光设计。吸引顾客的注意力，让顾客在舒适视觉环境中浏览商品，进而产生购物冲动。注意装饰光源与照明光源的协调搭配，装饰光源只起陪衬与辅助作用，不要喧宾夺主，不宜安装过多，亮度也不宜过强，对比不宜过大。

对于专用于装饰和映衬商品的光源，注意光色与商品的协调；一般安装在柜台内或直接用来照射商品，要点有：如果商品本身色调明快清晰，则灯光朦胧才能产生较好意境；如果商品本身色调较暗，则应使用较强灯光，以突出商品形象；彩色光线照射或映衬在色彩鲜艳的物体或商品上，如果光色与物体相同，则物体或商品会特别鲜艳，但如果光色是物体或商品的补色，则会减弱物品颜色的鲜艳程度，使物体变得灰暗，光色越趋向两个极点，结果往往就越相背。

远光要强，近光要弱；远光多色交融，近光少色或单色；远光多变多动，近光少变少动或慢变慢动等。

（7）招聘店员。

①面试的流程。店前筛选（基本资料、第一印象）→填写应征资料→基本测试→面谈→口试、笔试、实务→调查资料及背景→核准、裁决→相关资料审核→录用（上述流程中如有条件不符者应婉言谢绝）。

②面试的重点。应聘者的眼神和面部表情；其工作经验及有突出表现的资历；谈吐风度、心态志趣与工作计划；离职原因及应聘动机；能否轮班、加班；有无一生规划或进修计划；个性、家庭背景和经济负担；告知应聘者本店的背景、未来计划、制度、福利、培训、待遇和工作内容等情况。

③决定录用的标准。其能力、学历、经历是否符合公司的要求；公司的待遇能否满足其经济负担；如是特殊高级人才，应多方探讨，了解其操守品性等；公司的发展是否能配合其个人发展或个人理想；录用此人对公司的经营或其他人有无影响或排斥；对于录用的一般人员，优先选择灵活、务实、工作经历稳定、背景单纯、人缘好的人来录用。

（8）开业造势。

邀请众人来捧场——亲朋好友、左邻右舍等。

花团锦簇—— 鲜花花篮的布置。

请名人——名人效应，拉抬声势，或请舞龙舞狮的来助阵以凝聚人气。

把喜气带给顾客——提供特别服务或送礼轻情重的小礼物，这样可以使你的店铺成为“热门话题”。

见者有份礼——如气球、面纸、传单等引起更多人的关注。

特价优惠——以延长开张当天的气势。

面面俱到——准备要周详，一个顾客就等于一个市场。

四、技 能 巩 固

1. 布置学生到学校所在的城市，让学生按照小组分工参观当地的著名的商业街，找出有特色定位的门店。具体要求如下：

（1）描述其总体经营情况（产品、目标顾客、营业状况等）。

（2）进行实地参观访问，进行定位情况考察分析。

（3）进行门店所在地商圈的详细分析。

（4）详细进行门店的选址分析。

（5）分析店铺的取名。

（6）考察分析店铺的内外装潢。

（7）考察其销售服务员服务水平。

以小组为单位递交一份考察分析报告。

2. 小张的零食店即将开业，其目标顾客为青年白领一族，请为他设计店铺名称、招牌和开业造势促销手段。

项目任务十六 营销综合技能实训

一、实训说明

实训目标	培养学生综合运用营销知识进行销售项目经营运作的实际技能
实训重点	营销决策、销售项目运作、绩效考核
实训要求	大型实训项目，要专门集中半个月时间进行教学，且要事先布置任务
场地器具	多功能教室、校园通道
实训评价	按照同步测评标准给每位学生评分，此专题单独考核计分
实训课时	建议半个月

二、实训任务

经过对服务市场营销课程的完整学习和训练，小王和同学们已经掌握了许多项营销专项技能，但大家总感觉就像一把珍珠在手却很难将它们串联起来加以运用，如果让自己去做一个完整的营销项目，到底该如何一步一步着手呢？另外，训练毕竟与实际做生意之间还有一段差距，能否真枪实弹去做一回生意呢？真要是去做人生中的第一次生意，自己能赚钱吗？

老师好像看穿了同学们的心思，在课程的最后阶段，便给大伙儿出了一道又诱人又犯愁的难题，要利用半个月的时间让同学们来做一回真的生意，并且要求同学们必须赚钱！

画龙点睛

- 做好市场调研，发现和挖掘生意机会。
- 现代社会进入“吃脑”时代，营销谋划很重要。
- 生意头脑其实是一种营销习惯。
- 成功不但取决于谋划，更取决于一步一步踏踏实实的过程。
- 具有总结—反思—提高这种学习能力的人和组织才能基业长青。

三、实训步骤

在学生基本学完课程后，集中三个星期进行一次综合实训。按 5 ~ 6 人为一组，将全班同学分成几个小组，要求按照教师规定的进程完成一个大型项目，这个项目包括一次真实的市场调研——采购商品——销售商品——绩效核算流程。具体为：以组为单位，先进行有效的市场调研，在校园内发现和挖掘需求，然后自筹启动资金 300 ~ 500 元自主寻找货源采购商品，并在规定的时间和地点进行销售，最后核算每组的经营成果。

总体实训安排如表 16 – 1 所示。

表 16 – 1　　综合实训总体安排表（以三周合 15 天计）

时间安排	实训内容及所占比重	实训要求
第 1 天	教师总述	教师讲述实训各步骤的内容、要求，讲解所需要的背景知识。
第 2 ~ 3 天	市场调研（15%）	市场调研，发现和挖掘需求，确定要经营的商品品种，提交调查报告给老师审查。
第 4 天	营销决策（15%）	STP 决策，确定营销策略组合，提交报告给老师审查。
第 5 ~ 6 天	商品信息采集（5%）	考察进货渠道，确定货源，筹备资金，提交报告给老师审查。
第 7 天	采购商品（5%）	完成进货，提供货物样品及单据给老师审查。
第 8 天	销售方案设计（15%）	设计书面标准化销售语言和 POP 广告，设计销售流程，设计柜台及商品陈列，设计客户数据库表格，设计小组人员形象，提交书面报告。
第 9 ~ 12 天	销售商品（15%）	在规定的时间及地点摆摊销售商品，老师巡查。
第 13 天	客户满意调查（10%）	对客户进行抽样回访，调查顾客的满意度，提交调查原始资料及调查统计结论。
第 14 天	绩效核算（10%）	小组经营业绩核算，个人工作业绩评价，提交原始资料和经营报表。
第 15 天	总结提高（10%）	总结经验，查找不足，探讨改进措施，提交小组和个人总结，提供小组分工情况和小组对组员的评语和评分。

学生的总评成绩既考虑结果又考虑过程，既考虑团队又兼顾个人表现：首先取决于小组业绩分（每个小组的人均经营业绩，主要看售罄率、销售额、净利润、毛利率、净利率高低），然后取决于小组过程分（每个小组在各环节中的表现，主要由老师根据各小组提交的资料、整体形象、态度、团队精神等进行评价，每个环节所占比重见表 16 – 1），还有就是个人过程分（个人在小组中的工作表现评价，由小组给每位组员进行评价打分）。具体为：个人总评成绩 = 小组结果分：所在小组的人均净利润（30%）+ 小组过程分：所在小组实训各环节总体评价（40%）+ 个人过程分：个人在小组的表现评价（30%）。

（一）市场调研阶段

1. 训练内容。在这个阶段，每个小组要先运用访谈法和观察法进行市场调研，重点对校园内学生的市场需求进行分析研究，初步确立自己要销售产品的方向和类别；然后设计调查问卷进行合适的抽样调查，重点获得学生的消费特征和购买行为特征信息；最后要将原始调研资料和一份完整的调研报告一起提交给老师。

星星点灯

- 发现和挖掘到有效需求，便能自己做老板。
- 没有疲软的市场，只有疲软的思想。

2. 训练要求。调研报告必须包含以下内容：校园需求挖掘分析、所挖掘需求的市场容量分析、满足这种需求的可行性分析、竞争环境分析、消费者消费特征分析、消费者购买行为特征分析等。

3. 训练测评。以小组为评估对象，该环节最终总得分占小组过程分的15%，评分依据如表16－2所示。

表16－2　　______小组市场调研环节评分表

评分项目	标准分	得分	考评员评语
校园需求调查分析	20		考评员（签名）： 年　月　日
市场容量调查分析	10		
可行性调查分析	20		
竞争调查分析	10		
消费特征调查分析	15		
购买特征调查分析	15		
小组态度和积极性	10		
合　计	100		

4. 背景知识。调查报告一般由标题和正文两部分组成。

（1）标题。标题可以有两种写法。一种是规范化的标题格式，即“发文主题”加“文种”，基本格式为“××关于××的调查报告”、“关于××的调查报告”、“××调查”等。另一种是自由式标题，包括陈述式、提问式和正副标题结合使用式三种。陈述式如《××学校毕业生就业情况调查》；提问式如《为什么中职生择业倾向沿海地区》；正副标题结合式，正题陈述调查报告的主要结论或提出中心问题，副题标明调查的对象、范围、问题，这实际上类似于“发文主题”加“文种”的规范格式，如《中职发展重在专业建设——××学校专业建设实践思考》等。

（2）正文。正文一般分前言、主体、结尾三部分。

①前言。有几种写法：第一种是写明调查的起因或目的、时间和地点、对象或范围、经过与方法，以及人员组成等调查本身的情况，从中引出中心问题或基本结论来；第二种是写明调查对象的历史背景、大致发展经过、现实状况、主要成绩、突出问题等基本情况，进而提出中心问题或主要观点来；第三种是开门见山，直接概括出调查的结果，如肯定做法、指出问题、提示影响、说明中心内容等。前言起到画龙点睛的作用，要精练概括，直切主题。

②主体。这是调查报告最主要的部分，这部分详述调查研究的基本情况、做法、经验，以及分析调查研究所得材料得出的各种具体认识、观点和基本结论。

③结尾。结尾的写法也比较多，可以提出解决问题的方法、对策或下一步改进工作的建议；或总结全文的主要观点，进一步深化主题；或提出问题，引发人们的进一步思考；或展望前景，发出鼓舞和号召。

（二）营销决策阶段

1. 训练内容。经过市场调研，确立了欲销售的产品类别之后，要列出细分标准进行产品的市场细分，在进行细分时，提醒学生一定要考虑可衡量性、可进入性、有效性、对营销策略反应的差异性四原则；然后进行简单的SWOT分析，确立自己的目标市场；研究竞争对手的市场和产品定位情况，画出定位情况分布图，根据了解到的顾客需求和消费特征，迎合顾客的需求，进行科学的市场定位和产品定位；最后研究并确定自己的营销策略4Ps组合。

星星点灯

- 第一，做正确的事；第二，正确地做事。
- 满足顾客需求，适合自身条件，形成核心竞争力。

2. 训练要求。此步骤要提交营销决策报告，主要包含以下内容：市场细分分析、SWOT分析、目标市场分析、市场及产品定位情况分布图、定位分析、营销4Ps组合策略分析、赢利预测分析等。

3. 训练测评。以小组为评估对象，该环节最终总得分占小组过程分的15%，评分依据如表16－3所示。

表16－3　　______小组营销决策环节评分表

评分项目	标准分	得分	考评员评语
市场细分分析	20		考评员（签名）： 年　月　日
SWOT分析	10		
目标市场特征分析	10		
市场及产品定位分布图分析	10		
定位分析	10		
营销4Ps组合策略分析	20		
赢利预测分析	10		
小组态度和积极性	10		
合计	100		

4. 背景知识。

之一：市场细分

（1）市场细分的标准。市场细分是指营销者通过市场调研，依据消费者的需要和欲望、购买行为和购买习惯等方面的差异，把某一产品的市场整体划分为若干消费者群的市场分类过程。每一个消费者群就是一个细分市场，每一个细分市场都是具有类似需求倾向的消费者构成的群体。

消费品市场的细分标准可以概括为地理因素、人口统计因素、心理因素和行为因素四个方面，每个方面又包括一系列的细分变量，如表16－4所示。

表16－4　　消费品市场细分标准及变量一览表

细分标准	细分变量
地理因素	地理位置、城镇大小、地形、地貌、气候、交通状况、人口密集度等
人口统计因素	年龄、性别、职业、收入、民族、宗教、教育、家庭人口、家庭生命周期等
心理因素	生活方式、性格、购买动机、态度等
行为因素	购买时间，购买数量，购买频率，购买习惯（品牌忠诚度），对服务、价格、渠道、广告的敏感度

（2）市场细分的程序。

①正确选择市场范围。企业根据自身的经营条件和经营能力确定进入市场的范围，如进入什么行业、生产什么产品、提供什么服务。

②列出市场范围内所有潜在顾客的需求情况。根据细分标准，比较全面地列出潜在顾客的基本需求，作为以后深入研究的基本资料和依据。

③分析潜在顾客的不同需求，初步划分市场。企业将列出的各种需求通过抽样调查进一步搜集有关市场信息与顾客背景资料，然后初步划分出一些差异最大的细分市场，至少从中选出三个分市场。

④筛选。根据有效市场细分的条件，对所有细分市场进行分析研究，剔除不合要求、无用的细分市场。

⑤为细分市场定名。为便于操作，可结合各细分市场上顾客的特点，用形象化、直观化的方法为细分市场定名，如某旅游市场分为商人型、舒适型、好奇型、冒险型、享受型、经常外出型等。

⑥复核。进一步对细分后选择的子市场进行调查研究，充分认识各细分市场的特点，本企业所开发的细分市场的规模、潜在需求，还需要对哪些特点进一步分析研究等。

⑦决定细分市场规模，选定目标市场。企业在各子市场中选择与本企业经营优势和特色相一致的子市场，作为目标市场。没有这一步，就没有达到细分市场的目的。

（3）有效的细分市场必须具备的特征。

①可衡量性。是指用来细分市场的标准和变数及细分后的市场是可以识别和衡量的，即有明显的区别，有合理的范围。如果某些细分变数或购买者的需求和特点很难衡量，细分市场后无法界定，难以描述，那么市场细分就失去了意义。一般来说，一些带有客观性的变数，如年龄、性别、收入、地理位置、民族等都易于确定，并且有关的信息和统计数据也比较容易获得，而一些带有主观性的变数如心理和性格方面的变数，就比较难以确定。

②可进入性。是指企业能够进入所选定的市场部分，能进行有效的促销和分销，实际上就是考虑营销活动的可行性。一是企业能够通过一定的广告媒体把产品的信息传递到该市场众多的消费者中去，二是产品能通过一定的销售渠道抵达该市场。

③可盈利性（规模性）。是指细分市场的规模要大到能够使企业足够获利的程度，

使企业值得为其设计一套营销规划方案，以便顺利地实现营销目标，并且有可拓展的潜力，以保证按计划能获得理想的经济效益和社会服务效益。如一个普通大学的餐馆，如果专门开设一个西餐馆满足少数师生酷爱西餐的要求，可能由于这个细分市场太小而得不偿失；但如果开设一个回族饭菜供应部，虽然其市场仍然很窄，但从细微处体现了民族政策，有较大的社会效益，值得去做。

④差异性。指细分市场在观念上能被区别并对不同的营销组合因素和方案有不同的反应。

⑤相对稳定性。指细分后的市场有相对应的时间稳定。细分后的市场能否在一定时间内保持相对稳定，直接关系到企业生产营销的稳定性。特别是大中型企业以及投资周期长、转产慢的企业，更容易造成经营困难，严重影响企业的经营效益。

之二：目标市场选择策略

根据各个细分市场的独特性和公司自身的目标，共有三种目标市场策略可供选择：

（1）无差异市场营销。无差异市场营销指公司只推出一种产品，或只用一套市场营销办法来招徕顾客。当公司断定各个细分市场之间存在很少差异时可考虑采用这种大量市场营销策略。

（2）密集性市场营销。密集性市场营销是指公司将一切市场营销努力集中于一个或少数几个有利的细分市场。

（3）差异性市场营销。差异性市场营销是指公司根据各个细分市场的特点，相应扩大某些产品的花色、式样和品种，或制定不同的营销计划和办法，以充分适应不同消费者的需求，吸引各种不同的购买者，从而扩大各种产品的销售量。

之三：目标市场定位的方法

目标市场定位的方法可以归纳为如下几种：

（1）以特定的产品特性来定位。特别是新产品，产品的某些特性往往是竞争对手无暇顾及的。这种定位往往容易收效。

（2）根据特定的产品用途来定位。如果使老产品找到一种新用途，也是为该产品创造定位的好方法。

（3）根据特定的产品使用者定位。企业常常试图把某些产品指引给适当的使用者或者某个细分市场，以便根据那个细分市场的特点建立起恰当的形象。

（4）根据特定的产品档次定位。产品可以定位为与其相似的另一种类的产品档次，或者强调与其同档次产品并具有某些方面的差异特点。

（5）对抗另一产品的定位。可以在暗示另一产品的不利特点的基础上进行定位。如一家饮料厂生产无色饮料来定位，以暗示有色饮料的色素对人体健康不利。

之四：SWOT 分析的步骤

SWOT 分析法常常被用于制定集团发展战略和分析竞争对手情况，在战略分析中是最常用的方法之一。进行 SWOT 分析时，主要有以下几个方面的内容：

（1）分析环境因素。运用各种调查研究方法，分析出公司所处的各种环境因素，即外部环境因素和内部能力因素。外部环境因素包括机会因素和威胁因素，它们是外部环境对公司的发展直接有影响的有利和不利因素，属于客观因素。内部环境因素包括优势因素和弱点因素，它们是公司在发展中自身存在的积极和消极因素，属主动因素，在调查分析这些因素时，不仅要考虑到历史与现状，更要考虑未来发展问题。

（2）构造 SWOT 矩阵。将调查得出的各种因素根据轻重缓急或影响程度等排序方式，构造 SWOT 矩阵，如表 16－5 所示。在此过程中，将那些对公司发展有直接的、重要的、大量的、迫切的、久远的影响因素优先排列出来，而将那些间接的、次要的、少许的、不急的、短暂的影响因素排列在后面。

表 16－5　　SWOT 分析模型

	优势——S	弱点——W
机会——O	SO 战略 发出优势、利用机会	WO 战略 利用机会、克服弱点
威胁——T	ST 战略 利用优势、回避威胁	WT 战略 减小弱点、回避威胁

（3）制定行动计划。在完成环境因素分析和 SWOT 矩阵的构造后，便可以制定出相应的行动计划。制定计划的基本思路是：发挥优势因素，克服弱点因素，利用机会因素，化解威胁因素；考虑过去，立足当前，着眼未来。运用系统分析的综合分析方法，将排列与考虑的各种环境因素相互匹配起来加以组合，得出一系列公司未来发展的可选择对策。

（三）营销运营阶段

1. 训练内容。确立了经营策略之后，便进入采购和销售运营阶段，首先要采集货品信息（现场采集和网络收集相结合），多方考察比较进货渠道，然后正式着手采购货品，在采购时要注意辨别货品真伪、是否通过必要的相关认证、是否在保质期内、商家是否有信誉保证，要学会辨认相关票据（如收据和发票），在采购时要善于运用讨价还价的技巧，要约定好售后服务条款，并学会开列和保留各种票据以保护自己的合法权益。

正式销售时，要学会团队的分工合作，要注意团队形象的展示，设计科学的销售流程，设计标准的销售用语及规范的礼仪标准，要设计和运用恰当的销售促进方式，学会销售造势，恰当摆设销售柜台和陈列商品，利用晨会和夕会振奋精神、总结经验、统一思想，要集体研究和切磋接近顾客—介绍产品—促成交易的技巧，要及时补货和进货，建立客户数据库，做好售后服务工作。

星星点灯

- 每件商品都是有思想的，我们需要做的就是把商品的思想同顾客的思想联系起来。
- 执行力是所有那些实现了跨越的团队和个人获得成功的共同秘诀。

2. 训练要求。此步骤要提交营销运营报告及相关资料，营销运营报告主要包含以下内容：商品知识及卖点挖掘、进货渠道比较分析报告、供应商考查分析报告、标准销售流程及礼仪语言规范、销售计划及完成情况分析、促销方案、晨会和夕会方案、客户管理方案、客户满意度调查分析等。相关资料包括进货单据、财务数据、商品样品、POP 广告样本、客户原始资料、客户调查问卷原始资料等。

3. 训练测评。以小组为评估对象，该环节最终总得分占小组过程分的 50%，评分依据如表 16－6 所示。

表 16－6　　＿＿＿＿＿＿＿＿＿＿小组营销运营环节评分表

评分项目	标准分	得分	考评员评语
商品知识及卖点分析	10		
进货渠道比较分析	5		
供应商考察报告	5		
标准销售流程设计	10		
与顾客交往的标准销售用语	10		
与顾客交往的礼仪态度	5		
销售计划及完成情况分析	5		
促销方案设计	10		
现场柜台摆设及商品陈列	10		
客户管理方案设计	5		
客户满意度调查分析	5		
相关原始资料完备	5		
现场团队合作和精神面貌状况	10		
晨会和夕会开展情况	5		考评员（签名）：
合　计	100		年　月　日

4. 背景知识。

之一：销售员应掌握的商品知识

（1）商品的基本知识。

①商品的硬件特征。主要是商品的性能、品质、材料、制造方法、重要零部件、附属品、规格、改良之处以及专利技术等。

②商品的软件特征。主要指其设计风格、颜色、流行性、前卫性等。

③商品的使用知识。也就是商品的使用方法，如用途、操作方法、安全设计、使用时的注意事项及提供的服务体制等。

④商品的交易条件。主要是指购买程序、付款的方式、价格条件、物流状况、保证年限、维修条件等。

⑤商品的检验体系。主要是商品认证、保持期、有效期、质量检验体系、质量检验标准及方法、商品检验结论等。

（2）商品的竞争知识。

①不同品牌商品的特点。主要是不同品牌在商品基本知识方面的异同。

②不同品牌商品的诉求重点。这是非常关键的资料，因为顾客之间的需求状况各不相同，只有满足了他们的诉求重点，商品介绍才能引起他们的兴趣，成交才有希望。

③商品之间的竞争差异。这些资料的掌握有助于销售员对所销售商品的优势与劣势心中有数，从而在介绍商品时扬长避短地进行说明。

之二：挖掘商品卖点

（1）挖掘商品卖点的具体操作方法。

①从技术含量上去挖掘商品的卖点，即挖掘商品的技术先进性。如海尔，其“计时洗”热水器，运用新工艺解决消费者在使用热水器洗浴时不能掌握热水量的烦恼，以“高科技，使您节电、安全还方便”作为商品的突出卖点，受到消费者的青睐。

②从商品的功能效用出发来挖掘商品的卖点。比如很多药品、保健品、理疗器械，可把它们针对某一特定消费群体或病症，功能效用是如何突出显著等作为最大的卖点。

③围绕商品的工艺特色或成分来挖掘商品的卖点。比如，那些以珍贵药材为主要成分、具有民族特色配方的药品等，就可以突出其成分、价值及疗效不同，把它们作为商品的卖点。

④从商品的使用方法去挖掘商品的卖点。以苹果公司的“iPhone”手机为例，其全新的操作使用方式就是令人耳目一新的卖点。

⑤从商品的产地着手去挖掘商品的卖点。由于某些地方以其文化底蕴、名商品集群、科技实力、最佳地质气候等闻名于世，销售员就可以把商品与上述因素挂钩起来，增强商品的知名度。比如藏药就是以其产地而作为卖点。

⑥从商品的权威性出发挖掘商品的卖点。中国人有强烈的崇拜欲，对权威的信任度很高，“中国驰名商标”、“中国名牌”等称号，名人明星代言，都对顾客有强大的吸引力。如果所销售的商品能够利用广告突出强调其权威性，销售员就可以充分予以利用，把它作为一个明亮的卖点。

（2）卖点在传播过程中的表达思路：①一句核心利益诉求；②三个商品优势支撑；③五项相关利益所得。上述一三五是泛指。

之三：晨会和夕会

（1）晨会的内容。主要包括（每次只是从中选取一、二项）：考勤管理；政令宣导；新闻简报；喜讯传达；竞赛公布；目标制定；士气激励；商品讲解；知识测验；技巧培训；市场分析；头脑风暴；名人座谈；个案研讨；话术辩论；日志检查；热点追踪；新人会诊；趣味游戏；有奖竞答；读书感想；演讲比赛；信息交流；室外活动；集体早会；视听教学；主任述职；情景话剧；奖项颁发；魔鬼训练；健身体操；生日庆祝；倾诉心声；电脑上网；总结报告，等等。

（2）夕会的内容。

①当日来店客户资料收集表；
②销售经理对销售代表填的各项表格进行分析；
③根据分析排除销售代表的销售障碍；
④销售代表的个人销售状况，指导其采取有效的销售策略；
⑤销售代表自我检讨（工作完成情况及质量）。

（四）考核总结阶段

1. 训练内容。按照总规划运营几天之后，便要开始考核各组和个人的业绩及表现，并展开总结活动。

（1）每个小组汇制出自己的财务报表，计算售罄率、人均销售额、人均净利润额、毛利率和净利率的高低，并对财务报表进行简单的分析。

（2）分小组召开会议，先由每个人作自我总结，然后集体对本次活动中的经验进行总结，发现问题，查找差距，探讨改进措施。

（3）每个小组召开全体成员会议对每个成员的工作表现、工作业绩作出综合评价，评价采用评语＋等级分制。先对每个成员用评语作出评价，指出其做得好和需努力的两个方面；然后评价其等级分，等级分从高到低共分优秀、出色、不错、加油四个等级，获得每个等级评价的人数不能超过两人。

星星点灯

- 日事日毕，日清日高。
- 生意要多赚钱，就要同时考虑销售量和利润率。

2. 训练要求。此步骤要提交考核总结资料，主要包含以下内容：小组财务报表及原始凭证、财务主要指标及分析、小组总结报告、个人总结报告、小组分工情况表、小组对成员评价报告、小组工作改进措施报告等。

3. 训练测评。以小组为评估对象，该环节最终总得分占小组过程总分的 20%，评分依据如表 16－7 所示。

表 16－7　　　　____________小组考核总结环节评分表

评分项目	标准分	得分	考评员评语
小组财务报表及原始凭证	10		考评员（签名）： 年　月　日
财务指标分析	10		
小组总结报告	20		
小组分工情况表	10		
小组对成员考核报告	15		
小组工作改进报告	15		
小组总结发言积极性	10		
小组完成任务态度	10		
合　计	100		

4. 背景知识。

财务指标分析

（1）几个指标概念。

售罄率＝（一个周期内）销售件数/进货件数

销售额＝销售量×平均销售价格

销售利润＝主营业务利润＋其他业务利润－营业费用－管理费用－财务费用

销售毛利率＝毛利/营业收入×100%＝（营业收入－营业成本）/营业收入×100%

销售净利率＝（净利润/销售收入）×100%

（2）指标解读。售罄率是指一定时间段某种货品的销售占总进货的比例，是根据一批进货销售多少比例才能收回销售成本和费用的一个考核指标，便于确定货品销售到何种程度可以进行折扣销售清仓处理的一个合理尺度，也是检验本次营销综合实训中对市场预测准确与否、产品是否对路、营销策略是否恰当、促销手段是否有力的一个重要指标。

销售额可以说是盈利增长的真正源泉。盈利增长短时间虽然可以靠提高毛利率和节省费用来实现，但是归根到底还是要靠销售额增长来支撑。销售额的增长有内因和外因两种因素影响。外因包括市场的增长、行业所处的发展阶段、竞争态势的改变等。内因包括商业模式、管理水平、企业战略等。销售额的高低反映了生意量的大小，也从一定程度上影响赚钱的数量，在本次实训中，还可以看出资金运用是否充分、产品销售情况是否良好。

销售利润的高低直接反映出本次活动赚钱的多少，可以最直观地反映出赢利能力，也是考核该次营销活动成果的最主要的指标，如果销售利润不高，有可能是产品毛利率过低和销量不理想所致，进一步的原因分析就要结合其他指标来分析在哪个营销环节做得不好。

销售毛利率反映了产品或商品销售的初始获利能力，是净利润的起点，没有足够大的毛利率便不能形成较大的赢利。决定毛利率的因素非常复杂，可以说许多方面对毛利率都有影响：产品的新奇性和吸引力、供应商的议价能力、同业的竞争、顾客对产品的需求急迫性、顾客对产品信息的把握、销售策略的运用是否恰当等。

销售净利润率是销售的最终获利能力指标。在本次实训中，比率越高，说明获利能力越强，也说明对费用的控制比较到位。

四、技能巩固

（一）操作题

在节假日或周末，与同学合伙试着去批发市场寻找一些合适的商品进行零售，看看哪个同学赚利润较多。

（二）案例题

李林是一个性格开朗的男生，母亲是开茶馆的，所以在他很小的时候就帮着母亲在那里卖烟，看着母亲起早贪黑地工作，他明白了创业的艰辛。

有人说过，这个世界不是有权人的世界，不是有钱人的世界，而是有心人的世界。李林就是这样一个“有心人”。上初中时，父母因为生意太忙，就把他寄宿到离家半个小时车程的一个小镇上的老师家中。因为学习比较忙，他一个星期才回家一次。初二那年，老师要求大家买辅导书，很多学生都在学校附近住，但因太过偏僻根本找不到一家书店，而李林则借着回家的机会在城里买来了辅导书。到了学校后，大家纷纷请他回家代为买书，热心的李林答应了。因为有三十多个同学都需要书，所以一到书店，老板就主动把价格由八折降到了六折，一下子就节省了400多元钱，这让他惊喜不已，回去时，他依旧按最初的八折价格卖给了同学，毕竟他们买时也是这个价格，而自己既给他们带来了方便，又赚到了钱。

从那次以后，李林卖书的事就在学生当中传开了，加上他的朋友比较多，想买书的人很容易就能找到他。于是慢慢地李林就承担起整个年级的购书任务，平时有需要集体买书的，就直接通过李林联系书店订书。有时候如果一个班集体订书的话，书店还会送一套辅导书和对应的答案，李林就会把这套书转送给老师，因此他所做的事情对学生对老师都有好处，大家对他自然是相当支持。两年下来，他不仅成了所在年级“知名”的小老板，更是因那灵机一动的主意而赚了两万多元钱。

进入职业学校就读后，由于所在学校依山而建，坐落在半山腰上，虽然空气清新风景秀美，但为了保障学生的安全，学校制定了严格的纪律：要求学生周一到周五都不准下山，加上下一次山就需要一个多小时的时间，因此除了回家，学生们极少会请假出校门。那时候学校各项服务设施不太完善，学校仅有的一个超市还离宿舍很远，买东西很不方便，李林有了一个生财的念头：他想在宿舍开一个小卖部。

经过努力，他的想法变成了现实——“501”超市终于开始运营了！开始的时候，他以为这种低投入低收入的生意很好做，其经营模式不过就是出货——销售——收款而已，真正操作起来时，才发现遇到问题还不少呢！

在平原地区上学的学生肯定以为开小卖部并不是件太难的事，但李林那里则不然。受学校地理环境的限制，就连在寝室开小卖部也成了一件不容易的事，有时候生意好一些的话，一天就得下山几次去进货。进货的地方就是山下的批发部，刚开始他只去一家，后来生意好了，他就想找到更多的货源和品种。都说“货比三家”，李林还当真在山下的小镇上找到了三家，并与其中一家保持了长期的联系。李林说：“他们那里有个大口袋，周一到周五的时候，我就用口袋提些轻点的，一天要跑两趟。星期天的时候，我就去租个电动车，用来拖饮料这些重点的东西……”然而，上上下下几个小时，确实很累也很费时间。很多时候，李林都累得想要放弃，但是想到如果自己连这点小事也做不好的话，以后还谈什么去做大事呢？

刚开始的时候，他只卖些方便面、零食之类的食品，积累了一些资金后，他就增加了矿泉水、饮料、口香糖、花生、面包、牛奶、方便面等一些小食品。有时候为了吸引人气，他还会搞些如买东西送水果这样的小活动。为了方便学生，李林还专门给大家烧了免费开水用以泡面。

除了做生意，李林还不忘卖电话卡、游戏点卡。一个学校市场太小了，他就在其他学校招几个校园代理，而自己的工作就是负责进卡以及在各个代理间往来沟通。不仅如此，前段时间，他又在占座网应聘了一个版主，目前正在实习，周末又在一家通信公司上班，一身三任，现在的他最大的感受就是累，但累的同时，他获得的是充实与锻炼。

问题：

（1）你如何看待李林做生意这件事？

（2）你认为李林做生意成功吗？为什么？

（3）你从本案例得到哪些启发？

参 考 文 献

1. 韦福祥编著：《服务营销学》，对外经济贸易大学出版社 2009 年版。

2. 未来之舟：《营销礼仪手册》，海洋出版社 2005 年版。

3. 钟淑云、潘楚六主编：《销售业务》，中国财政经济出版社 2007 年版。

4. 樊福生主编：《店铺业务》，中国财政经济出版社 2007 年版。

5. 许晨光主编：《售后业务》，中国财政经济出版社 2007 年版。

6. 邓承忠主编：《市场营销综合实训》，中国财政经济出版社 2007 年版。

7. 詹益生主编：《国际电子商务》，暨南大学出版社 2006 年版。

8. 刘尧坤、覃伟、张震浩编著：《顾客投诉管理与处置技巧》，广东经济出版社 2005 年版。

9. 本书编委会：《顾客服务技巧与应对投诉处理案例对照解析》，中国国际广播出版社 2006 年版。

10. 赵启孚主讲：《餐饮酒店投诉应对技巧及实战案例》，北京大学音像出版社 2008 年版。